阎崇年作品

中国古代都市生活史

中国出版集团公司
华文出版社

图书在版编目（CIP）数据

中国古代都市生活史 / 阎崇年著. -- 北京：华文出版社，2022.6（2022.11重印）
ISBN 978-7-5075-5523-3

Ⅰ.①中… Ⅱ.①阎… Ⅲ.①城市史-中国-古代 Ⅳ.①K928.5

中国版本图书馆CIP数据核字（2021）第255535号

中国古代都市生活史

作　　者：	阎崇年
责任编辑：	胡慧华
出版发行：	华文出版社
地　　址：	北京市西城区广外大街305号8区2号楼
邮政编码：	100055
网　　址：	http://www.hwcbs.cn
电　　话：	总编室 010-58336210　编辑部 010-58336197
	发行部 010-58336202　010-58336267
经　　销：	新华书店
制　　版：	北京禾风雅艺文化发展有限公司
印　　刷：	北京博海升彩色印刷有限公司
开　　本：	880×1230　1/32
印　　张：	9.875
字　　数：	250千字
版　　次：	2022年6月第1版
印　　次：	2022年11月第2次印刷
标准书号：	ISBN 978-7-5075-5523-3
定　　价：	58.00元

版权所有，侵权必究

阎崇年,北京社会科学院研究员,著名历史学家。获北京市有突出贡献专家称号、中国版权事业终身成就者奖,享受国务院颁发的特殊津贴。

研究清史、满学和北京史。论文集有《燕步集》《燕史集》《袁崇焕研究论集》《满学论集》《清史论集》等;专著有《努尔哈赤传》《清朝开国史》《森林帝国》《康熙大帝》《北京文化史》等。

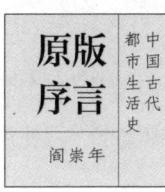

原版序言

阎崇年

上古之世,并无都市,自然也无都市生活。其时先民的生活,如《韩非子·五蠹》所载:

> 上古之世,人民少而禽兽众,人民不胜禽兽虫蛇;有圣人作,构木为巢,以避群害,而民悦之,使王天下,号之曰有巢氏。民食果蓏蚌蛤,腥臊恶臭而伤害腹胃,民多疾病;有圣人作,钻燧取火,以化腥臊,而民说之,使王天下,号之曰燧人氏。

上古的先民,过着"构木为巢,以避群害"的有巢氏生活;"钻燧取火,以化腥臊"的燧人氏生活;"作结绳而网罟,以佃以渔"的伏羲氏生活;"斫木为耜,揉木为耒"的神农氏生活。先民们于丛林、山野、水泽、平原,过着或狩猎、或畜牧、或佃渔、或耕植的原始而淳朴的生活。他们衣则禽兽之皮,遮羞蔽体;食则禽兽之肉,茹毛饮血;住则穴洞之室,阴暗潮湿;行则双步彳亍,缓慢劳累。上古之民,在漫漫长夜中,度过了无都市的原始生活。

社会在不断地发展，人类进入文明时代。建城池，筑宫室，识文字，习礼仪。在都市里，人们之衣，或文绣、或短褐；人们之食，或粱肉、或糟糠；人们之住，或宫殿、或茅舍；人们之行，或车马、或步履。诚然，有都市，才能有都市生活；都市是都市生活之载体。何谓都？《左传·庄公二十八年》记载："凡邑有宗庙先君之主，曰都。"这只触及中国古代都城祭祀、军事、行政、居住诸功能中祭祀一项，尚不完整。《华严经音义》又载："天子治居之城，曰都。"《吴越春秋》亦载："筑城以卫君。"国君是古代国家权力的象征，国家政权所在之城为都城。都城又称为京师。《公羊传·桓公九年》载："京师者何？天子之居也。京者何？大也。师者何？众也。"在国家一统时，京师城大民众；然而，在国家分裂时，有的京师虽城小民寡，却是一方之大城众民者。何谓市？《易·系辞》："日中为市"；《世本·作篇》："祝融作市"；《初学记》引《风俗通》："市亦谓之市井"，"因井为市，故云"。可见市出现很早，且有的市初设于井旁，便于洗涤和饮用。市的出现，先于都城。有了都，必有市。《尸子》载：尧时"宫中三市"，尚待考据。然而，《六韬》载："殷君善治宫室，大者百里，中有九市。"殷宫百里虽可疑，殷都有市却可信。

由上，中国都市的出现，有帝尧说，有殷商说，有战国说，有秦汉说，也有隋唐说。我则认为：有都即有市。但都城之市并非一成不变，却是随着历史演进而不断地发展完善。这将在本书各有关章节中分述。

其一是都市，广义指古代所有城邑之市；狭义指古代作为都城之市。都城为其时代全国或地域之政治、经济、文化的中心，集中地反映了该时代的都市生活，所以，本书以都城之市为主，兼及城邑之市，而铺述都市生活之历史。

其二是生活，广义指人类所有生活领域，诸如政治生活、经济生活、军事生活、民族生活、学术生活等；狭义指古代都市人们的生活，诸如衣食住行、婚丧嫁娶、礼仪习俗、岁时节令、宗教祭祀、娱乐生活等。本书以都市居民的生活为主，兼及其余，而铺述都市生活之历史。

中国都市生活之历史，上下时限长，涉及地域宽，涵盖都市多，展现内容丰。一部二十万言的《中国古代都市生活史》，难以叙述中华各族五千年都市文明生活之全貌，只能因时而宜，各有侧重，挂一漏万，尚冀鉴谅。

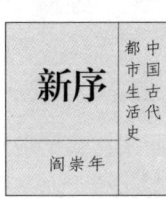

新序

本书初版,没有自序。事过33年,借再版之机,将其因果,做个交代。这要先从1990年说起。

一

1990年初夏的一天,时任中国历史博物馆(今中国国家博物馆)研究室研究员的刘如仲先生,说见我有要事相谈,且事情很急。这时,我应邀到美国进行学术访问与学术交流刚回到北京。在国外半年,国内诸事,或公或私,积压很多,急需处理。但我与如仲先生是同庚同行好友,事情再多,也要一见,何况还谈要事呢!我们第二天见面,他没有寒暄,也没有问及访美,劈头就说:"弟与台湾文津出版社约定,出版一套'中国文化史丛书',共60册(后实际出版66册),其中一册是《中国都市生活史》,弟认为非老兄莫属,因无法同老兄联系,又急需确定作者,愚弟就为老兄做主并代签出版合同了。"他又说:"每册20万字,特制稿纸400页,多出10页,备抄错用。"

他说完，就把一沓稿纸从书包里掏出来，放在书案上。我说："刚回来，太忙啦！"他说："从明天算起，还有42天，限40天交稿，合同规定，误期按天罚款。"他强调说："稿费，每千字10美元，20万字共2000美元。"如仲先生似乎没有讨价还价的余地，意思是老兄有天大的困难，也要克服并按期完成之。如仲兄是四川人，办事干脆；我是山东人，重于信义。于是，我只有勉为其难。

第二天，我到北京社科院图书馆，借出相关图书数十种，回到家里草拟一个提纲（目录），第三天开始撰稿，自定指标：每天写10页，每页500字，一天5000字。如白天有会，则晚上加班。有时书写顺手，超出数字，以储存备用，定按期完稿。第40天的下午，我向如仲兄交了稿。

本书初稿，没打草底，繁体正楷竖排，工整书写，新式标点，一气呵成。回想起来，自觉惊喜——当时是怎么写的？细想原因，可能有四：

其一，讲求信义。既然答应朋友之约，就要排除万难完成。因之，集中精力，废寝忘食，不顾疲劳，按时交稿。

其二，学术准备。先是，我已研究历史多年，积累相当丰富史料，并曾参与筹建北京史研究会，任常务理事兼实际上的秘书长，关心并兼顾北京历史文化资料积累与学术研究；我又曾参与中国古都学会筹建并任常务理事兼秘书长，先后在北京、西安、洛阳、开封、南京、杭州六大古都参加过学术研讨会，会间进行学术参观考察，会后参与编辑《古都研究》论文集，诸古都的学术研讨与学术考察，资料积累与视野见识，都为本书的撰写做了学术与资料的准备。

其三，货币需求。中国学者有个历史传统，广言义，耻谈利。但是，古代士人，凡中进士者，多家境殷实。我们这代学人，改革开放前，我每月工资不到10美元。记得我儿子要报考托福，需报名费25美元。这相当于我当时三个月的工资，还要托人兑换美元。当时内地稿费是每千字人民币10元，人民币与美元的比价大约是8:1。1989年我以正教授身份到美国作学术访问，私下言及，美国名牌大学历史系正教授，月薪在3000到4000美元。1992年我们一行数人作为大陆第一批到台湾进行学术交流的社会科学的教授，私下谈及工资，当时我每月约60美元，他们历史系正教授约2000到3000美元。当问我们工资时，幸亏越南科学院一位资深教授说"我们30美元"，我心里才略感自慰。但是，改革开放后，工资收入年年升，生活水平节节高。

其四，心里高兴。我愿意做我喜欢并挑战自己的事情。中国古代都市生活，是中华文化一个精彩的缩影，历史悠久，内容丰富，辉煌灿烂，饶有趣味，愿意使之再现，自己做点贡献。

由上，就产生《中国都市生活史》书稿并其书的出版。

二

本书初版是由台北市文津出版社，以繁体字、竖排本付梓。

这家出版社位置在台北市建国南路二段294巷1号。我去台北进行学术交流时，抽空去该社见了其创始人兼总编辑邱镇京教授及其夫人社长范惠美女士。它成立于1970年。当时尚在台湾师范大学中文研究所读书的邱镇京先生，发现学人出书很难，自己的书稿在一家著名出版社压了一年多仍渺无信息，由是发愿并成立文津出版社，确定以出版文史类图书为主旨。他还在台湾文化大学兼课，边教书，边编书，具体事务由妻子负责。两岸开放后，镇京先生经常往来北京、台北两地，便约定由刘如仲和李泽奉两位先生担任丛书主编，约请中国大陆专家学者分任撰稿者，出版一套"中国文化史丛书"66册，包括婚姻史、礼仪史、武术史、数学史、兵制史、文学史、官吏史、经济史等，拙著列其一。我去拜访邱先生的一个原因是，查询《中国都市生活史》书稿的下落。邱先生遗憾地说：因为搬家，原稿已找不到了。我恳请他再找找看。后来我连续两次去台北，都去看邱先生查询手稿事，均以遗憾作答。

在台北，有许多家庭式出版，或同人出版社。人数都极少，有的只是夫妇俩，如文史哲出版社，"前店后厂"，即前面是书店，后面是住家；或楼下是书店兼出版社和书店，楼上是住家。这么一家小出版社，每年出版二三百种书，且传布世界。我的《努尔哈赤传》和《袁崇焕研究论集》的繁体字本，都是在这家出版社出版的。相比之下，中国大陆的出版社，作者群庞大，市场亦广大，条件更好，得以天时地利，出版图书更多。

三

1997年，"中国文化史丛书"在台北，由文津出版社问世。2008年，北京九州出版社黄宪华副社长（后升任社长）等三人来到家里找我，要将《中国都市生活史》（其书名改作《阎崇年讲中国古代都市生活》），以简体字、横排本、彩图珍藏版，由九州出版社出版发行。书前，有编者的话，择录如下：

文明的灿烂与活力，往往集中于人类的都市生活之中。然而，中华民族几千年来的都市生活，却一直没有一部通史著作。

2008年冬天，我社一行三人登门拜访了阎崇年先生。我们坐在阎先生的"四合书屋"（阎先生所解"四合"为天合、地合、人合、己合）前。言谈之间，话题转到先生所写关于中国古代都市生活历史著作。先生说，撰写此书，因为是首创之作，其中甘苦，凡是做学问的人都是知道的。而且手稿二十万字，都是先生用繁体字一个字一个字工整地竖写完的。先生的书法很见功力，这部手稿堪称珍贵，可惜已经找不到了。因此先生开玩笑说，如果现在拍卖这部手稿，也许会卖到十几万元吧。我们几人当下对这部著作都非常感兴趣，想必对中国古代都市生活感兴趣的人、对中国古代文化感兴趣的读者，也都会喜欢这样的书。而且，阎先生的这部著作，还是中国都市生活历史领域的开山之作。

黄宪华社长等诸君的热情与诚恳感动了我，当即决定由九州出版社在北京出版简体字、横排本的《阎崇年讲中国古代都市生活》一书，该书在2009年4月问世。

时间过得太快，转眼已经13年。此书早已售罄。现在，中国出版集团华文出版社原社长宋志军、现社长包岩、总编辑余佐赞商定，由传记文学编辑室主任胡慧华担任责任编辑，以完全崭新面貌，重新出版这本书。我遵嘱为华文出版社新出的《中国古代都市生活史》写下序言。

是为新序。

第一章 三代都市生活

一 夏都生活鸿爪   003

二 商都生活撷录   009

三 周都生活纵横   025

第二章 秦汉都市生活

一 秦始皇帝起居   057

二 两汉都城宫苑   070

三 秦汉都市风貌   081

四 两汉市井民生   089

第三章 魏晋都市生活

一 都城星罗棋布   109

二 都市佛教兴衰   121

三 城市文士风骨   135

第四章　隋唐都市生活

　一　隋唐城宫苑囿　　　　149

　二　十国都市梗概　　　　163

　三　市民生计经纬　　　　175

第五章　宋元都市生活

　一　汴京街市画卷　　　　193

　二　临安西湖四民　　　　200

　三　兴庆党项兵民　　　　206

　四　燕京民族风习　　　　209

　五　大都城汗八里　　　　221

第六章　明清都市生活

　一　北京城池宫殿　　　　235

　二　皇家坛庙苑林　　　　247

　三　帝后宫廷秘迹　　　　262

　四　陪都城阙市井　　　　277

　五　满洲旗人习俗　　　　281

　六　民人生活风尚　　　　287

　七　岁时节令纪胜　　　　294

第一章 三代都市生活

一 夏都生活鸿爪

中国古代曾被称为"华夏",这说明中华文明史是从夏代开始的。夏(前21世纪至前16世纪),是中华文明史的第一个闪光点。《史记夏本纪》载:黄帝之子为昌意,昌意之子为颛顼,颛顼之子为鲧(gǔn)。其时,洪水滔天,万民忧苦。鲧受命治水,历时九年,功用不成,被殛于羽山而死。鲧死之后,子禹承父业,继续治水。禹敏锐勤奋,劳身焦思,薄衣食,卑居室,居外十有三年,过家门而不入。治水有成,死于会稽。禹死,以帝位授益。但禹子启,夺取益位,自立为帝,是为夏后帝启。从此,中国结束上古尧、舜、禹"禅让"的时代,开始了夏朝。

夏朝筑城,相传自鲧始。《水经注·河水二》引《世本》载:"鲧筑城。"《路史》注引《世本》亦载:"鲧置城郭。"鲧是否确筑城郭,无从查考。史载夏启即帝位后,召集诸部之长,在钧台(位于今河南禹州市)宴飨,以示登位。夏都经常迁徙,太康、仲康都斟,少康都阳翟,帝杼都原等。

近些年来，发现多处夏代城邑遗址。

淮阳平粮台古城址。它位于河南淮阳县城东南八里处，城址平面呈正方形，长、宽各185米，今残存夯土城墙，墙顶部宽9米，下部宽约13米，高3米余。并发现南、北两个城门。考古测定：它距今约4000余年。

登封王城岗古城址。它位于嵩山脚下，河南登封告城镇西二里的台地上。城的构成，分为东城和西城，均有部分残迹可寻。

城子崖古城址。它位于山东章丘龙山镇。城呈长方形，南北长约450米，东西宽约390米。它比上述平粮台城和王城岗城均略大些。

偃师二里头古城址。它位于河南偃师二里头村。这个古城遗址面积很大，东西约4里，南北约3里。这里是夏朝的重要都邑。古城址内发现的一号宫殿遗址，有大型夯土台基，东西长约108米，南北宽约100米，总面积约1万平方米。台基上夯土建筑的主体是一座殿堂，堂前为庭院，殿堂和庭院被围墙圈起来。沿围墙还有一周廊庑，其南面是大门。整个建筑由殿、堂、庑、庭、门等组成完整布局。殿堂规模宏大，气势雄伟，东西约30米，南北约11.5米。从其残留地基和柱洞探知，这座大殿坐北朝南，面阔八间，进深四间。据建筑学家推测，大殿上为四面坡殿顶，周环檐柱。这当为中国古老而雄丽的宫殿建筑。

夏代贵族住居宫殿，平民住居民房。这种房屋，据考古资料知道，它分为平地式房屋、窑洞式房屋和半地穴房屋三种样式。

平地式房屋：有夯土台基，为土木结构。其中一处房屋，南北长8.5米，东西宽约4米。遗址中有柱洞和柱础石。这种平地式房屋，主要为平原地区居民的住居之所。在山地则有窑洞式房屋。

窑洞式房屋：这种房屋多选址在断崖、沟崖、高丘之处，掏挖而成。其面积一般在4平方米左右，比较窄小简陋。

半地穴房屋：这种房屋多在平原与山地之间，如在河南郑州、偃师等地均有发现。其特点是半在地上、半在地下，大小不等，小者5平方米，大者10平方米，一室可容3至5人。

夏人的住，略如前述。夏人的衣、食、行、用、乐，依据文献记载和考古资料，分述如下。

衣，贵族与平民有差异。贵族穿丝帛衣，《管子·轻重甲》载："昔者桀之时，女乐三千人……无不服文绣衣裳者。"平民多着麻布衣，地下考古已发现夏代的麻布，就是例证。

食，除一般食物外，相传夏人造酒。《战国策·魏策二》载："仪狄作酒而美，进之禹，禹饮而甘之。遂疏仪狄，绝旨酒。"《孟子·离娄下》也载："禹恶旨酒，而好善言。"这都说明夏代已有造酒技术。夏代造酒之师，《世本》载："杜康造酒"、"太康造秫酒"。在二里头遗址48座墓葬的随葬器中，据统计占比例最大者为酒器，其次是炊器和食器[①]，这反映饮酒在生活中占据相当重要之地位。

行，陆行、水行、泥行、山行，各有不同的交通工具。《史记·夏本纪》载：禹之时，"陆行乘车，水行乘舟，泥行乘橇，山行乘檋（jū）"。其时，是否有车、舟、橇、檋，很难考证。但是，夏代有车，文献多载。《吕氏春秋·审分览》载："奚仲作车。"这不仅载述夏代已能造车，而且载述夏车为奚仲所造。

---

① 中国科学院考古研究所洛阳考古队《河南偃师二里头遗址发掘报告》，《考古》1965年第5期。

用，夏人使用的器具很多，以其质料而言，有陶器、石器、玉器、漆器和青铜器等。玉器，有玉钺、玉铲、玉戈、玉圭、玉刀、玉琮、玉版等。漆器，《韩非子·十过》载述夏代漆器：

> 尧禅天下，虞舜受之，作为食器，斩山木而财之，削锯修其迹，流漆墨其上，输之于宫以为食器。诸侯以为益侈，国之不服者十三。舜禅天下而传之于禹，禹作为祭器，墨染其外，而朱画书其内。

上面引文中的"染"，或作漆，或通漆，都是指墨漆其外。里面红色、外面黑色的祭器，当是漆器。同时，夏代的漆器，已在考古中发现。1980年，在河南偃师二里头遗址发掘墓葬中，出土有漆器，内有漆盒等。

乐，主要指音乐、舞蹈和杂技。相传夏代有"韶乐"、"韶舞"，就是既有音乐，又有舞蹈。"韶乐"和"韶舞"对后世影响很大。《论语·述而》载：孔子"在齐闻《韶》，三月不知肉味"。《论语·八佾》又载："子谓《韶》：尽美矣！又尽善也！"相传夏启时，已有"九歌"。屈原《楚辞·九歌》则是夏代"九歌"的继承、丰富和发展。夏代还有杂技。相传夏代已有"击壤"的娱乐。这种娱乐方法是：在地上竖起一块小木头，称作"壤"；娱乐者每人手持一块类似"壤"的木块，画定距离，按序投掷，击中"壤"者为胜。此外，相传夏时还有傩舞。据《周礼·夏官·方相氏》载：

> 方相氏，掌蒙熊皮，黄金四目，玄衣朱裳，执戈扬盾，帅百隶而时难，以索室驱疫。

傩，音挪，又通难，傩舞是一种原始文化的舞蹈。在行傩舞时，方相氏戴着黄金四目的面具，率领着众多戴着各种图腾兽形面具的人表演，并击鼓大呼，驱除鬼疫。这种傩舞一直流传至今，今福建的一些地区，逢着节日，行傩舞相庆。

夏人的生活，已萌知历法。古文献中有"夏令"和"夏时"的记载。《论语·卫灵公》载："行夏之时，乘殷之辂，服周之冕。"夏时，汉朝郑玄注为"夏四时之书"，后人称之为《夏小正》。这是中国最古的一部历书，今人常称农历为"夏历"，即源于此。但是，据学者研究，今见《夏小正》一书，约成书于战国；然而，其内容总结了从夏代至战国的天文历法经验。除夏历之外，夏人可能已知道干支纪日。《后汉书·律历志》引《月令章句》载：大挠探五行之情，占斗纲所建，于是始作甲乙以名日，谓之干；作子丑以名月，谓之枝，枝干相配，以成六旬。是否大挠始作甲子，已无法考证。但商代已有刻着干支的甲骨，可推测在夏代可能已发明干支纪日之法。

夏代的都邑生活，夏桀的淫奢，是夏末贵族生活的一个缩影。夏桀是夏朝最后一个国王。其时，整个宫廷极为混乱。《淮南子·览冥训》载：

> 逮至夏桀之时，主暗晦而不明，道澜漫而不修，弃捐五帝之恩刑，推蹶三王之法籍，是以至德灭而不扬，帝道掩而不兴，举事戾苍天，发号逆四时，春秋缩其和，天地除其德，仁君处位而不安，大夫隐道而不言，群臣准上意而怀当（俞樾《诸子平议》："怀当乃怀常之误，言群臣皆准上意而败坏其典常也。"），疏骨肉而自容，邪

人参耦（ǒu）比周而阴谋，居君臣父子之间，而竟载骄主而像其意，乱人以成其事。是故君臣乖而不亲，骨肉疏而不附。

夏桀不仅君臣乖、骨肉疏，而且功罪颠倒、是非混淆。他还进行战争，其目的之一是攫取美女。桀征伐有施氏，有施氏以美女妹喜（又作末喜）相献；又征伐岷山氏，岷山氏献美女琬、琰。桀广取美女，储于宫室。《竹书纪年》载：桀（筑）倾宫、饰瑶台、作琼室、立玉门。桀之奢淫，史载其事：

桀既弃礼义，淫于妇人，求美女，积之于后宫，收倡优侏儒狎徒能为奇伟戏者，聚之于旁，选烂漫之乐，日夜与末喜及宫女饮酒，无有休时。置末喜于膝上，听用其言，昏乱失道，骄奢自恣。为酒池可以运舟……醉而溺死者，末喜笑之，以为乐。①

妹喜笑以溺酒池者为乐，又笑以裂缯者为乐。《帝王世纪》载云："末喜好闻裂缯之声而笑，桀为发缯裂之，以顺适其意。"夏桀酒池肉林，淫奢过度，天怒民怨，终至丧国。商汤起兵，战于鸣条，夏桀逃奔，死于南巢。夏亡商兴，商代都市生活取代了夏代都市生活。

---

① 刘向《列女传·夏桀末喜传》。

二 商都生活撮录

商代都城众多。《史记·殷本纪》记载，自契至汤，都城八迁。八迁都城的城址，各书载记略异。有的学者认为：据《世本》记载，契原在亳（bó，今山东曹县）地居住，迁居于蕃（今山东滕州），是为一迁。又据《世本》记载，契子昭明迁于砥石（今河北泜［zhī］水一带），是为二迁。据《荀子·成相》记载，昭明又迁于商丘（今河南商丘），是为三迁。再据《世本》记载，昭明子相土从商丘迁到泰山，是为四迁。据王国维考证，相土时曾有二都：一是西都商丘，另一是东都泰山。相土后从泰山复迁至商丘，是为五迁。而后商又迁都殷，是为六迁。从殷再迁回商丘，是为七迁。成汤再由商丘迁亳，从先王而居，是为八迁。诚然，商代前期迁都之次数、城址、原因，各书所载，颇有歧异；各家所见，仁智略异。就其原因而论，或游牧，或水灾，或战争，或内讧，各有其因，难以划一。偏执一说，恐难圆通。

成汤迁亳之后，朝政稳定，战事较少，经济发展，平民安居。这个局面的形成,同商以夏亡为鉴不无关系。商汤能汲取夏朝灭亡的历史教训。《史记·殷本纪》记载汤征诸侯时说:"人视水见形,视民知治不。"其时,很注重总结历史教训,《诗·大雅·荡》云:"殷鉴不远,在夏后之世。"后来,许多典籍总结夏亡之训,其中《韩诗外传》载道:

> 夫明镜者,所以照形也;往古者,所以知今也。夫知恶往古之所以危亡,而不袭蹈其所以安存者,则无以异乎却行而求逮于前人也。鄙语曰:"不知为吏,视已成事。"或曰:"前车覆,后车不诫,是以后车覆也。"故夏之所以亡者,而殷为之;殷之所以亡者,而周为之。故殷可以鉴于夏,而周可以鉴于殷。诗曰:"殷鉴不远,在夏后之世。"

汤取夏鉴,以宽治民,社会安定。汤死之后,长子太丁先死不得立,而立太丁之弟外丙。外丙即位三年死,立外丙之弟中壬。中壬即位四年又死,立太丁之子太甲,由伊尹辅政。这就演出"伊尹放太甲"的故事。"伊尹放太甲"有两种说法:

其一,《史记·殷本纪》载:

> 帝太甲既立三年,不明,暴虐,不遵汤法,乱德,于是伊尹放之于桐宫。三年,伊尹摄行政当国,以朝诸侯。帝太甲居桐宫三年,悔过自责,反善,于是伊尹乃迎帝太甲而授之政。帝太甲修德,诸侯咸归殷,百姓以宁。

其二，《竹书纪年》载：

> 仲壬崩，伊尹放太甲于桐，乃自立也。伊尹即位，于太甲七年。太甲潜出自桐，杀伊尹，乃立其子伊陟、伊奋，命复其父之田宅而中分之。

上述两种说法，孰正孰谬，难以确定。但是，汤死之后，朝政动荡，当是事实。太甲复位，朝政稳定。太甲之后，经十五传，是为盘庚。

从商汤至盘庚，都城五迁。《史记·殷本纪》正义载其五迁为：仲丁从亳迁于隞（áo，今河南荥阳境），是为一迁；河亶甲从隞迁于相（今河南内黄境），是为二迁；祖乙从相迁于耿（今河南温县境），是为三迁；盘庚从耿迁于奄（今山东曲阜），是为四迁；盘庚从奄迁于殷（今河南安阳），是为五迁（商汤至盘庚五迁之地，诸说不同。此参照各家之说而损益之）。盘庚迁殷之后，"行汤之政"，未再迁都。

殷商之都，屡徙不定。盘庚迁殷，定而不迁。虽殷商诸都，文献记载疏略，但近些年来，地下考古发掘，颇有所获。盘龙商城、郑州商城、偃师商城和殷墟是四个典型例子。

盘龙商城，位于今湖北武汉北十里叶店村盘龙湖。城坐落在湖滨山丘上，三面环水。城墙残高约3米，城墙南北约290米，东西约260米，呈不规则形。城内东北部有殿堂遗址，城外有民房遗址和墓葬群。考古资料表明，它或为商代方国之都城。

郑州商城，位于今河南郑州东北部。这座商城是考古工作者1955年秋发现的[①]，经考古学家测定，它距今约3500多年，即公元前16世纪。

[①] 河南省博物馆、郑州市博物馆《郑州商代城址发掘简报》，《文物》1977年第1期。

城的东城墙约 1700 米，南城墙约 1700 米，周长约近 7000 米，遗址范围约 25 平方公里。这是目前已发现的商代最大之城。城墙用土夯筑而成。城内发现几十处房屋基地，有的房屋很大。如一所房屋基址，东西长 65 米，南北宽 13.6 米。在城的南关和北关，发现了铸铜遗址；在西关，发现了制陶遗址；在北城墙外，还发现了制造骨器的遗址。郑州商城是一座商代的都城，但它是商汤的都城亳，还是仲丁的都城隞，尚无定论。

安阳殷墟宫殿宗庙遗址偃师商城，位于今河南偃师大槐树村地区。它西距二里头文化遗址约十里，是 1983 年中国科学院考古研究所洛阳汉魏故城工作队发现的。城略呈南北长方形，城墙为黄土夯筑而成。城垣南北长 1700 米；东西宽度不一，最北部 1125 米，中部 1120 米，南部 740 米，总面积约 190 万平方米。已发现东西城门各三座，城内有较大的建筑遗址。偃师商城是否为商代都城，考古工作者据文献资料和地下发掘判断，它为汤都西亳，也有些学者持不同意见。

殷墟商都，位于今河南安阳小屯村一带。殷墟是商代后期的王都，是商朝鼎盛时期政治、经济、文化的中心。从 1928 年始，南京中央研究院在这里进行过 19 次发掘；又从 1949 年始，中国科学院考古研究所在这里进行过多次调查和发掘。现在，已基本上搞清了殷墟的范围和布局。其范围约 24 平方公里，分布在洹（huán）河南北两岸。洹河南岸的小屯，是殷王朝的王宫中心，其附近有大量建筑群。洹河北岸为陆墓区。墓葬包括殷王和贵族，还有数以千计的祭祀坑。殷墟已发掘 56 座建筑遗址，其中包括宫殿遗址。贯通宫殿区有一条"水沟"，布局严谨，构造特殊，表明它是一个精于计划的宏大工程。宫殿区内的建筑，东西向者居多，南北向者较少。宫殿有台基，基上置础，础或为石，或为铜。宫殿区未发现瓦，宫殿可能为茅顶。

从以上盘龙、郑州、偃师、安阳四处商城遗址，可以看出商朝贵族宫殿与住居生活的一斑。商代贵族生活的一项重要内容——器具，就是青铜器。其实，早在夏代，已有青铜器。在二里头遗址中，出土的青铜器有铜爵、铜锛（bēn）、铜凿、铜锥、铜刀、铜镞（zú）等，特别是出土一件圆形铜器，这个制作精美的圆形铜器，周围共镶嵌61块方形绿松石①，足见当时铸造技术之熟练与镶嵌技术之高超。

当然，商人器物的种类很多，以其质料而言，有石器、骨器、蚌器、陶器、玉器、瓷器、漆器和青铜器等。但是，商代的青铜器数量大、种类多、工艺精、水平高。商代的青铜器是中国古代青铜制造技术发展的高峰，也是世界古代青铜制造技术历史的精华。商代青铜器种类很多，武器有戈、矛、钺、镞等，工具有镢（jué）、锛、铲、凿等，炊器有鬲（lì）、甗（yǎn）、簋（guǐ）、鼎等，酒器有爵、觥（gōng）、觚（gū）、斝（jiǎ）等，礼器有鼎、尊、鬲、盉（hé）等。已发现商代最大的青铜容器是司母戊鼎。它是1939年安阳武官村农民在田中掘获的。时恐日军掠取，遂复掩埋。1946年重新掘出。今存中国历史博物馆。司母戊鼎高1.33米，重875公斤。比司母戊鼎稍小的青铜容器，是司母辛鼎。司母辛鼎是1976年在安阳殷墟一座大墓中发现的，共有一对，其中一只高80.1厘米，另一只高80.5厘米，均各重117.5公斤。司母戊鼎和司母辛鼎，是商代青铜器中富丽堂皇的精品，也是中华文明的精粹。

除青铜器外，甲骨文亦是商代文明乃至中华文明的精萃。

---

① 中国科学院考古研究所二里头工作队《偃师二里头遗址发现的铜器和玉器》，《考古》1976年第4期。

甲骨文是商代文字的一种。此外，尚有金文、陶文和玉、石器铭文等。其中甲骨文是商人文化生活的突出事例。甲骨文是商王从事祭祀、征伐、田猎、典仪等活动时进行占卜的卜辞。这些卜辞刻在龟甲、兽骨上，因而称作"甲骨文"。甲骨文的发现，是在清末。河南汤阴县民从坟中得甲骨片，商贾携至京师，为王懿荣见购，其后刘鹗广为搜集，得5000余片，并出版《铁云藏龟》一书①。此后不断发掘，又不断研究，现已有甲骨约15万片（其中有刻字的，也有未刻字的）。据《甲骨文编》收入已识、未识字共4672个；又据《古文字类编》收入已识字1072个。甲骨文的刻写和占卜均有一定的程序：首先，将整治好的甲骨进行凿和钻，就是将其凿成一个"○"的长槽；再在凿痕旁钻一个"。"的孔，从而形成了"○。"形。其次，用微火烤凿、钻甲骨处，这叫作"灼"。再次，灼后甲骨上出现裂纹，这种裂纹叫作"兆"。卜人根据"兆"的形状判断所卜事件的吉凶。复次，刻写卜辞，就是将卜辞刻在兆纹的旁边。卜辞有一定的格式，一条完整的卜辞可分作前辞、命辞、占辞和验辞等部分。前辞，记载占卜的时间和人名；命辞，记载要占卜的事项；占辞，记载兆纹所示吉凶；验辞，记载事后应验的结果。

商人的衣食、住、行，从文献记载和考古资料中可以知道一些当时的实情。

衣，有用丝、麻、葛、毛、棉纤维织成的布帛。丝，甲骨文中有 ⅋、⅍ 诸字形，这是个象形字，很像是两束丝的形状，说明商代已经有丝。另外，在考古发掘中，发现了当时的玉蚕。这反映出其时人们对蚕的形态很熟悉。还有，1958年在浙江吴兴钱山漾遗址，发现一批丝织品，

---

① 刘鹗《铁云藏龟》卷首《序》。

其遗址年代距今约4700年。总之，以上说明商代不仅有蚕丝，而且有用丝织品做的衣裳。《帝王世纪》载，殷纣王后宫"妇女衣绫纨者三百余人"。可见丝绸织品已相当发达。中国不仅是世界上最早发明丝织品的国家，而且是世界上最早发明麻织品的国家。麻织品的出现可能要比丝织品的出现为早。《诗·大雅·生民》有："麻麦幪幪（méng，茂盛的样子），瓜瓞（dié，小瓜）唪唪（fěng）。"《诗经》虽成书较晚，却反映商代已有麻及麻织品。在北京平谷刘家河商墓中，出土了平纹麻布的印痕遗物。河北藁（gǎo）城台西村商墓中，发现商代麻布织物。又在一座房基遗址里，"发现了一卷麻布"①。麻布之外，还有葛布。葛布出现比麻布要早，《韩非子·五蠹》载："冬日麑（ní）裘，夏日葛衣。"这是说尧时的衣物，可见在商以前便有葛衣了。葛是一种藤本生植物，其根可做食物，其皮可做纤维。商人用葛纤维织布、缝衣。毛织品是在丝、麻、葛之后出现的，在商代尚属罕见。至于棉织品，当时主要是木棉，而不是今日的棉花。今日棉花在中原地区种植，约在13世纪中期，即宋末元初时期。商人之衣，或丝、或麻、或葛、或棉，在冬季也不乏兽皮，总之人们的衣着原料较夏人显得更为丰富而多彩。

食，谷物类。从中国科学院考古研究所编辑的《甲骨文编》所收4000余单字中，属于谷物名称的有：黍、麦、秜（ní或nì）、粟、秫（shú）等。从甲骨文单字，结合文献记载，参照出土谷物，可以肯定商代的谷物主要有黍、麦、稻、稷等。稷和黍两种谷物很相似，其主

---

① 河北省文物管理处台西考古队《河北藁城台西村商代遗址发掘报告》，《文物》1979年第6期。

要区别是黍有黏性,稷无黏性。具体地说来,黍即北方的黄米或称大黄米;稷是谷子,脱皮则是小米。稻在中国出现也很早,在距今7000年前浙江河姆渡遗址中已发现稻;在湖北京山屈家岭、河南淅川下王岗、郑州白家庄等遗址中,也都发现稻谷的遗迹。这些都说明商代已大量种稻。与食物有关的炊器中,鼎、鬲、甗、甑(zèng)格外重要。鼎,除大型礼器外,一般用做容器,可以烧煮鱼、肉,相当于现今的菜锅。鼎也可以做盛器,即盛放煮熟的鱼或肉,相当于现今盛菜的大碗。鬲,是炊器,有陶制的,也有铜制的。鬲的主要功用是煮食物,其下有三足,上为大腹——盛装食物。甗是蒸食物的炊器,分为上下两层——下层如鬲,上层称甑。甑的底部有透气孔,是蒸锅的箅(bì)。做饭时,在下层的鬲中放入水,上层的甑中放入需要蒸的食物,而后在鬲下生火,鬲中的水变成蒸气,由箅孔中进入甑,甑中食物受热,食物即可被蒸熟或蒸热,相当于现在的蒸锅。

住,早在夏代平民住房已有平地式房屋、窑洞式房屋和半地穴房屋之别,前已述介。商代平民的住房,考古发掘甚少。在河北磁县下七垣遗址中,发现一个普通平民的居住遗址。这个平民居住地极为简陋:从地平面下挖窑洞,洞内没有壁龛,洞上覆以茅草屋顶,门外挖有排水沟。至于贵族的住房,相当宽敞、豪华、气派。如郑州商城一处宫殿遗址,其考古编号为C8G15。这座宫殿南北宽约13.6米,东西长约65米。宫殿廊柱排立,殿顶高大雄丽。另从今河南安阳小屯殷墟宫殿复原建筑,可见当时贵族居住情状。

行,商代的交通工具有车、舟、辇。车,以牵引的动力分,有牛车和马车;以车辕的数量分,有单辕车和双辕车。甲骨文中的车字写

作 ꙮ、ꚙ，是象形字。商代车为木制，车身主要部件有一辕、一舆、一轴、两轮。辕，又写作"輈"，有单辕车和双辕车。单辕车体形较小，出现亦早；双辕车体形较大，出现较晚。舆，即车厢，它安置在辕与轴的连接部位，车厢门朝后开，乘车者从后面上车。轴，是车体联结两轮的横木。轮，由车轴联结，为木制。商代车的实物已在考古中发现。在安阳小屯、孝民、大司空村等地，先后发现商代车马坑16座、马车18辆，其中多为一车二马，商代后期则出现一车四马。舟，商代已有相当的数量。《易·系辞下》记载：远古时"刳木为舟，剡木为楫"。这种"刳木为舟"之舟，应是独木舟。甲骨文中已出现舟字，作 ，亦是象形字。甲骨文中舟字的出现，证明商代不仅确已出现舟，而且其数量不会很少。至于辇，是一种人力拉的车。它的出现早于车。先是，山行乘檋，其状如床，人举而行，略如今爬山乘坐的"滑竿"。《说文解字注》载：《史记·河渠书》云山行即桥，一作檋。《夏本纪》正作檋。《汉书·沟洫（xù）志》作"山行则梮（jū）"，韦昭曰："梮，木器，如今床，人举以行也。"后来，衍变成轿，衍变成輂（jú）。《说文解字注》引《周礼》云："輂之制，四方如车之舆，故曰舁（yú），或作舆，或驾马，或人举，皆宜用之。"有人抬，也有马拉。它后来成为天子专用车驾之名。

　　商人的殉祭，尤令人刮目。在中国历史上，人殉和人祭最残酷的时期是商代。商人迷信，笃信鬼神。大事必占卜，大葬要人殉，大典用人祭。占卜，设有卜祝之官。卜，是负责占卜的官员，祝是以辞告于鬼神的官员。《尚书·无逸》孔颖达疏云："以言告神，谓之祝。"商代之祝，《史记·殷本纪》载：

  汤出，见野张网四面，祝曰："自天下四方皆入吾网。"汤曰："嘻，尽之矣！"乃去其三面。祝曰："欲左，左；欲右，右；不用命，乃入吾网。"诸侯闻之，曰："汤德至矣，及禽兽。"

  上面故事说明，商代不仅有祝，而且祝有很高的地位。商人的迷信，在人殉与人祭方面，表现使人震惊。

  人殉，就是以人殉葬。商代人殉的残酷现象很普遍，贵族的墓葬，多有人殉，少者一二人，多者几百人。根据已发表的资料，人殉较多、资料完备的有河南安阳侯家庄一〇〇一号、安阳武官村大墓和山东益都苏埠屯一号大墓等。侯家庄一〇〇一号墓人殉多达400人左右[1]；武官村大墓因多次被盗，据不完全统计，人殉有79人（实际上超过此数）[2]；苏埠屯一号大墓人殉有48人[3]。上述墓葬人殉的方式，有的被砍了头，有的被剁了手，有的被跪埋，也有的被活埋。人殉者有的有棺有椁，有的无棺无椁；有的有随葬品，有的无随葬品。人殉者的身份，有的是墓主的宠信，幻想在冥间继续为其担负守卫；有的是墓主的侍妾，幻想在冥间继续为其委身备幸；有的是墓主的驭手，幻想在冥间继续为其驾驶马车；有的是墓主的奴隶，幻想在冥间继续为其侍役效劳；有的是墓主的乐伎，幻想在冥间继续为其献艺博笑。以侯家庄一〇〇一号大墓为例，墓道的东西两侧各埋一位殉葬者，并有铜觚、铜爵、铜鼎等礼器随葬，说明殉葬者具有特殊身份，可能是墓主生前

---

[1]《中国考古报告集》（三）第二本，殷墟小屯发掘报告：《侯家庄一〇〇一号墓》，台湾历史语言研究所，1959年。
[2] 郭宝钧《1950年春殷墟发掘报告》，《考古学报》第5册，1951年。
[3] 山东省博物馆《山东益都苏埠屯一号奴隶殉葬墓》，《文物》1972年第8期。

的卫官。墓椁宝顶部的6个殉葬者俱有棺木，且有绿松石等头饰遗迹，说明殉葬者均为女性，可能是墓主生前的侍妾。墓底小坑中的9个殉葬者，中间1坑殉1人，埋1戈；四角各2坑，每坑殉1人，埋1戈、1犬，他们可能是墓主生前的侍从。墓外东侧有22个殉葬坑，每坑殉埋1至7人，可能多为墓主生前的奴隶。杀殉的奴隶是极为悲惨的。因墓中的杀殉者，身首异处，推测每夯筑1层墓土，即杀殉一批奴隶或战俘，共发现无头人骨架61具，人头骨73具。

商代人殉之外，还有人祭。

人祭，就是以人祭祀。商代贵族经常祭祀上帝、祖先和鬼神，仰祈赐福，以降保佑。每祭一次，除杀牛、羊、犬作祭品外，还要杀人以作祭品。商代的人祭，从考古工作者发现的排葬坑、乱葬坑和祭祀坑中，可以得到清晰的资料。排葬坑，1950年考古工作者在河南安阳小屯殷墟武官村大墓以南发现，共4排17坑，坑内均为无头人骨骸，显然都是被砍头后入埋的。其中，埋9个骨骸者2坑，埋8个骨骸者1坑，埋6个骨骸者1坑，埋10个骨骸者12坑，另有一坑因骨骸散乱而无法计算，以上16坑共埋152架骨骸。乱葬坑，散布于王陵区各处，坑与坑之间排列无序，坑内骨骸也杂乱无章。除上述排葬坑和乱葬坑外，还有大量祭祀坑。如1959年至1960年，在安阳后岗西坡一座殷代后期杀殉祭祀的圆坑墓中，发现人骨54具，均为男性，年龄多为青年。1971年在安阳大司空村一座杀殉坑中，发现人头骨31具，躯体26具，全属男性，多为青壮年。规模最大的是武官村以北的一批祭祀坑。据不完全的统计，191座祭祀坑中，共埋人骨1178具。从考古发掘情形看，这些人牲不是一次性杀祭后入埋的，而是多次性杀祭后入埋的。

每次杀祭的人数不等，少者一二人，多者几十人乃至几百人，最多者一次竟达339人。在191座祭祀坑中，经过性别、年龄鉴定的祭祀坑共100座，人骨架个体718个。在能够判定性别和年龄的骨骼中，男性为339具，女性为35具；男性年龄最小者为15岁，最大者为35岁；女性最小者为20岁，最大者为35岁[①]。从性别看，绝大多数为男性；从年龄看，绝大多数为青壮年。据此分析，上述人祭者生前可能是战争中的俘虏。

除祭祀时用人祭外，在建筑时也用人祭。商代贵族建筑宫殿、宗庙、堂宇等都要举行奠基仪式，并用人牲奠基。1958年至1959年，在河南安阳小屯西，发现一座宫殿的基址，就是用人祭做奠基的。其方法是在基址上挖一个小方坑，用席将人卷起埋入坑内，然后用土夯实[②]。在奠基之后，实施置础、安门等都要举行仪式，埋入人、牛、羊、犬。一座较大的基址，奠基和置础共用1人、30牛、111羊和78犬；一座较小的基址，奠基和置础共用1人、10牛、5羊、21犬。在安门时，埋葬的多是武装侍从，分置于门的两侧或当门处，有的持戈，有的操盾，或作跪状，或系倒卧，多者竟有五六人。然而，更大规模的人祭，是在宫殿、宗庙建成以后的告成仪式时。在安阳小屯殷墟一处建筑遗址发现，其落成仪式时曾挖掘127个坑，埋下585人与车马、羊、狗等。

甲骨文有关人祭的卜辞相当的多，约有近2000条。人祭的方法有杀、刹、烄（jiǎo或yào）等，都是惨不忍睹的。杀，甲骨文作"伐"，

[①] 中国科学院考古研究所体质人类学组《安阳殷代祭祀坑人骨的性别年龄鉴定》，《考古》1977年第3期。
[②] 中国科学院考古研究所安阳发掘队《1958~1959年殷墟发掘简报》，《考古》1961年第1期。

就是用戈砍头。"伐"字在甲骨文中写作"𢨫",就是以戈砍头之形。商代的伐祭,就是将被祭人砍头后进行祭祀,伐祭的人数不等,甲骨文中有"三伐"、"五伐"、"十伐"、"三十伐"和"百伐"等记载,就是一次要砍头祭祀者,分别为三人、五人、十人、三十人和百人。前述殷墟商代祭坑中无头人骨骸,可能便是伐祭的遗迹。刹,甲骨文中写作"𣪘";铜器铭文中写作"𣪘"。这两个字形,形象而又逼真地反映出用斧钺砍人或刹人的情状。炆,甲骨文写作"𤆎"。此字上部为一人被捆缚,下部为火,就是火上焚烧被捆缚者,以进行人祭。这种人祭的方式,被称作炆祭,就是焚祭。炆祭常用于求雨。当时天逢大旱,便焚人,行祭祀,以祈雨。如:

贞炆有雨?

勿炆无其雨?[①]

胡厚宣先生曾对商代人祭的数量作过统计:"总算起来,从盘庚迁殷到帝辛亡国,在这八世、十二王、273年(前1395—前1123)的奴隶社会昌盛期间,共用人祭13052人,另外还有1145条卜辞未记人数,即都以一人计算,全部杀人祭祀,至少亦当用14197人。"[②] 显然,上述统计数字很不完备,亦极不精确;然而,它从一个角度描绘出商代人祭黑暗之画面。

商代贵族的生活,其集中体现是帝王生活。在盘庚迁殷以后的二百多年中,诸王尚注重节俭,亦能勤于政事。到商高宗武丁时,商

[①] 郭若愚等《殷墟文字缀合》第三〇九。
[②] 胡厚宣《中国奴隶社会的人殉和人祭》,《文物》1974年第8期。

朝达到鼎盛时期。史载武丁在位59年，他死后商朝逐渐衰落下去。《史记·殷本纪》载，武丁死，子祖庚立；祖庚死，弟祖甲立。祖甲即帝甲，淫乱，殷复衰。帝甲死，四传至帝武乙。帝武乙，其事怪诞，其死异常。帝武乙的怪诞，表现在"射天"的故事：

> 帝武乙无道，为偶人，谓之天神。与之博，令人为行。天神不胜，乃僇（lù，侮辱）辱之。为革囊，盛血，仰（yǎng 或 áng，向上）而射之。命曰"射天"。①

故事是说，商王帝武乙，以木偶做天神，与其博戏，并侮辱之，还射天为戏。这表现帝武乙的荒唐与无聊。后帝武乙至河渭之间行猎，遭雷击而亡。武乙死后，子文丁即位。文丁死后，子帝乙继位。帝乙死后，子帝辛登位。帝辛就是商纣王。帝辛的继位，《史记·殷本纪》载：

> 帝乙长子，曰微子启。启母贱，不得嗣。少子辛，辛母正后，辛为嗣。帝乙崩，子辛立，是为帝辛，天下谓之纣。

帝辛即位后，兴建宫室园囿，加罪朝廷重臣，疏远同胞骨肉，生活奢侈腐化。

其一，兴建宫室园囿。《竹书纪年》载："殷纣作琼室，立玉门。……纣时稍大其邑，南距朝歌，北据邯郸及沙丘，皆为离宫别馆。"《史记·殷本纪》亦载："（帝辛）益广沙丘苑台，多取野兽、蜚鸟置其中。"《晏

---

① 《史记》卷三《殷本纪》。

子春秋》又载:"殷之衰也,其王纣作为顷宫、灵台。"帝辛建宫室,辟苑囿,兴离馆,蓄野兽,植花木,养鸣鸟,日事奢靡,怠于政务。

其二,加罪朝廷重臣。帝辛杀比干,醢(hǎi)鬼侯①,脯(fǔ)鄂侯,囚西伯,恶迹斑斑,谬行累累。《史记·殷本纪》记载:

(帝辛)以西伯昌、九侯、鄂侯为三公。九侯有好女,入之纣。九侯女不憙(xǐ,同"喜")淫,纣怒,杀之,而醢九侯。鄂侯争之强、辨之疾,并脯鄂侯。西伯昌闻之,窃叹。崇侯虎知之,以告纣,纣囚西伯羑(yǒu)里。

帝辛娶重臣九侯之女,因其不喜淫,不仅杀九侯之女,而且将九侯剁成肉酱。鄂侯为九侯强争力谏,也遭身脯肉干之刑。西伯昌在私室暗叹,被奸臣崇侯虎告密,亦身遭羑里之禁。

其三,疏远同胞骨肉。纣之庶兄微子启,见纣淫乱于政,数谏不从,便问于太师、少师。《尚书·微子》载:

微子若曰:父师、少师,殷其弗或乱正四方。我祖厎(dǐ)遂陈于上,我用沉酗于酒,用乱败厥德于下。殷罔不小大,好草窃奸宄(guǐ,奸邪)。卿士师师非度,凡有辜罪,乃罔恒获。小民方兴,相为敌仇。今殷其沦丧,若涉大水,其无津涯,殷遂丧,越至于今。

意思是说,殷无善政,不治四方。先祖成汤,陈功上世。纣沉湎于酒,

①《战国策·赵策三》、《礼记·明堂位》作"鬼侯",《史记·殷本纪》作"九侯"。

致乱政于下。殷之大小官吏，无不外掠内乱，相率互效犯法，而常逍遥于外。小民四处，进行起事。殷之处境，甚为危难。微子启与太师、少师谋后，遂去。纣之叔父、少师比干以死强谏。纣怒道："吾闻圣人心有七窍。"便剖比干，观其心。纣之诸父、太师箕子惧怕，便佯狂，纣又加以囚禁。纣已到了众叛亲离的境地。

其四，生活奢侈腐化。纣既聪敏、力大，又拒谏、荒淫。《史记·殷本纪》载：

> 帝纣资辨捷疾，闻见甚敏；材力过人，手格猛兽；知足以距谏，言足以饰非；矜人臣以能，高天下以声，以为皆出己之下。好酒淫乐，嬖（bì，宠幸）于妇人。爱妲己，妲己之言是从。于是使师涓作新淫声，北里之舞，靡靡之乐。厚赋税以实鹿台之钱，而盈钜桥之粟。益收狗马奇物，充仞宫室。益广沙丘苑台，多取野兽蜚鸟置其中。慢于鬼神。大㝎（zuì，积聚）乐戏于沙丘，以酒为池，县肉为林，使男女倮（同"裸"）相逐其间，为长夜之饮。

纣王又行炮格之法，其法《列女传》云："膏铜柱，下加之炭，令有罪者行焉，辄堕炭中，妲己笑，名炮格之刑。"

前述纣囚西伯于羑里。西伯之臣闳（hóng）夭等，搜求美女、良马、珍奇献纣，纣便赦西伯。西伯归，潜行善政，势渐强大。西伯死后，周武王东伐，纣发兵迎战。纣兵败，登鹿台，衣着宝玉，环身自焚。

三 周都生活纵横

周族兴起。周族姬姓,是个古老的部落。其先民活动于渭水中游的黄土高原上。周族先人的生活,流传着一个优美而生动的神话。《史记·周本纪》载:

> 周后稷,名弃。其母有邰(tái)氏女,曰姜原。姜原为帝喾(kù)元妃。姜原出野,见巨人迹,心忻然说,欲践之,践之而身动如孕者。居期而生子,以为不祥,弃之隘巷,马牛过者皆辟不践;徙置之林中,适会山林多人,迁之;而弃渠中冰上,飞鸟以其翼覆荐之。姜原以为神,遂收养长之。初欲弃之,因名曰弃。
>
> 弃为儿时,屹如巨人之志。其游戏,好种树、麻、菽(shū,豆的总称)美。及为成人,遂好耕农,相地之宜,宜谷者稼穑焉,民皆法则之。帝尧闻之,举弃为农师,天下得其利,有功。帝舜曰:"弃,黎民始饥,尔后稷播时百谷。"封弃于邰,号曰后稷,别姓姬氏。

从上述神话故事可知，周族的先人姜原，到野外踩巨人脚印，因而怀孕生子，名弃。弃好耕农植谷，又称为后稷。从此周族由狩猎经济进入到农业经济。

周族到后稷曾孙公刘时，务耕种，行地宜，建军队，多蓄积。公刘死，子庆节立，国于豳（bīn）。豳，即邠（bīn），在陕西三水县，今为旬邑县。《元和郡县志》三水县载："古豳城县西南三十里，有公刘始都之处。"《太平寰宇记》三水县亦载："县西南三十里有古豳城，在陇川水西，盖公刘之邑，即此城也。"公刘子庆节传八代，到古公亶父时，周族为避戎狄之扰，举部迁徙，至岐山下。岐下又称岐邑，位于周原的中心地带。周原在关中平原偏西的岐山县和扶风县交界之处，是岐山之阳的一片广阔的冲积平原，自然条件优越，便于发展农业生产。古公亶父迁岐下前后，周族有着巨大变化。《诗·大雅·绵》载：周人在豳时，过着"陶复陶穴，未有家室"的落后生活。迁到岐下之后，《史记·周本纪》载："乃贬戎狄之俗，而营筑城郭室屋，而邑别居之。作五官有司。"五官，集解引《礼记》曰："天子之五官曰司徒、司马、司空、司士、司寇，典司五众。"周人在岐下既设五官之制，又筑城郭宫殿，岐邑成为周人的第一个国都。

岐下的城郭宫室遗迹，目前尚未找到。但是，近年在陕西岐山县京当乡凤雏村，发现一处周人的宫室遗址，考古定名为凤雏一号基址。凤雏一号基址分别由三个庭院和四周房屋组成。全部建筑坐落在夯土台基之上，建筑南北长46米，东西宽32.6米。基址南部正中为门道，门道四角各有一个柱础石。门外4米处有一屏风墙，即影壁，长4米，厚0.4米。门道里是前庭院，南北12米，东西19米，院北为前堂。前堂是主体建筑，全院之中心。前堂之北为宽1.5米的横廊。横廊之北是两个并列的小院，中为过廊。再往北为后室。两侧为东西厢房。庭和房之间有回廊相通①。这个宫室遗迹，原是宫殿，是行宫，还是官邸？目前尚难作出结论。

古公亶父迁岐后，不仅建宫室城郭，而且"改国曰周"。古公亶父是周朝的重要奠基者，《诗·鲁颂·宫》赞道："后稷之孙，实维太王。居岐之阳，实始翦商。"古公亶父使周族团聚强盛，势渐坐大。古公亶父之少子季历，继父而立，笃行于义，力量更强。但是，商王文丁杀死季历。季历被杀，周与商不共戴天。季历死，子昌继位，这就是有名的周文王。古公亶父在世时，对孙子昌抱有很大期望，曾言："我世当有兴者，其在昌乎！"昌果然不负父祖之遗愿，继位之后，施行善政，周族益盛。《史记·周本纪》载：

> 西伯曰文王，遵后稷、公刘之业，则古公、公季之法，笃仁，敬老，慈少。礼下贤者，日中不暇食以待士，士以此多归之。伯夷、叔齐在孤竹，闻西伯善养老，盍往归之。太颠、闳夭、散宜生、鬻子、辛甲大夫之徒，皆往归之。

商王不愿看到周族力量强大，借故囚西伯于羑里（此前已述及）。闳夭等为搭救西伯，便设法从有莘氏求得美女，从骊戎处找来善马，又从有熊氏部寻取36匹良马，以及其他珍奇异物，通过纣王幸臣费仲，献给纣王。纣王得物大喜，便赦西伯，并赐给他兵器，令其带兵征讨。

---

① 叶骁军《中国都城发展史》。

西伯借机发展兵力，壮大实力，并迁都于丰邑。相传西伯被囚羑里时，潜心演《易》，就是将伏羲之制卦，演为六十四卦。西伯死，子发立，这就是武王。武王又建镐京，史称之为丰镐。后武王克商，建立周朝，镐京成为周朝的都城。

周都丰镐。 周自文王、武王起，至平王东迁雒（luò）邑前，丰镐一直是周朝的首都。丰镐位于关中平原最开阔的中部地区，临近关中地区东西往来的水陆交通线，濒滨渭河支流沣河，土地肥沃，交通方便，成为周灭商的基地、西周政治中心。《诗·大雅·文王有声》载："文王受命，有此武功。既伐于崇，作邑于丰。文王烝哉。……考卜维王，宅是镐京。维龟正之，武王成之。武王烝哉。"这说明文王建丰，武王营镐。据《毛诗》郑氏笺："丰邑在丰水之西，镐京在丰水之东。"根据文献记载，结合考古发掘，丰、镐二京的位置，大体可以确定下来。丰的位置在沣水之西，汉长安城西南、唐长安城偏西、鄠（hù）县东三十里处，今客省庄、马王村、西王村一带。据考古资料，此遗址东界沣河，西至灵沼河，北至客省庄，南至西王村，总面积约6平方公里。与丰邑隔河相对的是镐京，丰与镐有桥相通。镐京在沣河东岸，其中心在今普渡村、南丰镐村一带。丰、镐的都城布局，成书于战国时期的《周礼·考工记下》载：

> 匠人营国，方九里，旁三门。国中九经九纬，经涂九轨，左祖右社，面朝后市。

上述都城布局，含有理想色彩，施行起来，未必如此。但是，它对了解丰镐之都城布局，仍具参考价值。后来成书的《左传》、《礼记》等，都叙述过周代的宫室规制。宫前面有阙，而后是五重城门——皋门、应门、路门、库门、雉门和宫廷的三朝——大朝、中朝、内朝。阙在汉、唐时继续营建，但后来逐渐衍化为明、清的午门。阙内的五重城门，散见于《诗·大雅·文王之什》的记载："乃立皋门，皋门有伉。乃立应门，应门将将。"郑氏笺云："王之郭门曰皋门。伉，高貌。王之正门曰应门。""诸侯之宫，外门曰皋门，朝门曰应门，内有路门，天子之宫加库、雉。"丰、镐还有许多重要堂馆与苑囿。

明堂，是周都丰、镐的重要殿堂。《三辅黄图》记载："周明堂，明堂之所以正四时，出教化，天子布政之宫也。黄帝曰合宫，尧曰衢室，舜曰总章，夏后曰世室，殷人曰阳馆，周人曰明堂。先儒旧说，其制不同；或曰明堂在国之阳。"明堂之功用，同书又载："明堂也者，明诸侯之尊卑也。制礼作乐，颁度量，而天下服。知明堂是布政之宫也。"明堂作为天子颁礼布政之宫，其建筑必定典雅宏丽。明堂之外，还有辟雍。

辟雍，也称璧雍，如璧之圆，雍之以水，象教化之流行。周文王、武王时立的辟雍，为天下之学，四周环水，甚为庄重。后辟雍历代相沿，直至清代。清代国子监的中心建筑辟雍，为七楹、深广五丈三尺的方形殿宇，四角攒尖顶，四周开门，户牖洞达。外周绕以汉白玉栏杆，四出陛各六级。辟雍外圜水池，池径十九丈二尺，深一丈，四面皆建石桥，桥长二丈二尺，与辟雍四门相通。圜水四周围以白石栏杆，池岸四周分设喷水龙头。整个辟雍建筑按西周礼制遗意，又加以丰富。

除辟雍与明堂之外，尚有灵台、灵沼等苑囿。

灵台高二丈，周420米。位置在今陕西长安县客省庄地域。灵台的功用，郑玄释为"天子有灵台者，所以观象、察气之妖祥也"。灵沼，位置在今陕西长安县海子村一带。沼水荡漾，增添周王苑林的景色。灵囿，《三辅黄图》引《诗》毛苌（cháng）注云："囿，所以域养禽兽也，天子百里，诸侯四十里。灵者，言文王之有灵德也；灵囿，言道行苑囿也。"灵台与灵沼，《诗·大雅·灵台》载：

> 经始灵台，经之营之。庶民攻之，不日成之。经始勿亟，庶民子来。王在灵囿，麀（yōu，母鹿）鹿攸伏。麀鹿濯濯（zhuó，一说为肥，一说为娱游），白鸟翯翯（hè，羽毛白而有光泽）。王在灵沼，于牣（rèn）鱼跃。

周王的苑囿，鹿奔、鸟啼、鱼跃、虫鸣、山阜、水漾、树绿、草茵，是周室贵族游乐生活的场所。

陪都雒邑。夏、商二朝，都城屡徙。中国设立陪都，自西周始。其后陪都或一，或二，或四。周武王克商，疆域广阔，远胜前代；其时交通不便，都城偏西，东方之治，鞭长莫及；周初定天下，恐诸侯叛周，为协和东西，需在东部设都。所以，周营陪都雒邑。雒邑，又作洛邑。周武王时已有"洛邑"之称。《史记·周本纪》载"营周居于雒邑而后去"，此可为证。汉代改洛为雒，《汉书·地理志》注云："汉火行，忌水，故去其水而加佳。"张华《博物志》也载："旧洛阳字作水边名，（汉）火行也，忌水，故去水而加佳。又魏于行次为土，水得土而流，土得水而柔，故复（去）佳加水，变雒为洛焉。"查《汉书·地理志》中,"荆河惟豫州"、"河南曰豫州"、"弘农郡"、"秦地"、"河内本殷之旧都"和"周地"诸条的"雒",均为画一,概不作"洛",说明《汉书·地理志》所注有理。但是,《史记·周本纪》亦汉人所著,其中"武王征九牧之君"条"营周居于雒邑而后去"作"雒";"成王在丰,使召公复营洛邑"却作"洛",前后不一。雒通洛,不必拘泥。

雒邑(今河南洛阳市),地处河南西部,位于黄河之南、洛水之滨的伊洛盆地,有伊、洛、瀍(chán)、涧四水流贯其间,南对伊阙,北靠邙山,东踞虎牢,西扼函谷。它南抵江汉,北通幽燕,东接江淮,西连渑(miǎn)滆,位居天下之中。《汉书·地理志》载:

> 昔周公营雒邑,以为在于土中,诸侯蕃屏四方,故立京师。至幽王淫褒姒,以灭宗周,子平王东居雒邑。其后五伯更帅诸侯以尊周室,故周于三代最为长久。八百余年至于赧王,乃为秦所兼。初,雒邑与宗周通封畿,东西长而南北短,短长相覆为千里。

其时,周朝疆土,东西长,南北短,京师与陪都,在于东西两方,宗周居西,而雒邑居东。两京之立,是周朝长达八百余年的一个重要原因。然而,先是武王初定,东方诸侯不服,殷之遗民欲叛,故彻夜不寐,思致治之道。《史记·周本纪》载:

> 武王征九牧之君,登豳之阜,以望商邑。武王至于周,自夜不寐。周公旦即王所,曰:"曷为不寐?"王曰:"告女:维天不飨殷,自发未生于今六十年,麋鹿在牧,蜚鸿满野。天不享殷,乃今有成。

维天建殷，其登名民三百六十夫，不显亦不宾灭，以至今。我未定天保，何暇寐！"王曰："定天保，依天室，悉求夫恶，贬从殷王受。日夜劳来，定我西土，我维显服，及德方明。自洛汭（ruì，河流会合或弯曲的地方）延于伊汭，居易毋固，其有夏之居。我南望三涂，北望岳鄙，顾詹有河，粤詹雒、伊，毋远天室。"营周居于雒邑而后去。

周武王思定天下之策，而彻夜不寐。天下初定之一策，就是营建陪都雒邑。但武王的宏图未展而逝。成王继位，因年少由周公摄政。而管叔、蔡叔与武庚叛周。周公伐诛武庚、管叔，放蔡叔。叛乱平定后，始大规模地营建雒邑。《史记·周本纪》载：

成王在丰，使召公复营洛邑，如武王之意。周公复卜申视，卒营筑，居九鼎焉。曰："此天下之中，四方入贡道里均。"

成王继承武王遗志，营建雒邑。先派召公去雒邑查勘地形，对城郭、郊庙、朝市的位置初行规划。不久，周公也到雒邑，巡视地形，审查规划，并进行占卜。《洛诰》记载，周公"卜涧水东、瀍水西，惟洛食"；又"卜瀍水东，亦惟洛食"。说明在涧水之东、瀍水之西与在瀍水之东、洛水之滨建城，皆属卜兆大吉。于是奏报成王，得到旨准后，便正式动工兴建雒邑。据《逸周书·作雒解》记载：成周"城方千七百二十丈，郛方七十里，南系于洛水，北于郏山（即北邙山），以为天下之大凑"。城垣方1720丈，约相当于9里；郛即郭，方70里，总的规模是很大的。至于营建城郭、宗庙、宫殿，作土之工，《诗·大雅·绵》载：

其绳则直,缩版以载,作庙翼翼。捄之陾陾,度之薨薨,筑之登登,削屡冯冯。百堵皆兴,鼛鼓弗胜。乃立皋门,皋门有伉。乃立应门,应门将将。

孔颖达疏引正义释曰:"营度位处,以绳正之,其绳则方正而直矣。依此绳直之处,起而筑之。以绳缩束其板,板满筑讫,则升下于上,以相承载。作此宗庙,翼翼然而严正。言能依就准绳,墙屋方正也。"孔疏又引毛笺曰:"掘土实之于虆,谓之捄者,众多陾陾然。既取得土,送至墙上,墙上之人受取,而居于板中。居之亟疾,其声薨薨然。筑之者用力登登然。墙成削之,以墙坚致,土从上下打锻削之人屡,其声冯冯然。其作此墙之时,百堵皆同时而起,其间欲令之食息,击鼛击鼓不能胜而止之,民皆劝事乐功竞欲出力,言大王之得人心也。"复笺曰:"王之郭门曰皋门。伉,高貌。王之正门曰应门。将将,严正也。"上面诗作与疏笺,详述西周营筑的过程,绘情绘形,有声有色。然而,筑城的夫役,未必那么乐事竞功,竟然听到吃饭和休息的鼓声,都废寝忘食,实属夸大其辞。

雒邑的王城与成周的关系,是学术界长久争论的问题。一些书上讲,周公和召公兴筑雒邑时,筑了王城和成周两座城。二者的位置关系,一说王城在西,成周在东;一说王城在内,成周在外。1956年在陕西宝鸡出土了一件"尊",其上铭文有助于上述悬争的诠释深化。铭文长达一百余字,其中有"余其宅兹中国,自兹民",即是说要在天下之中的雒邑建城,以辖治众民。文中还载"初宅于成周"[1],表明于成王五年

---

[1] 维岳《九朝古都——洛阳》,载阎崇年等著《中国历史名都》。

营建成周。至于称成周之原因，有言取"周道始成，王所（都）也"之意。周王都于此城，所以后又称之为王城。王城的遗址在何处？1954年考古工作者找到东周时王城遗址。它的北城墙地下保存较完好，其西端在今东干沟村北土冢处，东端在今洛阳火车站东二里处；西城墙北段在涧河东，南段在涧河西；城墙的西南角在今兴隆寨西北；城墙的东南角已被洛水冲毁。这与西周王城在涧水之东、洛水之北的记载，大体上相近。

宗法生活。周代不仅营筑丰镐为宗周、雒邑为成周，而且实行宗法制度，其子民过着宗法生活，从而强化周天子的权位。宗法制的"宗"字，从"宀"、从"示"，前者象征屋宇，后者则象征祖先。《说文解字》载："宗，尊祖庙也。"《国语·晋语》载："宗，本也。"所以，"宗"为祖宗，为根本。宗法制的"法"字，《易·系辞上》载："制而用之，谓之法。"至于"宗法"二字，《礼记·大传》集解载："而有宗道者，则以有公命为宗之法也。"由是，将"宗"与"法"联结，宗法制成为周代的一项重要的社会制度。

宗法制由父系家长制演变而成，商代甲骨文中已有记载。郭沫若《殷契粹编考释》曰：

> 卜辞有"大示"与"小示"，又有"大宗"与"小宗"。有辞云："丁亥卜在大宗又伐，十小，自上，己丑卜在小宗，又岁，自大乙。"（见拓片）大宗自上甲，小宗自大乙，则是以先公之祠为大宗，先王之祠为小宗矣。大示与小示，盖亦如是。

商代的大宗，即卜辞中的大示；小宗，也即卜辞中的小示。但商代早期，大宗与小宗，不甚分嫡庶；到后期，嫡庶则日明。周代的宗法，嫡庶严明。所以，中国的宗法制，到周代已趋完备。周王自称天子，王位由嫡长子继承，称为天下之大宗，是姬姓贵族最高之家长，也是天下之共主，掌握国家最高权力。天子的庶子，有的分封为诸侯，对天子为小宗，在本方国内则为大宗，其职爵亦由嫡长子继承，他们以方国名为氏。诸侯的庶子，有的分封为卿大夫，对诸侯为小宗，在本家族则为大宗，其职爵亦由嫡长子继承，他们或以职官、城邑等为氏。从卿大夫到士，其大宗与小宗的关系，和上面基本相同。上述世袭的嫡长子，均称为宗子。他们掌握本宗族的财产，掌管本宗族的祭祀，管理本宗族的成员。

宗法首重本支承继之制。《诗·大雅·文王之什》载："文王子孙，本支百世。"这就是强调子孙本支，百世传承繁衍。周代实行分封，"封藩建卫"，维系根本，以延绵百世。"封"字，又作"封"，从木、从土、从寸，寸，象征手，会意为人用手将树木栽种在土地上，作为疆界的标志。"藩"字，从草、从水、从禾、从田，象征以草野和河水为界，界内土地上生长禾苗。藩又通屏，有屏障之意。所以，"封藩建卫"，旨在分封土地，以藩卫国。因此，周初实行"封建亲戚，以藩屏周"之策。史载：

> 昔武王克商，光有天下。其兄弟之国者，十有五人；姬姓之国者，四十人，皆举亲也。[1]

---

[1]《左传》昭公二十八年。

周初武王宗法举亲，先后封其弟周公旦于鲁（今山东曲阜），封召公奭于燕（今北京），封康叔于卫（今河南安阳），封成王弟唐叔于虞（今山西太原）、后改称晋，封弟叔鲜于管（今河南郑州），封弟叔度于蔡（今河南上蔡）等。周姓分封在诸封国中占相当大的比重。《荀子·儒效》载：

（周公）兼制天下，立七十一国，姬姓独居五十三人，而天下不称偏焉。

宗法还重宗族祭祀祖先之制。祭祀祖先，便设立宗庙。早在古公亶父时，就"作庙翼翼"，以祭祀其先公。1976年在周原考古发掘中，发现有宗庙遗址，这是周先人祭祖的史证。周朝建都，必设宗庙。本书《序言》中已述《左传》所载："凡邑有宗庙先君之主，曰都。"可见都的重要特征是建宗庙、祭先君。《周礼·考工记》更将这一建筑程式化，概括为"左祖右社"，即国都的建筑布局应是：左为祭祀祖先的宗庙，右为祭祀土地和五谷之神的社稷。这一规制延续到明、清的都城北京，太庙在承天（天安）门之左，社稷在承天（天安）门之右。宗庙的设置，分成等级，所谓"天子七庙"、"诸侯五庙"、"大夫三庙"、"士一庙"和庶人无庙而"祭于寝"的礼制。

宗法以嫡子继承为制。上自天子，下至平民，嫡庶关系，泾渭分明。子死，子之子继承。金文有"子子孙孙万年永宝"之记载。《说文解字》云："子之子曰孙。从系、子；系，续也。"所以，"孙"字为"系"部。但是，杨树达认为："余谓甲文中从糸之字多作 形，知此字右旁从糸，乃孙字也。金文孙字皆从糸，无从系者，《说文》谓从系者，非也。金文亦无系字。"①杨氏之言，可备一说。然许氏之说，不可轻非。因此，子之子为孙，有继续不绝之意。故段玉裁《说文解字注》释云："释孙从系之意。系部曰：继者，续也，系犹继也。"上自天子为国王，下至庶民为尊长，长子继承，子孙永续。全家服从尊长，全国服从君王。正如《礼记·坊记》载孔子所言："天无二日，土无二王，家无二主，尊无二上。"这就是一级一级地、一代一代地推尊一人。

周王生活。周王营筑丰镐，兴建雒邑，行宗法之制，过君王生活。西周初期，文、武、成、康四王，崇节俭，知下情，事神保民，社会大治。成王年少，天下初定，周公摄政。成王年长，周公归政。成王既死，太子钊立，召公、毕公相辅，告祭宗庙：

申告以文王、武王之所以为王业之不易，务在节俭，毋多欲，以笃信临之，作《顾命》。②

史称："成、康之际，天下安宁，刑错四十余年不用。"出自《史记·周本纪》的上述记载，显有溢美之词。但是，西周初期，确能君臣共谋，同治天下。

康王死，子瑕立，是为昭王。昭王"巡狩不返，卒于江上"。这件事，周廷自觉不甚光彩，故讳而不赴告。其死亡经过，《史记·周本纪》正义引《帝王世纪》云：

---

① 杨树达《积微居金文说》。
② 《史记》卷四《周本纪》。

昭王德衰，南征，济于汉。船人恶之，以胶船进王。王御船至中流，胶液船解，王及祭公俱没于水中而崩。其右辛游靡长臂且多力，游振得王，周人讳之。

昭王太不得人心，且疏于卫戍；上船夫之当，沉水而死。幸好辛游靡水性不错，捞取昭王尸；否则，葬身鱼腹矣！昭王死，子满立，是为穆王。后人撰《穆天子传》六卷，写周穆王驾八骏西游，并与西王母宴会的故事，使穆王的离奇生活引发更多人的兴趣。穆王同西王母宴会的故事虽为虚构，他以甫侯为相却是史实。穆王与甫侯重刑狱，正五罚，听五辞。《汉书·刑法志》云："五听：一曰辞听，二曰色听，三曰气听，四曰耳听，五曰目听。"《周礼》注释云："辞不直则言繁，目不直则视眊（mào，眼睛看不清楚），耳不直则对答惑，色不直则貌赧，气不直则数喘。"然而，穆王留于史的不是"五听"，却是《甫刑》。其刑极为严酷而暴烈。《史记·周本纪》载《甫刑》："墨罚之属千，劓罚之属千，膑罚之属五百，宫罚之属三百，大辟之罚其属二百，五刑之属三千。"

穆王死后，四传至厉王。厉王好利、拒谏。召公谏道："民不堪命。"厉王愤怒，得卫国巫者，让其监察谤王之人入告，告即杀之。此法甚验，谤言鲜少，诸侯不朝。厉王得意，惩罚益严。于是，"国人莫敢言，道路以目"。厉王很高兴，告诉召公道："吾能弭谤，乃不敢言。"召公对厉王忠荩（jìn）陈言，其言虽简，却具深意，兹全引如下：

是障之也。防民之口，甚于防水。水壅而溃，伤人必多，民亦如之。

是故为水者，决之使导；为民者，宣之使言。故天子听政，使公卿至于列士献诗，瞽（gǔ）献典，史献书，师箴（zhēn）、瞍（sǒu）赋，蒙（méng）诵，百工谏，庶人传语，近臣尽规，亲戚补察，瞽史教诲，耆（qí，耆艾指有名望的老人）艾修之，而后王斟酌焉，是以事行而不悖。民之有口也，犹土之有山川也，财用于是乎出；犹其有原隰（xí）衍沃也，衣食于是乎生。口之宣言也，善败于是乎兴。行善而备败，所以产财用衣食者也。夫民虑之于心，而宣之于口，成而行之。若壅其口，其与能几何？①。

"防民之口，甚于防水。"这是历史之真谛。然而，厉王拒谏不纳，国人莫敢出言。三年后，国人群起，袭击厉王。厉王出逃至彘（今山西霍县），后死于彘。厉王出逃，召公、周公二相行政，号为"共和"。共和元年为公元前841年。这是中国历史有确实纪年的开始。

共和十四年（前828年），厉王死，子静为宣王。宣王死，子宫涅立，是为幽王。幽王时，人祸、天灾，相继发生。幽王二年（前780年），西周三川竭，岐山崩。《诗·小雅·节南山之什·十月之交》载：

百川沸腾，山冢崒崩。高岸为谷，深谷为陵。

《诗·小雅》中《节南山之什》、《谷风之什》和《甫田之什》共三十篇一百七十二章刺幽王之诗，可见幽王之不得民心。幽王与褒姒的故事，是西周末幽王腐朽生活的缩影。幽王宠爱褒姒，褒姒生子

① 《史记》卷四《周本纪》。

名伯服。幽王欲废已立的太子宜臼。宜臼生母为申侯之女,已是王后。幽王嬖爱褒姒,想废申后,并废太子宜臼,而立褒姒为后,立伯服为太子。幽王为着讨笑褒姒,演出一幕"烽火戏诸侯"的闹剧。《史记·周本纪》载:

> 褒姒不好笑,幽王欲其笑万方,故不笑。幽王为烽燧大鼓,有寇至则举烽火。诸侯悉至,至而无寇,褒姒乃大笑。幽王说之,为数举烽火。其后不信,诸侯益亦不至。

幽王废申后、去太子,申侯怒,与缯侯、犬戎联合攻幽王。幽王举烽火征兵,诸侯兵以为是嬉戏而不至,遂杀幽王于骊山之下。至此,西周灭亡。

申侯与诸侯共立故幽王太子宜臼即王位,是为平王。平王立后,迁都雒邑,是为东周。东周的历史,分作春秋与战国。其时,周室衰微,诸侯争局,强凌弱,众暴寡,逐渐形成秦、韩、齐、楚、赵、魏、燕七雄。七雄举兵争霸,政由方伯出。西周时丰镐与雒邑两个都城,后演变成七大都城。其都市生活,异常丰富,竞展丰彩。

方国都邑。西周建国,分封诸侯,约几百国,各有都邑。到春秋初期,诸侯小国约一百四五十个,逐渐兼并为十二诸侯——鲁、齐、晋、秦、楚、宋、卫、陈、蔡、曹、郑、燕;至战国时期,成为七雄。春秋十二诸侯、战国七雄,都各有都邑,都邑中的贵族和平民,过着都市生活。都邑繁多,不胜史述,列举数个,以窥全貌。

鲁都曲阜——礼仪之都。相传鲁曾为炎帝、少昊之都。《竹书纪年》

载商盘庚曾都奄（即曲阜）。周武王克商后，封周公旦于鲁，且派其子伯禽就国。伯禽就国前，周公告诫道："我文王之子，武王之弟，成王之叔父，我于天下亦不贱矣。然我一沐三捉发，一饭三吐哺，起以待士，犹恐失天下之贤人。子之鲁，慎无以国骄人。"①伯禽莅鲁，礼仪待士。他带去礼乐典籍、官司彝器，"凡四代之服器官鲁兼用之，是故鲁，王礼也"②。周公死后，鲁在诸侯中独具天子礼乐。到礼崩乐坏的春秋末期，吴季札到鲁观周乐，乐工演奏了《周南》《召南》《邶风》《鄘风》《卫风》《王风》《郑风》《齐风》《豳风》《秦风》《魏风》《唐风》《陈风》《郐风》《小雅》《大雅》等，并观看了文王之乐象箾（xiāo）和南籥（yuè）、武王之乐大乐、商汤之乐韶护、夏禹之乐大夏、虞舜之乐韶箾等③。后晋韩宣子入鲁，道出"周礼尽在鲁矣"的赞评。鲁国既重礼仪，又重教化。僖公时修泮（pàn）宫，以兴教育。正是礼仪教化之乡曲阜，才出了大教育家孔子。孔子在鲁聚徒讲学，倡私人讲学之风，弟子三千、贤人七十，影响全国，并及后世。孔子故去后的第二年，即鲁哀公十七年（前478年），将孔子故居改建为庙，岁时祭祀。司马迁曾至鲁，"观仲尼庙堂、车服、礼器"。两千余年来，孔庙的位置未动，经历朝兴修扩建，现已达到466间的宏丽规模。后人还建造了阙里坊、孔子故宅门等，以示纪念。经历代演变，孔庙、孔府、孔林已成为中华文明的胜迹，人类文明的瑰宝。曲阜之民在礼仪教化之邦生活，受其熏陶，世代传承。

①《史记·鲁周公世家》。
②《礼记·明堂位》。
③《史记·吴太伯世家》。

齐都临淄——繁华之都。武王克商后，封姜尚于营丘，即临淄，其名缘自濒临淄水。姜太公至国后，通工商之业，便鱼盐之利，齐渐成大国。后管仲相齐，桓公称霸，挟天子以令诸侯，为春秋五霸之首。灵公灭莱后，疆土东至海，临淄则是列国中最为繁华的名都。临淄都城宏大而坚固。《齐记》云：齐城有十三门。经考古发掘，临淄城遗址基本清楚。大城内大道七条，经四纬三，经纬交错，成"井"字形。市内的"庄岳"和"岳市"，人烟稠密，市易喧闹。苏秦称赞临淄道："临淄之途，车毂击，人肩摩，连衽成帷，举袂成幕，挥汗如雨，家敦而富，志高而扬。"临淄城内，发现冶铁遗址，其中一处达40万平方米，并出土"齐铁官丞"和"齐采铁印"等泥封。还发现炼铜遗址、铸造刀币"齐法化"遗址、骨制品作坊遗址。直至西汉初年，临淄繁华不衰。《汉书·高五王传》载："齐临淄十万户，市租千金，人众殷富，巨于长安，非天子亲爱子弟，不得王此。"

临淄工商繁华，文化繁盛。临淄城稷门之外，盖起"高门大屋"，设"稷下学宫"，招徕诸侯宾客，延揽四方学士，会于稷下，讲学论辩。人们称学界巨子为"稷下先生"，其门徒则被称为"稷下学士"。所以，临淄的稷下学宫，成为其时学者汇聚、百家争鸣之所。先是，齐早已有养士之风。《史记》载："（齐）宣王喜文学游说之士，自如邹衍、淳于髡、田骈、接予、慎到、环渊之徒七十六人，皆赐列第，为上大夫，不治而议论。是以齐稷下学士复盛，且数百千人。"到过稷下的学者如云，荀子、孟子、尹文子、宋钘、彭蒙、驺（zōu）奭（shì）等，都在稷下游学论说，或在齐国任职。他们讲学授徒、问难争辩，使临淄成为战国时期百家学说荟萃之都。

临淄的齐宫生活光怪陆离。齐太公姜尚，早年穷困，身历战阵，知创业之艰辛，惠生民之利益。其后代，生长于宫廷，荒淫于游猎，演出一幕一幕的宫廷悲剧。哀公淫乱田游，被周王烹杀。后传至襄公，襄公女弟为鲁桓公夫人。鲁夫人尝与齐襄公私通，及鲁桓公与夫人至齐，襄公复与鲁夫人私通。鲁桓公得知后，怒责夫人，鲁夫人将受责之状告诉齐襄公。齐襄公设计，同鲁桓公宴饮，使其酒醉；派力士彭生将酒醉的鲁桓公抱上其车，并将其致死。待鲁桓公返鲁时，已死多时。鲁人责齐，而齐襄公杀彭生以谢鲁。襄公醉杀鲁桓公，通其夫人，又屡诛杀不当，淫于妇女，数欺大臣。群弟恐祸及己，故其弟纠奔鲁，管仲等傅之；其弟小白奔莒，鲍叔牙傅之。其后齐襄公在宫变中被杀，夺位者公孙无知又被杀。鲁发兵送公子纠回齐，并使管仲拦截莒道，射中小白的带钩。小白佯死，管仲遣人报鲁。鲁认为小白已死，缓送公子纠返临淄。小白佯死诳管仲后，乘车疾行回齐登位，是为齐桓公。齐桓公不计管仲射带钩之仇，派鲍叔牙迎接管仲，解桎梏，厚礼遇，委重任。桓公禄贤能，修国政，连五家之兵，得鱼盐之利，会盟诸侯，开始称霸。齐桓公晚年，管仲病，桓公问谁可为相："易牙如何？"对曰："杀子以适君，非人情，不可。""开方如何？"对曰："倍亲以适君，非人情，难近。""竖刀如何？"对曰："自宫以适君，非人情，难亲。"①管仲死，而桓公不听管仲谏言，亲近易牙、开方和竖刀（竖刁），三人专权。齐桓公晚年不仅拒管仲谏言，而且多内宠。其所宠幸的几位夫人，所生五子争夺嗣位。齐桓公病重，五公子各树党羽争立。及桓公死，互相攻杀，未能入殓。桓公尸在床上六十七日，尸虫从户牖爬出。

---

① 《史记·齐太公世家》。

后棺殓，葬于临淄牛山。晋时掘桓公墓，墓中有水银池，有金蚕、珠襦、玉匣、缯彩、军器等，还有人殉葬。桓公殓葬后，诸子争位攻战三十年，其密姬之子商人立，是为懿公。但是，懿公不得其死：

> 初，懿公为公子时，与丙戎之父猎，争获不胜。及即位，断丙戎父足，而使丙戎仆。庸职之妻好，公内之宫，使庸职骖乘。五月，懿公游于申池，二人浴，戏。职曰："断足子！"戎曰："夺妻者！"二人俱病此言，乃怨。谋与公游竹中，二人弑懿公车上，弃竹中而亡去。①

懿公断丙戎父之足，夺庸职之美妻入宫，终被二人所谋杀。齐懿公之不得其死，仅是他个人作恶之果。他个人的悲剧因其死而落幕，但齐国临淄宫廷闹剧不断重演，兹不赘述。

魏都大梁——水围之城。魏惠王六年（前364年），魏自安邑迁都大梁（今河南开封），大梁作为战国时魏的都城达141年之久。大梁城规模宏大，人口众多，至城破降秦时，城内尚有甲士居民30万。据文献记载，大梁城有12座城门，现查知东门名为夷门，余多不可考。明李濂《汴京遗迹志》载："夷山在里城内安远门之东，以山之平夷而得名。"大梁的工商业较发达，时魏之大梁、秦之咸阳、楚之郢、齐之临淄，皆为商贾出入之地。魏惠王令在大梁附近开凿一条运河，以沟通黄河与淮河两大水系，促进了灌溉和水运的发展。但是，黄河也给大梁带来祸害。天然河决与人为决河，都给大梁百姓造成灾难。

---

① 《史记·齐太公世家》。

秦始皇二十二年（前225年），秦派大将王贲（bì或bēn）领兵攻魏大梁，久攻不下。王贲下令开掘鸿沟，引黄河之水灌大梁城，水围三月，城遂攻破。魏国末王假被迫投降。司马迁曰："吾适故大梁之墟，墟中人曰：秦之破梁，引河沟而灌大梁，三月城坏，王（假）请降，遂灭魏。"大梁被秦兵攻破后，大水横溢，城郭残破，房舍圮塌，人口锐减。尔后，黄水灌大梁之历史不断重现，实是无辜大梁百姓之大不幸。

吴都阖闾——苑林之都。早在商朝末年，周族古公亶父之子泰伯、仲雍，从周原至江南，在今苏州与无锡之间建句吴，以梅里为都城。城的规模据《梅里志》引《吴越春秋》载："周三里二百步，外郭三十余里，在西北隅，名曰故吴，人民皆耕田其中。"① 谈及都市，人们总想到有工有商，有文有武，有买有卖；但是，句吴城中耕田兴农，这在都市史中是罕见的。相传泰伯倡导饲养禽、畜，他在梅里建有鸭城，是其牧养凫鸭之地；又在梅里西建有麋城，为其豢养麋鹿之城。他又开泰伯渎，浚湖泊，以兴农业。所以，句吴城里居民过着农业生活，这是句吴的一个特点。后到诸樊元年（前560年），吴国都城从梅里迁至阖闾（今江苏苏州）。诸樊长子公子光同楚亡臣伍子胥策划，派遣勇士专诸，藏剑于鱼腹，在宴会上刺杀吴王僚，夺取吴王位。这就是"专诸刺王僚"的故事。《史记·吴太伯世家》记载：

> 四月丙子，光伏甲士于窟室，而谓王僚饮。王僚使兵陈于道，自王宫至光之家，门阶户席，皆王僚之亲也，人夹持铍（pī）。公子光佯为足疾，入于窟室，使专诸置匕首于炙鱼之中以进食。手匕

① 道光《梅里志》卷二。

首刺王僚,铍交于匈,遂弑王僚。公子光竟代立为王,是为吴王阖庐。

阖庐(即阖闾)登位后,重子胥,设守备,实仓库,扩都城,以安国治民,兴王成霸。《越绝书》载扩增后的都城规模为:小城周12里,设陆门三、水门二;大城周47里,设陆门八、水门八;郭周68里,成为一座宏伟的阖闾大城。城内有干将、莫邪铸剑坊,"使童女、童男三百人鼓橐(tuó,古代一种鼓风吹火器)装炭",以制宝剑。城里有吴市,为市场交易;有市正,为市场官员。城郊还有养鸡之所鸡坡,养鸭之处鸭城,养猪之圈猪坟,养鹿之园鹿苑,置麋之处麋城,养马之场马城。

阖闾的宫殿苑囿,映现了吴王的豪华生活。《越绝书》记载,吴王建阖闾宫,又建南城宫,还建有东宫和西宫,础雕伏龟,坛刻石龙,工艺精细,异常豪华。在城郊兴建离宫别馆和驰猎苑囿。如长洲苑,规模宏廓,禽兽繁多,可与后来汉上林苑媲美。又如姑苏台,经营9年,始告竣工,台高300丈,作九曲回路以登,其上可望300里外。它如专置美人的离城,以及山、鸥陂(bēi,池塘)、游台等。阖闾败楚后,意骄情奢,怠于政事,拥美游玩,夜以继日:"出入游卧,秋、冬治于城中,春、夏治于城外,治姑苏之台,旦食鲴山,昼游苏台,射于鸥陂,驰于游台,兴乐石城,走犬长洲。"① 夫差继位后,更兴土木,大建宫馆。他在砚石山(今灵岩山)上兴筑馆娃宫。娃,吴语美女之称;馆娃宫为藏娇之宫。夫差纳越国美女西施为妃后,专修馆娃宫以藏娇。宫踞山上,山高60丈,俯瞰太湖,山水秀丽。另有相传为西施赏乐之所的抚琴台、玩笑池、响屟(xiè,木底鞋)廊——以梓木铺地,下置

---

① 《吴越春秋·阖闾内传》。

陶瓮，西施与宫女沿廊漫步轻舞，脚下便发出娱耳之声。唐刘禹锡咏馆娃宫诗云：

> 宫馆贮娇娃，当时意大夸。
> 艳倾吴国尽，笑入楚王家。
> 月殿移椒壁，天花代舜华。
> 唯余采香径，一带绕山斜。①

夫差除在灵岩山兴建馆娃宫外，还在太湖中辟消夏湾，观赏景色，品味肥鱼。并扩建姑苏台，据《苏州府志》转引《洞冥记》载：

> 周旋诘屈，横亘五里，崇饰土木，殚耗人力，宫妓千人。台上别立春宵宫，为长夜之饮，造千石酒钟。又作天池，池中造青龙舟，舟中盛致妓乐，日与西施为嬉。又于宫中作海灵馆、馆娃阁、铜钩玉槛，宫之楹榱（cuī，椽子），皆珠玉饰之。

上面载述，略带小说家言，但从中可以窥视吴王宫馆离苑之精丽豪华，从而奠下后世苏州园林的基础。然而，被吴王战败的越王勾践，卧薪尝胆，卑身厚币，积蓄力量，举兵伐吴。吴兵败绩，夫差自刎，江南华苑，化为灰烬。

燕都蓟城——方国之都。蓟城，今北京市。北京最早之城，始于燕。1962年，北京市文物工作队在房山琉璃河地区进行考古调查时，发现

---

① 同治《苏州府志》卷五三《古迹》。

这里有一处商周时期的文化遗址，后经多年陆续考古发掘，及有关专家学者的研究，证明它为一座古城的遗址。古城遗址位置在今北京房山区琉璃河镇董家林村附近。城呈长方形，北城墙长约830米，南城墙基被河水冲毁而无法测量其长度，东、西城墙的北段各长约300米。城墙是用黄土夯实，分段板筑而成的。主城墙高厚坚固，其内外侧有护城坡，城外四围有护城濠沟。经考古断定：这座古城的始建年代在商末周初时期。在其附近，有大片西周墓地。在已发掘的诸多墓葬中，出土了大量的青铜器，有礼器、兵器、车马器和铜工具等。青铜礼器，多有铭文，少者二三字，多者40余字。如复鼎，通高24.5厘米，鼎底铸有3行17字的铭文。铭文记载燕侯赏赐名叫复之大臣以冠服、臣妾和货贝。又如伯矩鬲，三足凝重铜鬲，通体雕刻牛头，铸冶精美，造型雅致，鬲上和盖内都铸有铭文。铭文记载燕侯赏赐大臣伯矩的事迹。具有代表性的礼器是堇鼎，它通高62厘米，重41.5公斤，造型浑厚，纹饰肃朴，内壁铸有铭文4行26字："匽侯令堇饎大保于宗周。庚申，大保赏堇贝。用作大子癸宝障鬻䵼。"铭文中的"匽侯"，即是燕侯；"堇"是燕侯大臣之名；"大保"是召公奭，其封于燕而不在燕，留居宗周；宗周即丰镐，因"周王居之，诸侯宗之"，故称宗周。铭文的大意是：燕侯派大臣堇去宗周，向大保召公奭奉献食物，并受到赏赐；堇因铸鼎，以纪荣宠。以上清楚地表明：召公奭受武王所封之后，仍留在宗周辅弼王室，而以其长子就封于燕，此段历史，《史记·周本纪》载：武王克商后，"封召公奭于燕"。《史记·燕召公世家》载：

召公奭与周同姓，姓姬氏。周武王之灭纣，封召公于北燕。

上述引文，集解引谯周曰：

> 周之支族，食邑于召，谓之召公。

索隐载另说曰：

> 或说者以为文王受命，取岐周故墟周、召地分爵二公，故《诗》有周、召二《南》，言皆在岐山之阳，故言南也。后武王封之北燕，在今幽州蓟县故城是也。亦以元子就封，而次子留周室代为召公。

这就表明，武王伐纣之后，封召公于燕，其都城当在今北京琉璃河董家林古城址处。所以，古城文化遗址、青铜礼器铭文和历史典籍记载，彼此参酌，相互印证：今北京房山琉璃河董家林古城遗址，即是西周初期燕国都城所在。

燕国都蓟，外临胡、貊（mò），内错齐、晋列强之间，数度兴衰。燕王哙与相子之内乱，燕运衰，齐兵入。先是，燕王哙年老不听政，国事决之于子之。将军市被与太子平相谋，兵攻子之，不克。市被反遭杀，构难数月，死者数万。齐王纳孟轲之议，派兵攻燕。燕士卒不战，城门不闭，哙与子之皆死。后燕人立太子平，是为燕昭王。昭王躬身厚币，招贤纳士，图雪先王之耻，以强燕国之威。于是，先为郭隗改筑宫室，并以师礼尊之。乐毅自魏、邹衍自齐、剧辛自赵往燕。经二十余年积聚，兵强国富：

> 二十八年，燕国殷富，士卒乐轶轻战，于是遂以乐毅为上将军，

> 与秦、楚、三晋合谋以伐齐。齐兵败,湣王出亡于外。燕兵独追北,入至临淄,尽取齐宝,烧其宫室宗庙。齐城之不下者,独唯聊、莒、即墨,其余皆属燕。①

但是,昭王死后惠王立,惠王嫉贤妒能,乐毅去职走赵。齐田单乘机击燕兵,燕兵败,齐收复其失城。后燕日衰,且秦兵临易水。燕太子丹阴蓄壮士二十人,使荆轲献督亢图于秦王。行前,燕太子及宾客,皆穿白衣相送。此悲壮之场面,史载:

> 太子及宾客知其事者,皆白衣冠以送之。至易水之上,既祖,取道,高渐离击筑,荆轲和而歌,为变徵之声,士皆垂泪涕泣。又前而为歌曰:"风萧萧兮易水寒,壮士一去兮不复还!"复为羽声慷慨,士皆瞋(chēn)目,发尽上指冠。②

荆轲见秦王,图穷匕首现,事败,被杀。不久,秦发兵攻燕。

燕在姬姓诸侯中,独后被秦灭亡。秦统一中原,东周结束。姬姓之王,为嬴姓之帝所取代。但是,周代的艺术丰富多彩。

艺术生活。青铜器艺术始于夏,盛于商,变于周。西周初期,商朝青铜器物多为周王室和贵族所有。青铜工艺工奴,也多为原商朝之人。所以,其时青铜艺术,多沿袭商代的风格。后来,青铜器的形制、图案有较大的变化。青铜器的形制,西周重礼乐,故乐器大有增加。商

---

① 《史记》卷三四《燕召公世家》。
② 《史记》卷八六《刺客列传》。

代乐器有击打的铙，而西周后期则有倒悬的钟，甚至发展为编钟。图案纹饰，商代尚文彩，周代尚质朴；商代重装饰，周代重记事。《礼记》载：

> 论撰其先祖之有德善、功烈、勋劳、庆赏、声名列于天下，而酌之祭器，自成其名焉，以祀其先祖也。

所以，周代大的征战、勋业、赏赐，多刻铭文，以纪荣光。周代青铜器一般盖大、口广、腹浅，而为著铭刻之需。其纹饰常用鸟纹。《说文》曰：

> 凤，神鸟也。天老曰：凤之象也，鸿前麟后，蛇颈鱼尾，鹳颡鸳思，龙文龟背，燕领鸡喙，五色备举，出于东方君子之国，翱翔四海之外，过昆仑，饮砥柱，濯羽弱水，莫宿风穴，见则天下大安宁。

这种以孔雀为主体并整合其他动物特征而想象出来的祥鸟，被用作周代各种器物的图案。周室东迁之后，王室礼器大减，诸侯之器大增。其风格有新的突破。鼎，耳、足、腹分铸，便产生附耳、鼎盖等新形式。1923年在河南新郑出土的莲鹤方壶，艺术价值很高，是春秋时期青铜艺术的典型代表。战国时期，科技的进步，百家争鸣的出现，使青铜艺术展现新面貌。这时期青铜器有鎏金装饰、嵌珠镶玉等，风格绚丽斑斓、色泽华美、作工精巧、富于韵律。湖北随县出土战国尊盘，是一件别致的珍品。又如1935年河南汲县山彪镇出土的水陆攻战纹鉴，全器用红铜丝镶嵌成40组图像，人物凡292个，有射杀、格斗、划船、击鼓、犒赏、送别等场面，器物有旌、旗、鼓、戈、戟、剑、车、船等，是一幅军事活动的盛图。另如1951年河南辉县赵固镇出土的宴乐射猎纹鉴，中为一座高大建筑，左为鸣钟舞蹈者，右为击磬舞蹈者。中间一面为庖厨，或酣饮，或进食；另一面为园林，战国宴乐渔猎攻战纹铜壶或射猎，或划船。画面展现出37人、30只鸟兽和66件器物，是一幅优美生动的佳作。

绘画艺术早在夏代便已出现。那时已出现陶绘和岩画。夏代已有工艺绘画，商代可能已有肖像画，武丁令人绘名叫"说"的"唯肖其画"是个例证。周代有了画工、画史，在壁画、装饰画、帛画、岩画等方面，都超越前代。壁画，有的绘于明堂，《孔子家语》载：明堂壁上画着"尧、舜之容，桀、纣之像，而各有善恶之状"。有的绘于庙堂，《楚辞章句》载：

> 楚有先王之庙及公卿祠堂，图画天地山川神灵，琦玮僪佹（yù guǐ，神奇怪异），及古圣贤，怪物行事。

装饰画主要绘铸在青铜器上或绘在漆器上。前者，青铜器的绘饰有狩猎、采桑、乐舞、宴饮、攻战等。如宴乐渔猎攻战纹铜壶，画面分作三层——上层为采桑、射猎等，中层左部为飞禽、游鱼、猎射等，右部上面为台榭、宴饮，下面为舞乐，下层为激烈战争，整个画幅，构图谨严，形象生动。河南洛阳金村战国墓中出土的金银错狩猎纹铜镜，其装饰画面由人物和动物组成，人物中一个披甲勇士骑在马上，同一猛虎搏斗，勇士乘骑持剑刺向猛虎，怒虎反扑，张牙舞爪。勇士的英姿、马的咆哮、虎的凶猛，绘形绘声，十分生动。后者，漆器的绘饰有各种纹饰及人物故事等。如湖北随县曾侯乙墓出土的漆棺、漆箱、漆盒等，其上绘有神怪形象与乐舞情节。漆箱中一件绘有青龙、白虎的图像，另一件绘有扶桑树、太阳、鸟、兽、蛇和人持弓射鸟的形象。帛画，战国时期之作已发现三件。其一是缯书画像，呈方形，中间墨书，字迹工整，文字颇长；四旁是画，为怪异神物。其二是龙凤人物帛画，画一妇人为死者祈福的情景。其三是御龙帛画，画中为一男人乘龙欲升天遨游之状。《楚辞·九歌》曰："乘龙兮辚辚，高驰兮冲天。"画中当为死者御龙升天，即楚人乘龙游天之意。岩画，多绘于边远地区山崖之处，如内蒙古阴山岩画、云南沧源岩画、广西宁明岩画、甘肃黑山岩画等，其绘制时代或有异议，其崖画地点远离都市，故略提而不详论。①

---

① 王伯敏主编《中国美术通史》第二编。

第二章 秦汉都市生活

一 秦始皇帝起居

秦始皇帝姓嬴，名政，是秦庄襄王之子。庄襄王为秦质子于赵，见大商人吕不韦姬貌美，且善歌舞，遂悦而娶之。其时，吕不韦姬已怀身孕①，于秦昭王四十八年（前259年）正月初一日，生始皇于邯郸。政年13岁，秦庄襄王死，代立为秦王。

先是，秦先帝至大费时，佐禹治水有功，又佐舜调驯鸟兽，被赐姓嬴氏。其后世非子在周孝王时，以善马挚养而被封邑于秦，号秦嬴。到秦襄公时，周平王封襄公为诸侯，始与其他诸侯通聘。后文公、德公、缪公、献公、孝公等，势力逐渐扩大，都城不断东徙。王国维考证道：

> 有周一代，秦之都邑分三处，与宗周、春秋、战国三期相当，曰西垂、曰犬丘、曰秦，其地皆在陇坻（chí 或 dǐ）以西，此宗周

---

① 《史记·秦始皇本纪》索隐按："《不韦传》云：不韦，阳翟大贾也。其姬邯郸豪家女，善歌舞，有娠而献于子楚。"

之世秦之本国也。曰汧（qiān）渭之会、曰平阳、曰雍，皆在汉右扶风境，此周室东迁，秦得岐西地后之都邑也。曰泾阳、曰栎阳、曰咸阳，皆在泾、渭下游，此战国以后秦东略时之都邑也。①

秦的诸都城中，要者为雍、栎阳和咸阳。秦襄公被封为诸侯，有岐山以西之地，秦定都雍（今陕西凤翔县南）。秦自定都雍至覆亡的四百年间，秦王室宗庙始终设置在雍。近年考古发掘雍宗庙遗址，其面积达7000余平方米②。秦缪公时，以五羖（gǔ）羊皮赎百里奚，又厚币迎蹇叔，委以重任，破晋之兵，与晋结盟，秦地东至河。秦献公时，城栎阳（今陕西临潼栎阳镇）。献公子孝公继立后，任用商鞅变法，并徙都咸阳。咸阳之名，《汉书·地理志》王先谦补注引《三秦记》释曰："在九嵕（zōng）山南，渭水北，山水俱阳，故名咸阳。"《元和郡县图志》亦释曰："山南曰阳，水北曰阳，县在北山之南，渭水之北，故曰咸阳。"秦在诸侯中益强。孝公死，子惠文君立。惠文君称王，四传至庄襄王，是为秦始皇之父。秦王政二十六年（前221年），初并中原，为三十六郡，号为始皇帝。秦王政13岁继立为秦王，39岁统一六国，称帝12年，50岁而薨。

秦始皇统一六国，是一位政治家。秦始皇的政治生涯，始于秦庄襄王死，年13岁立为秦王（前246年）。时秦的疆域，南括巴、蜀、汉中、越宛而有郢，置南郡，北收上郡以东而有河东、太原、上党郡，东至荥阳，灭二周而置三川郡。以吕不韦为相，委之以国政；以李斯

---

① 王国维《观堂集林》卷一二《秦都邑考》。
② 徐丹俍[liáng]《关中平原第一城——西安》，载阎崇年主编《中国历代都城宫苑》。

为舍人，蒙骜、王龁（yǐ，又作齮hé）、麃（biāo）公为将军，后以嫪毐（lào ǎi）为长信侯：招致四方贤士，欲并天下。九年（前238年），政王冠、带剑。寻长信侯嫪毐为乱，战咸阳。嫪毐败死，其党悉除；翌年，相国吕不韦坐嫪毐事免。秦王政始掌握秦国军政实权。秦王政既已成年，又握实权，尉缭评论其人的形象与性格道：

秦王为人，蜂准（zhǔn），长目，挚鸟膺，豺声，少恩而虎狼心，居约易出人下，得志亦轻食人。我布衣，然见我常身自下我。诚使秦王得志于天下，天下皆为虏矣！①

上述说秦王政高鼻、长目、性勇、豺声、寡恩、狼心，居简约时能谦卑，得志时则吃人。秦王政性格刚毅、志向高远，他先后于十七年（前230年）俘韩王、十九年（前228年）俘赵王、二十一年（前226年）克燕都蓟、二十二年（前225年）使魏王假降、二十三年（前223年）俘楚王、二十六年（前221年）俘齐王，至此六国皆亡，全国统一。秦王政统一六国后，觉得"王"不足以显示其尊贵，便令臣下"议帝号"。大臣等议后，《史记·秦始皇本纪》载其议奏曰：

昔者五帝地方千里，其外侯服夷服，诸侯或朝或否，天子不能制。今陛下兴义兵，诛残贼，平定天下，海内为郡县，法令由一统，自上古以来未尝有，五帝所不及。臣等谨与博士议曰："古有天皇，有地皇，有泰皇，泰皇最贵。"臣等昧死上尊号，王为"泰皇"。

① 《史记·秦始皇本纪》。

命为"制",令为"诏",天子自称曰"朕"。

秦王政仍不满意,命去"泰"字,取"皇"字,并采上古"帝"位号,号曰"皇帝"。从此,"皇帝"代替王而成为中国最高执政者之称谓。同时,皇帝的命令称"制"和"诏",文中不准提及皇帝名字,文书上逢"皇帝"等字均要另行抬头顶格写。"朕"字以前每人都可以用,此后只有皇帝才能称"朕"。此前一般人的印可称为"玺",此后则只有皇帝的印才可称为"玺"。秦王政自称始皇帝,后世以数计,"至于万世,传之无穷"。

秦始皇统一六国后,采用"五德终始说"。这种学说由齐人邹衍所力倡,要义在于五行中的金、木、水、火、土,相生相克、循环往复。秦始皇采用此说,宣扬秦代周乃是水德代替火德,于颜色改周尚红为秦尚黑,数字以六为纪,改河名为德水,改十月为正月。《史记·秦始皇本纪》载:

> 始皇推终始五德之传,以为周得火德,秦代周德,从所不胜。方今水德之始,改年始,朝贺皆自十月朔。衣服、旄旌节旗皆上黑。数以六为纪,符、法冠皆六寸,而舆六尺,六尺为步,乘六马。更名河曰德水,以为水德之始。

"六"成为最高尚之数,一切数字皆为"六"的倍数,如"天下为三十六郡"、迁富豪于咸阳"十二万户"、巡行刻石字韵、虎符铭文、坛尺寸等无不如此。秦始皇不仅采用"五德终始说",还讲祥瑞、求神仙、图长生。这就演出徐市（徐福）入海求神仙的故事：

> 齐人徐市等上书，言海中有三神山，名曰蓬莱、方丈、瀛洲，仙人居之。请得斋戒，与童男女求之。于是遣徐市发童男女数千人，入海求仙人。①

徐市入海未归。又斋戒祷祠，欲出周鼎。相传周鼎沉于泗水，始皇使千人没水求鼎，鼎未出，人或没顶。又至湘山祠，逢大风，始皇大怒，使刑徒三千人伐湘山树，赭（zhě，伐尽树木，使山石露出原来的红色）其山。后巡行碣石，使燕人卢生求古仙人羡门、高誓，自然不可得。又使韩终、侯公、石生求仙人不死之药。为求芝奇仙药，成为"入水不濡、入火不爇（ruò，烧）"的"真人"，兴筑复道，行止诡秘。秦始皇迷信，演出海战射鱼之闹剧：

> 始皇梦与海神战，如人状。问占梦，博士曰："水神不可见，以大鱼蛟龙为候。今上祷祠备谨，而有此恶神，当除去，而善神可致。"乃令入海者赍捕巨鱼具，而自以连弩候大鱼出射之。自琅邪北至荣成山，弗见。至之罘，见巨鱼，射杀一鱼。遂并海西。②

---

① 《史记·秦始皇本纪》正义引《汉书·郊祭志》云："此三神山者，其传在渤海中，去人不远，盖曾有至者，诸仙人及不死之药皆在焉。其物禽兽尽白，而黄金白银为宫阙。未至，望之如云；及至，三神山乃居水下；临之，患且至，风辄引船去，终莫能至云。世主莫不甘心焉。"。
② 《史记·秦始皇本纪》。

秦始皇求仙药、祈长生，而不似后世明代嘉靖皇帝那样崇道荒政，却能勤于政事、日理万机。他每日都要亲自处理各种奏章文书，以竹、木简日阅一石（120斤）为标准，不尽此数，不能休息。这对一位帝王来说，确属难能可贵。他统一六国，修治驰道，统一度量衡，统一文字，李白颂其为"秦王扫六合，虎视何雄哉"！然而，焚书籍、坑儒生、重徭役，铸成了秦始皇的千古之罪。

焚书籍。三十四年（前213年），秦始皇在咸阳宫设宴。仆射周青臣进颂辞，说"自上古不及陛下威德"，始皇听后很高兴。但齐人博士淳于越不满于周青臣"面谀以重陛下之过"之辞，而提出"事不师古而能长久者，非所闻也"之见。丞相李斯则提出焚书议：

> 古者天下散乱，莫之能一，是以诸侯并作，语皆道古以害今，饰虚言以乱实，人善其所私学，以非上之所建立。今皇帝并有天下，别黑白而定一尊。私学而相与非法教，人闻令下，则各以其学议之，入则心非，出则巷议，夸主以为名，异取以为高，率群下以造谤。如此弗禁，则主势降乎上，党与成乎下。禁之便。臣请史官非《秦记》皆烧之；非博士官所职，天下敢有藏《诗》《书》百家语者，悉诣守、尉杂烧之。有敢偶语《诗》《书》者弃市。以古非今者族。吏见知不举者与同罪。令下三十日不烧，黥为城旦。所不去者，医药、卜筮、种树之书。①

秦始皇制曰："可。"由此，先秦大量文献古籍被付之一炬，中

---
① 《史记·秦始皇本纪》。

华文化遭到巨大损失，自由思索精神受到沉重打击，后世专制暴君屡兴文字之狱。

坑儒生。先是秦始皇求长生药，卢生等献计而不可得，恐祸及自身，便逃跑掉。史载：

> 侯生、卢生相与谋曰："始皇为人，天性刚戾自用，起诸侯，并天下，意得欲从，以为自古莫及己。专任狱吏，狱吏得亲幸。博士虽七十人，特备员弗用。丞相诸大臣皆受成事，倚辨于上。上乐以刑杀为威，天下畏罪持禄，莫敢尽忠。上不闻过而日骄，下慑伏谩欺以取容。秦法，不得兼方，不验，辄死。然候星气者至三百人，皆良士，畏忌讳，谀不敢端言其过。天下之事无小大皆决于上，上至以衡石量书，日夜有呈，不中呈，不得休息。贪于权势至如此，未可为求仙药。"于是乃亡去。始皇闻亡，乃大怒曰："吾前收天下书不中用者尽去之。悉召文学方术士甚众，欲以兴太平，方士欲练以求奇药。今闻韩众去不报，徐市等费以巨万计，终不得药，徒奸利相告日闻。卢生等吾尊赐之甚厚，今乃诽谤我，以重吾不德也。诸生在咸阳者，吾使人廉问，或为妖言以乱黔首。"于是，使御史悉案问诸生，诸生传相告引，乃自除。犯禁者四百六十余人，皆坑之咸阳，使天下知之，以惩后。①

这就是历史上继"焚书"之后的"坑儒"事件。由此，秦始皇开了大量屠杀儒生的恶例。

① 《史记·秦始皇本纪》。

重徭役。秦始皇的滥发徭役，极为苛重，修筑万里长城，城下多埋枯骨。"孟姜女哭倒长城"的故事，虽为后人所编，却道出秦人对徭役的愤怒之声。其征发徭役数量之大，简直是前无古人。所筑长城用 40 万人，南戍五岭用 50 万人，修骊山墓用 70 万人等。有人估计，秦时全国可统计的人口约 2000 万，每年征发徭役者不下 300 万，服役者竟占其时总人口的 15% 以上①。

除上举秦始皇三大弊政外，其宫廷生活则至为穷奢极欲。

早在秦始皇之前，《三辅黄图》载："秦穆公居西秦，以境地多良材，始大宫观。"西戎使臣由余至秦，见其宫观叹称："使鬼为之，财劳神矣；使人为之，则苦人矣！"可见宫殿之宏丽。商鞅变法后，秦孝公徙都咸阳，营城池，筑宫阙。至惠王时，"取岐雍巨材新作宫室，南临渭，北逾泾，至于离宫三百"②。秦始皇统一六国过程中，便在咸阳大兴土木。《史记·秦始皇本纪》载：

秦每破诸侯，写放其宫室，作之咸阳北坂上，南临渭，自雍门以东，至泾、渭，殿屋复道周阁相属，所得诸侯美人钟鼓，以充入之。

秦始皇集诸侯国宫殿建筑风格于咸阳一处。他还在渭南筑兰池宫与信宫，寻更命信宫为极庙，以象征天上之中宫——天极。自极庙道通骊山，作甘泉殿。其宫、其殿，异常壮观。兰池宫，史载其"引渭水为池，筑为蓬、瀛，刻石为鲸，长二百丈"③。至于由咸阳至九嵕甘泉，

---

① 林剑鸣《秦史稿》。
②《三辅黄图·序》。
③《史记·秦始皇本纪》正义引《秦记》。

沿途离宫别馆，至为豪奢："咸阳北至九嵕甘泉，南至云、杜，东至河，西至汧渭之交，东西八百里，南北四百里，离宫别馆，相望连属，木衣绨绣，土被朱紫，宫人不移，乐不改悬，穷年忘归，犹不能遍。"然而，秦始皇宫殿之中心是咸阳宫。

咸阳宫又称信宫或极庙，其宏巨规模，《三辅黄图》载："因北陵营殿，端门四达，制紫宫，以象帝居；渭水灌都，以象天汉；横桥南渡，以法牵牛。"秦始皇三十五年（前212年），秦始皇嫌已有宫殿小，便营建朝宫于上林苑中。朝宫规模宏巨，前古所无:《三辅黄图》载其"可受十万人，车行酒，骑行炙，千人唱，万人和……销锋镝熔以为金人十二，以弱天下之人，立于宫门"。金人即铜人，名翁仲，每个重24万斤①。朝宫的前殿，就是有名的阿房宫，又称阿房或阿城。阿房宫始建于惠文王，宫未成而惠文王死去，工程中辍。至此，秦始皇扩建其宫，离宫别馆，亭台楼阁，弥山跨谷，辇道相属，以南山之巅为阙，引巨川之水为池，木兰作梁，磁石为门，周驰设复道，紫宫通营室。《史记·秦始皇本纪》载：

> 始皇以为咸阳人多，先王之宫廷小："吾闻周文王都丰，武王都镐，丰、镐之间，帝王之都也。"乃营作朝宫渭南上林苑中。先作前殿阿房，东西五百步，南北五十丈，上可以坐万人，下可以建五丈旗。周驰为阁道，自殿下直抵南山。表南山之巅以为阙。为复道，自阿房渡渭，属之咸阳，以象天极阁道绝汉抵营室也。

---

① 《史记·秦始皇本纪》索隐、正义均引自《三辅旧事》，其铜人或重34万斤、或重24万斤。

秦始皇在咸阳地区的宫殿，以阿房宫建筑为主体，包括咸阳之旁200里内，宫观270座。而《史记·秦始皇本纪》载："关中计宫三百，关外四百余。"可谓宫殿相立，复道相联。上述文献记载，得到近年考古发掘的证实。在今陕西咸阳东起柏家嘴，西至窑店乡，南自咸铜铁路，北达高干渠之间，东西12里、南北4里的地域，发现有大量秦砖、秦瓦。经研究，这段地带是咸阳宫殿建筑遗址分布最多、最密集、最大规模的地方[1]。

秦始皇的宫殿别馆中，充满着供其享乐的珍玩、美女。他不仅将所得诸侯美人、钟鼓置于宫内，还搜罗天下美女充实后宫。史称秦始皇"后宫列女万余人，气上冲于天"[2]。他还将这些美女当作玩物："当暑戴芙蓉冠子，以碧罗为之，插五色通草苏朵子，披浅黄藂（cóng）罗衫，把云母小扇子，靸蹲凤头履，以侍从。"宫娥们也按秦始皇的兴致打扮："秦始皇好神仙，常令宫人梳仙髻，帖五色花子，画为云凤虎飞升。"夏天，宫人又"戴黄罗髻，蝉冠子，五花朵子，披浅黄银泥云帔，把五色罗小扇子，靸金泥飞头鞋"[3]。秦始皇的后宫中，还有"宫女侍者千余人"，作戏倡优，供其玩赏。这些宫娥都"幼妙宠丽"，能歌善舞，每日为秦始皇抚琴、歌唱、起舞，有辞描绘其情其景云："泣喻而妖兮纳其声声，丽颜歌长榆兮叹曰骑，美人旖旎纷嫱枻（xī yì）。"秦始皇纵酒深宫，恣情淫乐，享尽人间帝王之宫廷侈丽生活。

秦始皇冥间生活。秦始皇的先王，便认为死后到了阴间，仍过着

---

[1]《秦都咸阳几个问题的初探》，《文物》1976年第11期。
[2]《史记·秦始皇本纪》正义引《三辅旧事》。
[3]《中华古今注》，此类似小说家言，转引自林剑鸣等著《秦汉社会文明》。

帝王的生活，从而要车马、卫士、姬妾陪侍。史载秦武公死，葬雍之平阳，"初以人从死，从死者六十六人"①。这是有文字记载秦王死后人殉之始。秦穆公死，葬雍，"从死者百七十七人，秦之良臣子舆氏三人——名曰奄息、仲行、针虎，亦在从死之中"②。子舆氏三人殉葬之因，《史记·秦本纪》正义引应劭解析说："秦穆公与群臣饮酒酣，公曰：生共此荣，死共此哀。于是奄息、仲行、针虎许诺。及公薨，皆从死。"秦人为之悲哀，因作《黄鸟》之诗。这反映了秦穆公冥想在阴间仍享同近臣宴饮之乐。

秦公、秦王埋葬之处，古称墓，后称陵。秦代始创陵寝之制。《日知录》载：

> 古王者之葬，称墓而已。……春秋以降，乃有称丘者；赵肃侯，秦惠文、悼武、孝文三王始称陵。③

董说《七国考》载："秦惠文始以墓为陵。"赵肃侯与秦惠文为同时代人，故可以视为秦惠文王始行陵寝之制。陵寝就是帝王坟墓其地下之陵墓与地上之寝殿的合称。据《后汉书·祭祀志下》载：

> 古不墓祭，汉诸陵皆有园寝，承秦所为也。说者以为古宗庙前制庙，后制寝，以象人之居前有朝，后有寝也。《月令》有"先荐

---

① 《史记·秦本纪》。
② 《史记·秦本纪》。
③ 顾炎武《日知录》卷一五。

寝庙",《诗》称"寝庙奕奕",言相通也。庙以藏主,以四时祭。寝有衣冠几杖象生之具,以荐新物。秦始出寝,起于墓侧,汉因而弗改,故陵上称寝殿,起居衣服象生人之具,名寝之意也。

秦惠文王始行陵寝,秦始皇帝则大兴骊山陵墓。秦始皇生前,就在骊山营建陵寝。秦统一六国后,更加大规模地修建其陵墓。骊山陵寝规模宏大,气势非凡,设计谨严,构造机巧。其墓前竖翁仲,植松柏。据载陵墓植松柏始于秦穆公。董说《七国考》卷十引《博物志》曰:"秦穆公时,有人掘地得物若羊,将献之。道逢二童子,谓曰:'此名蝹(yūn),常在地中食死人脑。若欲杀之,以柏东南枝插其首。'由是墓皆植柏。墓植柏,自秦始也。"秦穆公墓植柏,秦始皇陵则树草木以象山。《史记·秦始皇本纪》载骊山陵寝曰:

> 九月,葬始皇郦山。始皇初即位,穿治郦山。及并天下,天下徒送诣七十余万人,穿三泉,下铜而致椁,宫观百官奇器珍怪徙藏满之。令匠作机弩矢,有所穿近者辄射之。以水银为百川江河大海,机相灌输,上具天文,下具地理。以人鱼膏为烛,度不灭者久之。二世曰:"先帝后宫非有子者,出焉不宜。"皆令从死,死者甚众。葬既已下,或言工匠为机,臧皆知之,臧重即泄。大事毕,已臧,闭中羡,下外羡门,尽闭工匠臧者,无复出者。树草木以象山。

陵下筑宫观楼阁,设百官位次,列奇器珍怪,灌江河大海,具天文地理,充妃嫔姬妾,宛如袖珍宇宙中的地下宏丽宫殿。陵园的外观,《史记·秦始皇本纪》集解引《皇览》曰："坟高五十余丈，周回五里余。"

秦始皇陵墓的外部构造，陵墓封土高达50余丈，周围约5里。近年考古调查探明，秦始皇陵园原建有内、外二城，内城平面呈方形，周长5.2里；外城呈南北长方形，周长12.6里。同时探明内城5座城门和外城4座城门的位置，并发现许多宫殿建筑遗址。1974年，在秦始皇陵园东侧首次发掘兵马俑坑，证明上引秦始皇陵墓的记载绝非夸大之辞。在已试掘的一号兵马俑坑内，有6000余件陶俑、陶马；二号坑内有战车89乘，陶质车士261件，驾车陶马356匹，骑兵武士俑116件，陶鞍马116匹，步兵俑562件；三号坑内有驷马战车1乘，武士俑68件①。总计三个兵马俑坑面积约20780平方米。陶俑、陶马都同真人、真马高矮相似，皆生动逼真、形象各异。已发掘之兵马俑坑，仅为陵墓工程中的次要部分，尚且震惊世界，被誉为世界奇迹之一；至于陵墓的主体部分，当更为豪华、壮观、伟丽、宏巨，令人叹为观止。

秦始皇帝的政治生活、宫廷生活和冥间生活，略如上述；汉代都市的社会生活，待下节分述。

---

① 《临潼县秦俑坑试掘第一号简报》，《文物》1975年第11期；《秦始皇陵东侧第二号兵马俑坑钻探试掘简报》，《文物》1978年第5期。

二 两汉都城宫苑

中国古代都市生活史

秦末政治腐败,民怨沸腾。陈胜首难,揭竿为旗,群雄蜂起,天下响应。刘邦举兵相从,率沛子弟三千,后势力日增,统兵西指,攻入咸阳,暴秦覆亡。但项羽急率四十万大军入关,在咸阳大肆杀掠,并焚毁咸阳宫殿,大火三月不熄。项羽自称西楚霸王,建都彭城(今江苏徐州),封刘邦为汉王。楚汉相争,垓下决战,项羽兵困,四面楚歌,慷慨悲唱:"力拔山兮气盖世,时不利兮骓不逝。骓不逝兮可奈何,虞兮虞兮奈若何!"① 遂演出"霸王别姬"的悲剧。项羽乌江自刎,刘邦做了皇帝。刘邦曾受封汉王,故所建立王朝为汉朝,史称西汉或前汉,奠都长安(今陕西西安)。西汉是中国历史上一个强大的王朝,西汉都城长安也是其时世界上最重要的都市之一。

西汉都城。西汉都城长安,规模宏伟,气势非凡。它周围长达65里(实测为25100米),城墙高3丈5尺,下宽1丈5尺,上宽9尺。

---
① 《史记·项羽本纪》。

墙体以土夯筑而成，厚实坚固。城平面呈不规则正方形，西北临渭水而缺西北城角。城南为南斗形，城北为北斗形，俗称西汉长安城为斗城。但是，西汉奠都长安经过了激烈的论争。

先是，刘邦欲都洛阳。但是，齐人娄敬力劝刘邦奠都关中。此中争议，史载：

> "陛下入关而都之，山东虽乱，秦之故地可全而有也。夫与人斗，不搤(è，同"扼")其亢，拊其背，未能全其胜也；今陛下案秦之故地，此亦搤天下之亢而拊其背也。"帝问群臣。群臣皆山东人，争言："周王数百年，秦二世即亡。洛阳东有成皋，西有殽、渑，倍河、乡伊、洛，其固亦足恃也。"上问张良。良曰："洛阳虽有此固，其中小不过数百里，田地薄，四面受敌，此非用武之国也。关中左殽、函，右陇、蜀，沃野千里；南有巴蜀之饶，北有胡苑之利。阻三面而守，独以一面东制诸侯；诸侯安定，河、渭漕挽天下，西给京师；诸侯有变，顺流而下，足以委输；此所谓金城千里，天府之国也。"①

刘邦善纳谏，即车驾，都长安。西汉都城长安的修建，主要在汉高祖、汉惠帝和汉武帝三个时期。汉高祖刘邦定都长安后，兵事未息，经济维艰。萧何留守长安，主持长安城之兴筑。他将原秦章台宫改建成未央宫，兴乐宫改建成长乐宫，两宫轩昂，雄伟壮丽。刘邦斥之过奢，萧何答称："夫天子以四海为家，非壮丽无以重威，且无令后世有以

---

① 《资治通鉴》卷一一。

加也。"①萧何欲将汉长安建成空前绝后之伟丽都城。汉惠帝时动用数以十万计的民夫,修筑长安城垣,其宏巨之状,前已述及。

西汉长安的城垣,辟有十二门,此依《周礼·考工记》十二门之制。张衡在《西京赋》中载:"观其城廓之制,则旁开三门,参涂夷庭,方轨十二,街衢相经。"上文中"庭"即门楼,就是长安城每面三门,门上有城楼,门下通三条道路,街巷纵横交错。其十二门是:南向正中为安门(鼎路门)——外向凸出、体量宏伟,东为覆盎门(杜门),西为西安门——北向对着未央宫的南门即端门。东向正中为清明门(藉田门),南为霸城门(青城门),北为宣平门。西向正中为直城门(直门),南为章城门(光华门),北为雍门(西城门)。北向正中为厨城门(门内有长安厨,因以名门),东为洛城门(门外有鹳雀台,因又称鹳雀门),西为横门(门外有横桥,因以名门)。在十二座城门中,安门为京师正门,最显崇耀;宣平门为出入最频繁之门,最显重要。凡属重大军事行动,往往先攻入宣平门而进入长安城内。每座城门皆有侯,此官之职责是主管按时启闭城门。史载长安城之城门,"十二门三涂洞辟,隐以金锥,周以林木,左出右入,为往来之径,行者升降,有上下之别"。即是说,其十二门各一门三洞,连接城门内一街三道,门道之间以夯土隔开,每条道路宽约8米。门道两侧有圆石柱础和立木柱之凹槽。行者由左道出,右道进,以别上行道和下行道。城门之上为过梁式的城门楼。据考古发掘,在霸城门门道的地面上有当时车轨痕迹,其宽1.5米,门道宽8米。每道可容四车,三洞恰容十二车,与前引张衡《西京赋》中"方轨十二"的载述相吻合。城内大道分为三条,中央为御道或中道,

①《史记·高祖本纪》。

是皇帝专用之道，行人皆左右行。城内街道史籍记载为八街九陌，即八条纵街、九条横陌。考古发掘资料与上述记载大致相符。街道名称见于史籍记载的有香室街、夕阴街、尚冠前街、华阳街、章台街、藁街、太常街、城门街等。

西汉长安的宫殿，布局在长安城的南部。长乐宫、未央宫、建章宫是三组大的宫殿区，还有明光宫、寿宫、桂宫等较小型的宫殿。

长乐宫位于长安城东南部，原为秦兴乐宫。汉高祖七年（前200年），刘邦徙居长乐宫。宋敏求《长安志》引《关中记》载，长乐宫周20余里，有14组宫殿。考古探明，它东西宫垣2900米，南北宫垣2400米，周长10600米，与"周二十余里"的载述相符。长乐宫建筑宏伟，其前殿东西49丈7尺，进深12丈，两杼中35丈。长乐宫有鸿台，史著其名。鸿台为秦始皇二十七年（前220年）所筑。时嬴政初定天下，统一六国，志气轩昂，兴筑高台。台高40丈，上建"观宇"，登高四望，俯视阙下。秦始皇曾在台上射飞鸿，故称鸿台。汉惠帝四年（前191年），鸿台被火焚。汉高祖刘邦在长乐宫前殿举行典仪，并在宫殿上接见群臣、诸侯。长乐宫前殿之前，汉武帝时建临华殿，亦相当气派。这组宫殿群中的长信宫，为太后常居之所。西汉刘邦以后，皇帝移居未央宫，长乐宫供太后居住，因其在未央宫之东，称为东宫。后来太后居东宫，成为历朝宫制的惯例。西汉初期许多重大历史事件，多在长乐宫进行。将军韩信是在长乐宫钟室被吕后阴谋杀死的。周勃安刘杀诸吕，也发生在长乐宫。王莽篡汉后，改长乐宫名为常乐宫。

未央宫位于城内西南部，在长乐宫之西，为秦章台旧地，建在龙首原上。汉高祖七年（前200年），由萧何主持兴建，后逐步完善起来。

据《西京杂记》载:"未央宫周匝二十二里九十五步,街道周四十七里,台殿四十三所,其三十二所在外,十一所在后宫,池十三,山六。池一、山二,亦在后宫,门闼(tà)凡九十五。"《长安志》引《关中记》载其"有台三十二,池十二,土山四,宫殿门八十一,掖门十四"。据考古探明,未央宫宫垣东西长2300米,南北长2000米,周垣长8600米,与《西京杂记》所载大体相符。未央宫的主体建筑为前殿,建在10米高台之上。前殿东西宽50丈,南北深15丈,高3丈5尺。未央宫建成后,汉高祖刘邦置酒未央前殿,大宴群臣。《史记·高祖本纪》载:

未央宫成。高祖大朝诸侯群臣,置酒未央前殿。高祖奉玉卮,起为太上皇寿,曰:"始大人常以臣无赖,不能治产业,不如仲力。今某之业所就孰与仲多?"殿上群臣皆呼万岁,大笑为乐。

未央前殿,建筑雄伟,辉煌壮丽。张衡在《西京赋》中,对未央前殿作了如下描述:

览秦制,跨周法。狭百堵之侧陋,增九筵之迫胁。正紫宫于未央,表峣(yáo,高的)阙于闾阖。疏龙首以抗殿,状巍峨以岌嶪(yè,高峻)。亘雄虹之长梁,结棼橑(fén liǎo,楼阁的栋和椽)以相接。蒂倒茄于藻井,披红葩之狎猎。饰华榱与璧珰,流景曜(yào,星)之韡晔。雕楹玉碣(xì,柱下础石),绣栭(ér,柱顶上支撑梁的方木)云楣,三阶重轩,镂槛文㮰。右平左墄(qī,台阶的梯级),青琐丹墀。刊层平堂,设切厓隒(yá yǎn,层叠的山崖)。坻崿(è)鳞眴,栈巉巇崄（chán xiǎn，高峻，险峻）。襄岸夷涂，修路陵险。重门袭固，奸宄是防。仰福帝居，阳曜阴藏。洪钟万钧，猛虡（jù，古代悬钟或磐的架子两边的柱子）趪趪（huáng，负重的样子）。负笋业而余怒，乃奋翅而腾骧。朝堂承东，温调延北。西有玉台，联以昆德。嵯峨㠜（jié，高峻）嶪，周识所则。若夫长年神仙，宣室玉堂。麒麟朱鸟，龙兴含章。譬众星之环极，叛赫戏以辉煌。正殿路寝，用朝群辟。大夏耽耽，九户开辟。嘉木树庭，芳草如积。高门有闶，列坐金狄。内有常侍谒者，奉命当御，兰台金马，递宿迭居。次有天禄石渠校文之处，重以虎威章沟严更之署。[①]

未央宫建在龙首原上，壮丽巍峨，雕梁画栋，美轮美奂，台阶左有阶齿（便于行人），右则平斜（便于行车）。有朝堂，也有玉台。有布政教的宣室，有冬居的温室殿，有夏居的清凉殿，有著作之所承明殿，有藏书之处石渠阁，有扬雄校书之天禄阁，有绘形显功之麒麟阁，还有闻名的柏梁台。台筑于武帝元鼎二年（前115年），铸铜为柱，香柏为梁，构建精丽，香闻十里。台上置铜凤，称凤阙，武帝置酒其上，诏群臣和诗，句各七言，末句谐声。后世诗体，句为一韵者自此始，称为柏梁体。宫内还有沧池，中筑渐台，高10丈（一说30丈），后王莽死于此。此外，未央宫尚有金华、武台、钩弋、寿成、万岁、广明、永延、玉堂、宣德、东明、飞雨、通光、曲台、白虎、丘明、高门等宫殿。西汉末年，未央宫毁于战火。

建章宫位于直城门外上林苑内，它隔墙与城东的未央宫相对，两

---

① 《文选》卷二。

宫之间有跨城垣的飞阁联通。建章宫为汉武帝所建，时疆宇恢廓，国力鼎盛，故宫苑极尽奢丽之能事。宫周围30里，殿宇台阁，参错林立。宫南有玉堂，史称其"壁门三层，台高三十丈，玉堂内殿十二门，阶陛皆玉为之。铸铜凤高五尺，饰黄金，栖屋上，下有转枢，向风若翔"。宫建神明台，铸仙人承露盘。据传所承露水，和以玉屑吞服，能长生不老。宫北有太液池，池中堆土山，以象瀛洲、蓬莱、方丈，并刻石为鲸，长三丈。汉成帝常与赵飞燕嬉戏于太液池，以沙棠木为舟，刻大桐木为虬龙，雕饰似真。成帝恐舟荡而惊飞燕，令人用金琐缆舟，并以翠缨结飞燕之裙。《三辅黄图》载："太液池尚有避风台，即飞燕结裙之处。"

此外，城内于长乐宫北有明光宫，未央宫北有桂宫，桂宫之东则有北宫。明光宫，为武帝所建，曾发燕赵美女2000人充之，年龄在15岁以上、20岁以下，年满三十者出嫁之。桂宫，周长约5360米，宫中的明光殿，以金玉珠玑为帘箔，明月亮珠，昼夜光明。北宫，珠帘玉户，宝案屏风，数位皇后居于北宫。

西汉长安的苑囿，上林苑原为嬴秦旧苑，汉武帝时扩建，张衡《西京赋》载：

> 上林禁苑，跨谷弥阜。东至鼎湖，邪界细柳。掩长杨而联五柞，绕黄山而款牛首。缭垣绵联，四百余里。植物斯生，动物斯止。众鸟翩翻，群兽骇駷（sì）。散似惊波，聚以京峙。伯益不能名，隶首不能纪。林麓之饶，于何不有。木则枞栝棕楠，梓棫（yù）楩（pián）枫，嘉卉灌丛，蔚若邓林，郁蓊薆萉（ài duì，草木茂盛），櫹（sù，櫹

爽意为草木茂盛)爽槮椮,吐葩颺(yáng)荣,布叶垂阴。草则葳莎(suō)菅蒯(kuǎi),薇蕨荔苀(háng),王刍葹(méng)台,戎葵怀羊,苯䔿蓬茸,弥皋被冈,簘(xiāo)荡敷衍,编町成篁。山谷原隰,泱漭无疆。乃有昆明灵沼,黑水玄阯。周以金堤,树以柳杞。豫章珍馆,揭焉中峙。牵牛立其左,织女处其右。日月于是乎出入,象扶桑与濛汜。其中则有鼋鼍(yuán tuó)巨鳌,鳣(zhān 或 shàn)鲤鱮(xù)鲖(tóng),鲔(wěi)鲵鲿(cháng)鲨,修额短项,大口折鼻,诡类殊种。鸟则鹔(sù)鹅鸨鹔,鴷(jiā)鹅鸿鹤。上春候来,季秋就温。南翔衡阳,北栖雁门。奋隼(sǔn)归凫,沸卉軿(píng)訇。众形殊声,不可胜论。①

苑内宫室堂馆,极尽精丽,珍禽百兽,名树异卉,千骑逐猎,百舸竞游。上林苑外,长安还有甘泉苑、御宿苑、思贤苑、博望苑等。其中,甘泉苑周围500余里,宫殿台阁百余座。西汉长安先后号称三十六苑,有奴婢3万人,养马30万匹。

私家苑林已经出现。梁孝王的兔园,构石为山,凿地成池,奇花异卉,珍禽怪兽,亭馆错落,名噪一时。巨豪袁广汉花园,史载:其家藏镪(qiǎng,钱串)巨万,家僮八九百人,于北邙山下筑园,东西四里,南北五里,激流水注其内,叠石为山,高十余丈,奇禽怪兽,委积其间。积沙为洲屿,激水为波澜。其中江鸥海鹤,孕雏产鷇,延漫林池。奇树异草,靡不具植。屋皆徘徊连属,重阁修廊。这是中国历史上第一个见诸记载的私家豪华园林。

① 《文选》卷二。

西汉长安的宫殿苑林，在王莽变乱中遭到严重破坏，东汉光武帝定都洛邑。后杨彪称："昔关中遭王莽变乱，宫室焚荡，民庶涂炭，百不一在。光武受命，更都洛邑。"①

洛邑，即洛阳。洛阳在西汉时为东京。东汉光武帝刘秀于建武元年（25年），"车驾入洛阳，幸南宫却非殿，遂定都焉"②。东汉洛阳城在今洛阳东郊白马寺东，距今洛阳市约30里。光武帝定都洛阳后，翌年起高庙，建社稷。十四年（38年），建南宫前殿。中元元年（56年），兴明堂、灵台、辟雍。永平三年（60年），起北宫，历时六年而成。东汉都城，规模始备。城呈矩形，据《帝王世纪》载，城东西六里十一步，南北九里一百步。城周有护城河环绕。城四面开十二门，门置双阙，上有楼观，下有通路，既壮观瞻，又备远眺。城内南宫与北宫相望，雄伟壮丽，骈相竞辉。南宫正殿——德阳殿，殿高3丈，可容万人。殿南朱雀阙高耸入云，从40里外亦能遥见。北宫兴筑稍晚，更加侈丽。班固《东都赋》描绘洛阳宫苑道：

> 增周旧，修洛邑。翩翩巍巍，显显翼翼。光汉京于诸夏，总八方而为之极。是以皇城之内，宫室光明，阙庭神丽。奢不可逾，俭不能侈。外则因原野以作苑，顺流泉而为沼，发萍藻以潜鱼，丰圃草以毓兽。制同乎梁邹，谊合乎灵囿。③

---

① 《后汉书》卷五四《杨震传附杨彪传》。
② 顾炎武《历代名宅记》卷七。
③ 《文选》卷一。

洛阳的明堂、辟雍、灵台,是其时的三大建筑,构筑非凡,各具特色。上述"三殿"之建,班固加以颂扬云:"建章、甘泉,馆御列仙,孰与灵台、明堂,统和天人;大液、昆明,鸟兽之囿,曷若辟雍海流,道德之富。"重教化、重道德、重天人,是东汉比秦朝和西汉之一大进步。辟雍,上章已论及。明堂,为高台建筑,上平而无屋,高6丈,方20丈,周环廊屋,依台兴筑,每面5间,以"圣皇宗祀,穆穆煌煌"。灵台,其顶部为观测天象之所,属太史令。张衡曾多年为太史令,执管灵台。灵台于天事,仰观天象,布序五行;于人事,甘雨祁祁,百谷蓁蓁(zhēn,草木茂盛的样子)。

在东汉洛阳,有许多苑囿、池沼,如上林苑、芳林苑、鸿德苑、灵芝池、濯龙池、御龙池等。张衡"精思博会,十年乃成"的《二京赋》,描绘洛阳苑囿道:

> 飞阁神行,莫我能形。濯龙芳林,九谷八溪。芙蓉覆水,秋兰被涯。渚戏跃鱼,渊游龟蟢(xī)。永安离宫,修竹冬青。阴池幽流,玄泉洌清。鹎鶋秋栖,鹘鸼(gú zhōu,一种小鸠)春鸣。雎鸠丽黄,关关嘤嘤。①

宫苑之外,白马佛寺,耸立于京城之西。东汉明帝崇佛,永平十一年(68年),派人赴西域求佛法,迎天竺迦叶摩腾(亦作摄摩腾)和竺法兰入中国,用白马驮载经像回洛阳,后建白马寺。这是中国有记载最早的佛寺。迦叶摩腾和竺法兰死后,即葬于此寺门的两侧。

但是,东汉末年,战乱不已。初平元年(190年)三月,董卓挟汉献帝,

---
①《文选》卷三。

西迁长安。董卓"收诸富室,以罪恶诛之,没入其财物,死者不可胜计;悉驱徙其余民数百万口于长安,步骑驱蹙,更相蹈藉,饥饿寇掠,积尸盈路。卓自留屯毕圭苑中,悉烧宫庙、官府、居家,二百里内,室屋荡尽,无复鸡犬"(《资治通鉴》卷五九)。董卓焚宫殿、收富室、杀兵民、蹂妇女、掠财物、劫珍宝,无恶不作,罪戾滔天。卓令斩民,以头系车辕,妇女与甲兵为婢妾;又获山东兵,以猪油涂布缠其身,然后烧之。东汉都城洛阳,经过兵燹浩劫,景象凄凉,荆棘遍地。

三 秦汉都市风貌

城市发展。秦时，天下三十六郡，县邑数百。西汉，城市数量有所增加。平帝时，郡、国103个，县、邑、道、侯国1587个。东汉，城市略有变动，王符《潜夫论·浮侈篇》载："百郡千县，市邑万数。"一般地说，两汉郡、县的治所，都要筑城立市。《汉书·高帝纪》载："令天下县邑城。"张晏释曰："皇后、公主所食曰邑。令各自筑其城也。"颜师古注曰："县之与邑，皆令筑城。"[1]此可为史证。以齐国故地为例，西汉时其境域内的城市已达到130座以上。城市的布局前引《周礼·考工记》讲的是国都。《管子·乘马篇》亦载："凡立国都，非于大山之下，必于广川之上。高毋近旱而水用足，下毋近水而沟防省。因天时、就地利，故城郭不必中规矩，道路不必中准绳。"管子的见解，比《考工记》的论述，更向前进了一步，强调因地制宜，切勿画牢自束。晁错则主张在建新城邑时，应"相其阴阳之和，尝其水泉之味，审其土地之宜，

---

[1]《汉书·高帝纪》。

观其草木之饶，然后营邑立城，制里割宅，通田作之道，正阡陌之界。先为筑室，家有一堂二内，门户之闭，置器物焉，民至有所居，作有所用，此民所以轻去故乡而劝之新邑也。为置医巫，以救疾病，以修祭祀，男女有昏，生死相恤，坟墓相从，种树畜长，室屋完安，此所以使民乐其处而有长居之心也"[1]。晁错提出营邑立城要和阴阳、品水质、察田土、观气候；城市规划要虑及城垣、里间、街道、住宅、医疗、祭祀、婚娶、墓地、植树等。这显然比《管子》的论述更有所发展。

城垣街道。城垣或黄木板筑，或树围木栅。城中有衙署、庙宇、民居、市场。1971年，在内蒙古和林格尔一座东汉墓葬中，发现墓内壁画上有宁县县城图。图中绘有城垣、城门、街道、市场、衙署等建筑，显现了当时县城建筑的风貌。都市的街道，长安城中"八街九陌"。据考古勘测，每条大街由三条并列道路组成，中间较宽者为皇帝专用的驰道（即御道）。其中贯穿南北的一条大街长达10里。中道两侧有沟，以使三道相隔，又能排水。洛阳街道的考古勘测，最长者达8里，最宽者达50米。而且城市有复道，它可凌空架设在两座建筑物之间，类似现今之人行天桥。

城市市场。城市的商业区称为"市"。《周礼·考工记》有"前朝后市"的规划。市场一般在宫殿、衙署的后面，并同宫殿、衙署、宅区严格区分开来。市场周围筑有墙垣，并有门以出入。市区的围墙多为正方形或矩形，包括有围墙、市门、列肆、市楼等。据记载长安有九市，如东市、西市、直市、柳市等。长安九市有一定格式，各方266步。市门按时启闭，史载其"清旦而行，日中交易所有，夕时便罢"。

---

[1]《汉书·晁错传》。

商肆按商品种类，分列成行，井然有序。存放商品的仓库称"廛（chán）"，班固《西都赋》云"阗城溢郭，旁流百廛"。市场道路，人摩肩、车击毂，班固《西都赋》云"人不得顾，车不得旋"。市场的市楼是管理市场官员之治所。市楼很高，插旗其上，所以又称作"旗亭"，张衡《西京赋》云"旗亭五重，俯察百隧"，隧为道路，即是说市楼高耸，市官俯察全市。在出土的汉代画像砖上，绘有重檐市楼，位居市区中央，楼下正中开门，楼上悬鼓。市楼所悬之鼓、所立之旗，当作令市信号之用[①]。市中交易，按则纳税。如临淄市即"市租千金"。市中商贾，要有市籍，即商籍。汉行重本抑末政策，规定"贾人不得衣丝乘车，重租以困辱之"。甚至规定"有市籍不得为官"，即商贾不得做官为宦。

城市住宅。城市除官邸、豪宅外，就是平民住宅。民宅一般为房舍三间，中间为堂，两侧为室。晁错所言"家有一堂二内"，汉简所记"一宇二内"，都是一堂二室或称"一厅二室"之制。房舍一般为木结构，墙壁用夯土筑造，房顶或瓦或草，窗户形式多样，院内角落盖有厕所。府邸则高大、宽敞。画像砖所示府邸，前有高大正门，门内有前堂，堂两侧有夹室，后院有楼房，院落内回廊连通，并有车房、马厩、厨房、库房等设置，以及奴婢僮仆的居室。《后汉书·梁统列传》载其府第曰：

> 堂寝皆有阴阳奥室，连房洞户。柱壁雕镂，加以铜漆；窗牖皆有绮疏青琐，图似云气仙灵。台阁周通，更相临望；飞梁石蹬，陵跨水道。金玉珠玑，异方珍怪，充积臧室。远致汗血名马。又广开园囿，采土筑山，十里九坂，以像二崤，深林绝涧，有若自然，奇禽驯兽，飞走其间。

---

① 刘志远《汉代市井考》，《文物》1973年第9期。

冀妻孙寿色美妖媚，加赐赤绶，比长公主。寿与夫冀对街兴宅，大动土木，斗富增辉。梁冀与妻孙寿"共乘辇车，张羽盖，饰以金银，游观第内，多从倡伎，鸣钟吹管，酣讴竟路。或连继日夜，以骋娱恣"。冀、寿肆游，对街峙宅，殚极土木，互相竞夸。

城市人口。秦统一前战国时期的人口，据杨宽在《战国史》中推算，中原地区七国总人口数约为2000万。经兼并战争、始皇暴政和秦末战乱，西汉初期人口锐减。后经休养生息，据《汉书·地理志》资料，西汉末期人口总数约6000万，其中城市人口增加更快。秦汉时期的三座都城即咸阳、长安和洛阳，为其时全国人口最集中、数量最多的都市。咸阳在战国时为秦的国都，是西北地区人口最多的都市；秦灭六国后，又"徙天下豪富于咸阳十二万户"，故咸阳人口当在50万以上。西汉都城长安的人口，据《汉书·地理志》记载："户八万八百，口二十四万六千二百。"然而，一些学者认为，上述户数可能仅包括纳税者的民户，尚不包括皇族、驻军、刑徒、奴婢、戍卒等。因此，总计而算，西汉长安人口当在50万以上。洛阳在西汉时已有"户五万二千八百三十九"；东汉定都洛阳后，人口又大量增加。东汉末年，董卓强令迁都，据《后汉书·董卓传》载："尽徙洛阳人数百万口于长安。"这个数字可能有所张饰，但东汉都城洛阳的人口总数，亦当在50万上下。至于郡县一级的地方城市，其人口多者亦在10万人以上。西汉时的临淄，居民达10万户。其他上10万人口的城市，据《汉书·地理志》的记载，为颍川郡的傿（yān）陵有261418人，右扶风的茂陵有277277人，左冯翊的长陵有179469人等。在秦汉时期，造成人口锐减的主要原因是战乱。据《汉书·王莽传》载：赤眉军攻入长安后，城内"民饥饿相食，死者数十万,长安为虚,城中无人行"。又据《后汉书·董卓传》载:董卓强令洛阳人西迁长安,"悉烧宫庙、官府、居家,二百里内无复孑遗"。所以,都市的人口,随着社会的变动,而产生较大的起伏;当然也有自然的因素,如天灾、地震、瘟疫等。在城市人口的结构中,主要有贵族、缙绅、官吏、军人、工商、儒士和平民。具体人口构成比例,依城市的不同而有所不同。王符在《潜夫论》中,以洛阳为例对城市人口构成作了粗略的分析,他说:"今察洛阳,浮末者什于农夫,虚伪游手者什于浮末。"浮末者指工商人口,虚伪游手者指非生产性人口,即是说城市中的人口,浮末者超过农作者,而非生产者又超过生产者。所以,非生产性人口在城市居民中占绝大多数。

城市商贾。城市是商业活动的中心,也是富商巨贾聚集的场所。秦汉时期,统一的中央集权国家形成,国内交通较前发达,促进了商业的发展,也出现一批豪商大贾。《史记·货殖列传》载:

> 汉兴,海内为一,开关梁,弛山泽之禁,是以富商大贾周流天下,交易之物莫不通,得其所欲,而徙豪杰诸侯强族于京师。

这说明西汉以来,商业有了巨大的发展。秦汉的富商大贾,如蜀卓氏,铁山鼓铸,运筹贾滇,"富至僮千人,田池射猎之乐,拟于人君"。宛孔氏,冶铁通贾,"家富致数千金"。齐刀闲,逐渔盐商贾之利,"富数千万"。洛阳师史,毂数百、贾郡国,富"致七千万"。塞卒桥姚,放高利贷,"富埒(léi)关中"。乌氏倮与寡妇清,俱"礼抗万乘,名显天下"。商贾之富,下者倾乡,中者倾县,上者倾郡,大者倾国。

正所谓:"千金之家,比一都之君;巨万者,乃与王者同乐。"[①]上述富商巨贾,聚集城市。秦汉时期,比较著名的商业城市,如下表[②]:

秦汉著名商业城市表

城市	贸易活动区域与地区特产种类
长安	"五方杂错","郡国辐辏"。
洛阳	"东贾齐鲁,南贾梁楚。"
邯郸	"北通燕涿,南有郑卫。""漳、河之间一都会也。"
临淄	"海岱之间一都会"。
宛	"西通武关,东受江淮,一都之会。""业多贾。"
杨、平阳	"西贾秦、翟,北贾种、代。"
温、轵	"西贾上党,北贾赵、中山。"
燕	"勃、碣之间一都会也。南通齐、赵,东北边胡。"
邹、鲁	"颇有桑麻之业","好贾趋利"。
陶、睢阳	"亦一都会也。"
江陵	"西通巫、巴,东有云梦之饶。"
陈	"其民多贾","通渔盐之货"。
越	"东有海盐之饶,章山之铜,三江五湖之利,亦江东一都会也。"
寿春	"亦一都会也。"
番禺	"亦其一都会也,珠玑、犀、玳瑁、果、布之凑。"
宛	"亦一都会也","业多贾"。
荥阳	"富冠海内","为天下名都"。
成都	"地饶卮、姜、丹沙、石、铜、铁、竹木之器。"
姑臧	"通货羌胡","称为富邑"。

上表可见,秦汉商业城市星布四域八方,富商大贾名显天下。为了对城市管理,皇帝采取若干办法。

城市管理。秦汉时期的城市,或为国都,或为郡县治所,是全国

---

① 《史记·货殖列传》。
② 据《史记·货殖列传》,并参考林剑鸣等著《秦汉社会文明》。

或某地域的政治、经济、文化、交通的中心。中央政府首先在京师或郡县治所设衙署、任长官，以进行对该城市的管辖。其次，设立城市治安管理制度。如城门，有官吏专司管理，士兵专管守卫，朝启夕闭，定时开关。《后汉书·郅恽传》载：东汉光武帝刘秀尝出猎，车驾夜间返城，时城门已闭，守卫城门官吏竟然"拒关不开"。由此可见，秦汉城门管理之严。至于宫门，则管理更严。规定：

> 凡居宫中者，皆有口籍于门之所属。宫名两字，为铁印文符，案省符，乃内之。若外人以事当入，本官长吏为封棨传；其有官位出入，令御者言其官。

宫城之外，按时巡查。城垣之内，禁止夜行。《史记·李将军列传》载：

> （广）尝夜从一骑出，从人田间饮。还至霸陵亭，霸陵尉醉，呵止广。广骑曰："故李将军。"尉曰："今将军尚不得夜行，何乃故也！"止广宿亭下。

又如东汉末，造五色棒，有犯禁者，皆杀之。就连汉灵帝爱幸的小黄门蹇硕的叔父夜行，也被即杀之。于是，京师夜行敛迹，没有敢冒犯者。

治安管制。 禁夜行，有巡逻。巡逻士兵击柝、击刁斗、传五夜，即边巡逻边击柝报时。还设置"缿筒"[①]，以收受检举的密书。同时，

[①]《汉书·赵广汉传》颜师古引苏林曰："缿音项，如瓶，可受投书。"孟康曰："筒，竹筒也，如今官受密事筒也。"

任用酷吏掌管城市治安。都市中贵族、官僚、豪侠、无赖等聚集，社会治安颇难管理。史册中有关都市抢劫、偷盗、凶杀、仇斗等案件不胜枚举。都市的长官冀图以严刑酷法加以整治。如西汉时赵广汉为京辅都尉，守京兆尹。时杜建为京兆掾行为不法，及宾客亦图奸利。广汉先风告之，建不改，于是令至于罪罚之法。朝贵者为其讲情，广汉不徇情，严执法，将杜建弃市，京师称之。又如王温舒为河内太守，"捕郡中豪猾，相连坐千余家。上书请，大者至族，小者乃死……至流血十余里"，其治内"道不拾遗"、"无犬吠之盗"[①]。犯罪者，先收入狱。秦汉城市皆设有监狱。其名称有"上林诏狱"、"廷尉诏狱"、"掖庭秘狱"、"共工狱"、"若卢诏狱"、"都船狱"、"司空狱"、"暴室狱"等，长安城中即有诸官狱三十六所，各郡、县也俱有监狱。此外，城市的消防管理，规定"禁民夜作"，并"严使储水"，"以防火灾"。此事《后汉书》廉范（字叔度）本传载其原委曰：

> 成都民物丰盛，邑宇逼侧，旧制禁民夜作，以防火灾，而更相隐蔽，烧者日属。范乃毁削先令，但严使储水而已。百姓为便，乃歌之曰："廉叔度，来何暮？不禁火，民安作。平生无襦今五绔。"

另外，尚有军事管理等，不赘述。

---

① 《汉书》卷九〇《王温舒传》。

四 两汉市井民生

两汉都市的市民生活——衣饰、饮食、室居、舟车、祭祀、教育、婚丧和娱乐，依据史料，略如下述。

衣饰。两汉都市市民日常服装，有长袍，也有短衣。长袍主要有衣，《大戴礼》释："禅，单也。"所以，禅衣是一种单薄的长袍。禅衣的质料，或用布帛，或用丝绸。它不别衣裳，上下相通。《汉书·江充传》载充以常服至上林苑犬台宫见汉武帝："充衣纱縠禅衣，曲裾后垂交输，冠禅纚步摇冠，飞翮之缨。"江充头戴禅纚冠、上插翠羽缨，身着薄丝禅衣，步移冠摇缨摆，若飘仙之姿。有夹袍，为有里有面的长袍。士民的便服为袍，《释名》："袍，丈夫着下至跗（fū，脚背）者也。袍，苞也，包内衣也。"所以，袍是套在内衣外面的外衣。袍，男人穿，妇女也穿。它也有绵袍，称为复衣，《礼记·玉藻》："纩为茧，缊为袍。"纩（kuàng）为新绵，缊（yùn）为旧絮；所以，用新绵填絮的袍为纩袍，而用旧绵填絮的袍为缊袍。长沙马王堆出土汉代贵妇丝绵袍，有素绢丝绵袍、朱罗丝绵袍、绣花丝绵袍、黄地素缘绣花袍、彩绘朱地纱袍等十余种，花样繁多，做工精巧，质料考究，式样美观。有襜褕（chān yú），为御寒的外衣。它为男子所服用，也为妇女所服用。其质料或厚丝绸、或毛织物、或兽皮，做成暖和美观的宽大袍服。都市市民日常服装除长袍外，还有短衣。短衣有内衣，也有外衣。内衣的衫，贴身穿，为单衣，又称单襦（rú）。衫都有袖，无袖称汗衣，《释名》载："身受汗垢之衣也，或曰鄙袒，或曰羞袒。"其式样略同于现今的背心。衫为单内衣，夹内衣则称为襧，"襧，短夹衫"。膝以上的夹外套称为襦，即绵夹衣。《古诗源·孤儿行》曰"冬无复襦，夏无单衣"，可知襦为冬天穿的短外衣。衫、襧、襦均为上衣，下衣男为裤即袴（kù），女为裙。诗《陌上桑》有"缃绮为下裙，紫绮为上襦"之句；《古诗源·羽林郎》也有"长裙连理带，广袖合欢襦"之句。以上说明妇女上着襦而下着裙。秦汉通行样式为上襦长而下裙短，但到汉献帝后起了变化。《续汉书·五行志》载："献帝建安中，男子之衣，好为长躬而下甚短，女子好为长裙而上甚短。"

此外，尚有军服、囚服、丧服等特殊衣服。军服，秦始皇陵兵马俑出土，为了解其时军服提供了实物证据。西汉军服多袭秦制。但东汉与尚水德不同，而行火德，所以颜色尚红，以红色为尊。囚服，为赭衣，"赭衣塞路，囹圄成市"可为证。秦汉囚徒不仅穿赭衣，且书其罪于背。但是，边塞囚徒服式及颜色与内地相异，《居延汉简》证实了这一点。丧服，为白色。《汉书·高祖本纪》载"寡人亲发丧，兵皆缟素"；《汉书·苏武传》载皇帝死"吏民皆白服"，俱表明秦汉之丧服为白色。

脚蹬的鞋，有履、有舄（xì）、有屐。履，有皮革制成的鞜（tà），"鞜，生革之履也"；有薄革制成的鞮（dī）；还有柔皮制成的靸（sǎ）。丝履，《汉书·贾谊传》载"美者黼绣，庶人之妾以缘其履"，可知富人妻妾多穿绣花丝履。氓庶的履，是一种小履，以麻制成，或以草制成，它是穷苦人穿的鞋。舄，是履下有木底的鞋。屐，木制，下有两木齿，形状与现今日本木屐相似。但以帛为面的叫做帛屐。《续汉书·五行志》载："延熹中，京师长者皆着木屐，妇女初嫁，作漆画屐，五色彩作丝。"这说明贵者之屐，以五彩丝做鞋面，以彩画绣木屐。

脚穿的袜，有布帛、皮革、绢纱制作的数种。马王堆汉墓出土的素绢袜，是为袜中的精品。在秦汉时期，有进门脱履的习俗。在屋内，多穿袜行坐于席上，民间燕居、上殿朝会，都是如此。能赐允剑、履上殿，算是一种殊荣。然而，南方溽热潮湿，屋中室外均有不着鞋、袜的习俗。

身上的佩饰，有带——革带或丝带；有绶囊，系于腰带之上；有刚卯，又称双卯，多有铭文，佩戴为着消避疾疫；香囊，为妇女佩戴之物。

饮食。两汉都市市民日常饮食，种类繁多。饮，有酒，也有浆。酒，不仅是先秦重要的饮料，也是两汉喜爱的饮料。其时，社会饮酒之风盛行。宫廷宴饮之会，酒是众爱之酌。汉高祖刘邦过沛，"置酒沛宫，悉召故人父老子弟纵酒"[①]。这类史例不胜枚举。文武百官，也常宴饮。《史记·曹相国世家》载，曹参为相，"日夜饮醇酒。卿大夫已下吏及宾客见参不事事，来者皆欲有言。至者，参辄饮以醇酒。间之，欲有所言，复饮之，醉而后去，终莫得开说，以为常。相舍后园近吏舍，吏舍日饮歌呼，从吏恶之，无如之何，乃请参游园中，闻吏醉歌呼，从吏幸相国召按之。乃反取酒张坐饮，亦歌呼与相应和"。这个史例

[①]《史记·高祖本纪》。

不仅说明西汉初纵酒成风,而且说曹参以饮酒作为其治政的一种手段。武将更以饮酒为乐。

《后汉书·马武传》载:"武为人嗜酒,阔达敢言,时醉在御前。"文人亦饮,卢植能饮酒一石,郑玄能饮酒一斛。男子饮酒,女子也饮酒,《后汉书·刘玄传》载:"更始韩夫人尤嗜酒,每侍饮,见常侍奏事怒。"其时,娶妻生子,会客宴友,礼天祭祖等,"有礼之会,无酒不行"。除酒之外,浆也是饮料。浆,为两汉的重要饮料。浆是用米粉或面粉调水热制而成的。有专门卖浆和制浆的业户。《史记·货殖列传》载:"薛公藏于卖浆之家。"又载:"浆千儋(dàn,同"担"),此亦比千乘之家。"

食,主食的粮食有黍、稷、粟、麦、菽、梁、稻等。黍带黏性,稷不带黏性。粟即小米,又称谷子。麦有小麦、大麦等。菽是豆类的总称,包括大豆、小豆、胡豆等。梁为高粱米。稻即稻米、大米。由于各地自然条件、种植习惯和生活特点不同,不同地区的主食粮食也不同。北方和西北地区,以稷、粟、麦、梁为主食;关东地区以麦为主食,副之以黍、粟等;江南和巴蜀地区以稻米为主食。而北部边境地区则以高粱和荞麦为主食。主食中的麦,食品有麦饼、麦饭、麦粥。麦粥以其易消化,多为老人和妇孺所食。如《史记·赵世家》载赵太后"恃粥",即食粥。他如粟、黍、稻等,可做干饭,也可做粥,其中带黏性者还可做饼。豆可做饭,但主要用做粥。豆粥易消化,营养价值高,为老年人的重要食品。汉代流行的豆粥称作甘豆羹,是用淘米水和着小豆煮成的。做干饭、做粥,常添枣、蜜等,加枣称"枣糒(bèi,干粮)",加蜜称"蜜饭"。如《御览》引《录异传》载:"袁公路年十八,常饭乳,食蜜饭。"此外,在边疆少数民族游牧地区,因其为牧猎经济,故其主食为肉,如马肉、牛肉、羊肉、乳酪等。

副食中的蔬菜,有葵、芹菜、芋头、葱、韭、瓠(hù)等。葵,先秦已有,《诗经·七月》中的"七月烹葵"可为证。《史记》中有"葵园"即种葵园圃的记载。芹菜,《吕氏春秋》有"菜之美者,云梦之芹"的载证。芋头,为山地的一种重要蔬菜,或可代主食。关中地区种芋产量甚高。葱、韭等当时不够普及,故渤海太守龚遂下令种植:"令口种一树榆、百本薤、五十本葱、一畦韭。"(《汉书·循吏传》)榆叶,也可以做菜。蔬菜中还有芜菁、蕹(空心菜)、芥菜、笋、萝卜、菠菜、葫芦、黄瓜、豆芽、藕、蒜等。汉许慎《说文解字》中草部所列蔬菜有芙、苣、葵、薑、蓼(liǎo)、菹(zū)、蘘、薇、芹(qín)、蘘、苋、荤、菁、菔(fú)、蒌(lóu)、芹、芸、芰(jì)、苃、莲、藕、荇(xìng)、荠、芜、蒜、芥、葱等,可见当时蔬菜种类之多。

副食中的鱼肉,鱼类有鲂、鲤、鲫、鳜等,海产之蟹、螺、蚌、蛤。肉类畜中的马、牛、羊、猪、狗、鸡,均充食用。但马在内地因较少而不常食用,牛是耕田主要畜力也为官府禁宰食用。六畜中最常食用的是猪、狗、鸡。在挖掘的汉墓中,出土了大量的庖厨画像砖,内有宰猪与屠狗的庖厨图。鸡是自贵族至平民的重要肉食。在马王堆一号汉墓中出土大量鸡蛋,说明墓主生前喜食鸡蛋。一般市民家庭也以鸡肉和鸡蛋做菜肴待客。此外,野生动物有兽类鹿、兔、狼,禽类雉、雁、鹤、鸽、麻雀、鹌鹑等,都供肉食。但是,西汉市民食物以五谷为主,辅之以蔬菜,肉食比重很小。其时,猪肉昂贵,"一豕之肉,得中年之收",吃猪肉成为一种高级的享受。《后汉书·皇后纪》载和熹邓后仅"朝夕一肉饭而已"。做过郡吏、汲令的崔瑗好宾客、盛修肴膳，但"居常蔬食菜羹而已"①，平素也不吃肉。不少名臣一旦去位，也多"布衣蔬食"。

《盐铁论·散不足》中对秦汉及其前的饮食，做了载述，兹引如下：

> 古者谷物菜果，不时不食；鸟兽鱼鳖，不中杀不食。故獥（zhuó，生丝线）罔不入于泽，杂毛不取。今富者逐驱歼罔置，掩捕麑鷇，耽湎沉酒铺百川。鲜羔䵍，几胎肩，皮黄口。春鹅秋鶵，冬葵温韭，浚茈（pí）蓼苏，丰萭耳菜，毛果虫貉。

> 古者燔（fán）黍食稗（bài），而捭（bǎi）豚以相飨。其后乡人饮酒，老者重豆，少者立食，一酱一肉，旅饮而已。及其后，宾婚相召，则豆羹白饭，綦（qí）脍熟肉。今民间酒食，殽旅重叠，燔炙满案，臑（nào）鳖脍鲤，麑卵鹑鷃橙枸，鲐（tái）鳢（lǐ）醢（hǎi）醯（xī），众物杂味。

> 古者庶人粝食藜藿（huò），非乡饮酒膢腊祭祀无酒肉。故诸侯无故不杀牛羊，大夫士无故不杀犬豕。今闾巷县陌，阡陌屠沽，无故烹杀，相聚野外，负粟而往，挈肉而归。夫一豕之肉，得中年之收，十五斗粟，当丁男半月之食。

> 古者不粥饪，不市食。及其后则有屠沽，沽酒市脯鱼盐而已。

---

① 《后汉书·崔骃（yīn）传》。

今熟食遍列，肴施成市，作业堕怠，食必趋时，枸豚韭卵，狗䐄马朘，煎鱼切肝，羊淹鸡寒，桐（dòng）马酪酒，寋捕胃脯，胹（éi）羔豆赐，毂臎雁羹，臭鲍甘瓠，熟梁貊炙。

以上载记，既反映了周秦两汉饮食的变化，又载述了秦汉饮食的状况，是一份难得的资料。

室居。两汉都市市民日常室居，其陈设颇多。睡眠安身之具有床。床，多为木制，北京大葆台西汉墓出土的大木床即可为物证。史载东郡太守羊茂，夏日坐一榆木板床亦可为史证。床上一般都铺席，席为居家必备之物。但是，穷苦之家或清贫之官，床上不设席。床上用品有枕、褥、被。枕，《说文》释："枕，卧所以荐首也。"枕先秦已有，两汉通用。褥，有皮的，有绵的，也有丝的。褥中填绵絮，称为"重茵"。《西京杂记》载赵飞燕承其妹所赠"鸳鸯褥"，则是褥中的精丽者。被，有布被，也有锦被。平民盖布被，富贵者盖锦被。室内安身之具除床外，还有榻。榻比床小，史称八尺曰床、三尺五曰榻。小榻一人坐，大榻二人坐。榻应是沙发的原形。《后汉书·徐稚传》载：陈蕃为太守，不接宾客，"唯稚来特设一榻"。宴饮时常设榻，如辽阳棒台子二号汉墓宴饮图中，男女主人各坐一榻，中设食案，边饮酒，边赏歌舞①。

案是室内的陈设。官吏、儒生的公堂、书房设有书案，上置文书、册籍及文房四宝。文房四宝中的笔，约创始于商。今见最早的笔是战国墓中出土的兔毫笔②。据《古今注》载：秦笔"以枯木为管，鹿毛为柱，

---

① 《辽阳棒台子二号汉壁画墓》，《考古》1960年第1期。
② 《长沙左宗公山的战国本椁墓》，《文物参考资料》1954年第12期。

羊毫为被"。汉笔的笔管用木或竹制成，笔毫多为白色兔毛。蔡邕《笔赋》载："惟其翰之所生，于季冬之狡兔，性精亟以剽悍，体遄迅以骋步。削文竹以为管，加漆丝之缠束。"这就将笔的构造载述得清楚而明白。文房四宝中的墨，汉墨或为松烟墨、或为石墨。松烟墨主要产地在右扶风的隃（yú）糜（今陕西千阳）。隃糜墨为汉代墨中的精品。石墨，史载"石墨出三辅，上石价六十"。墨的形状，有丸状，也有条状，汉墓壁画中有当时墨的形绘。文房四宝中的纸，在西汉已经发明。然而，当时用纸尚不普及，书写材料主要为竹木简或帛。文房四宝中的砚，有陶砚、有玉砚、也有铁砚。用砚研墨，伏案书写，使书房充溢着书卷气氛。

此外，居室里还有灯烛、香炉等用品。烛使用较早，灯使用较晚，战国有灯则无疑。两汉之灯，制作精巧，形式各异。如羊尊灯、朱雀灯、凤鸟灯、鹰足灯、耳环灯、奁形灯、人俑灯等，其质料则有铜制、陶制、铁制、石制等之别。汉灯的佳作，河北满城汉墓出土长信宫灯可为其代表。长信宫灯的形状为宫女跽坐持灯，灯盘上立双重直壁，插装两片弧形屏板为灯罩，灯盘可以转动，屏板能够开合，灯的光射可以调节，设计巧妙，造型优美。香炉，是中产以上家庭的常备之具。如博上香炉，分作九层叠列，镂以怪禽奇兽；卧褥香炉，机环旋转四周，体平置入被褥——这都是汉代能工巧匠的佳品。室内用品还有盛痰污的唾壶，盛物品的箱子——簏（lù）、箧（qiè）、笥（sì）、笈（jí）等。笈是书箱，所谓"负笈寻师"，即是背负笈及书籍寻师访友之意。

舟车。两汉都市市民代步工具，种类很多。水路交通工具主要为舟，陆路交通工具主要为车。

江河湖海的水上交通工具，主要是舟船。两汉的海上交通枢纽，东为会稽郡的东冶，南为南海郡的番禺。海船所航，南至交趾，北至辽东。海上交通与陆上交通相连，《西都赋》言："东郊则有通沟大漕，溃渭洞河，泛舟山东，控引淮湖，与海通波。"其时舟船之行，由海至临淮，入淮水，经鸿沟，入黄河，溯河入洛水，至洛阳。再溯河而上，入渭水，经通沟大漕，至长安东郊。通过舟船（或车马），将大秦（古罗马帝国）进献的象牙、犀角、玳瑁，南洋产的珠玑等，运至长安或洛阳。运载的舟船有楼船，其船据广东德庆汉墓出土东汉陶船模型可知，它分为前、中、后三舱。前舱为头舱，作拱形篷顶，有水手二人；中舱为楼舱，作庑殿式舱，有门窗；后舱为舵楼，一人掌舵。楼船尚有更高大者，如汉武帝在昆明池中的楼船，船最高处达十余丈。一般民用船，大小不一，长沙汉墓出土的木船模型，十六枝桨，尾有舵，无楼舱。水上交通除舟船外，还有竹筏和皮筏。《后汉书·岑彭传》载："公孙述遣其将任满、田戎、程汛，将数万人乘枋箄（pái，大筏子）下江关。"枋，即舫。李贤注曰："枋，以木竹为之，浮于水上。"可见这是一种以木或竹做的筏。至于皮筏，兹不举例。除木、竹、皮筏外，另有"木罂缻"。《史记·淮阴侯列传》载："魏王盛兵蒲坂，塞临晋，信乃益为疑兵，陈船欲度临晋，而伏兵从夏阳以木罂缻渡军。"集解释引："服虔曰：'以木枊缚罂缻以渡。'韦昭曰：'以木为器如罂缻以渡军。'"服虔与韦昭对"木罂缻"诠释不同。似"木罂缻"有两种：其一，以罂缻缚木作筏；其二，以木中空如罂缻作筏，二者皆可济渡。但"木罂缻"并非为城市市民之水上交通工具，故不必深论之。

两汉市民的陆上交通工具，主要是车马。车，以大小而论，有大车、小车和推车；以牵引动力而论，有马车、牛车、驴车、羊车和人力车等；以车之等级而论，有金银车（皇帝乘）、安车（皇子或官宦乘）等；以车用途而论，则有兵戎用的戎车、狩猎用的猎车、耕田用的农车等等。汉代的大车，多用牛驾车。牛车双辕，车厢呈方形。先秦贵者乘马车，庶民坐牛车。但汉初马匹较少而贵重，所以"将相或乘牛车"。商人多用牛车，如汉顺帝时，乌桓寇云中，一次截掠商人牛车千辆。东汉末，马匹减少，宫廷也用牛车，甚至汉献帝也乘坐牛车。汉代的小车，种类很多，如轺（yáo）车、轩车、辎（zī）车、軿车等，依其用途不同而别。軿车，为妇女所乘之车，《释名》载："軿，屏也，四面屏蔽，妇人所乘牛车也。"汉代的推车，又称鹿车，以其窄小仅容一鹿而得名。鹿车是人力推车，类似现今的独轮推车。这种鹿车，多为民间所乘。至于官宦出使或出巡，车驾庄重而威严，出土汉画像石提供了当时的情状。山东费县潘家疃（tuǎn）画像石，有两幅出行图。第一幅图是：前为一导骑，接着两马驾的斧车，其后为三导骑护驾，中为一辆驷马安车，使者坐其中，复有二导骑殿后。第二幅图是：前为导骑开路，其后有四车相随，中有骑从二，再后有五骑并列前行，复为驷马安车一乘，其两侧及后面有骑从伴随。上两图以安车所载使者为全图中心，余俱作陪衬，突出显宦之尊贵与权势。此外，马是两汉都市市民的一个重要的代步工具，兹略而不述。

祭祀。两汉都市居民日常祭祀，种类很多。除祭祀上帝、社稷、天地、山川、宗庙等等之外，民间之祭主要有腊祭、伏祭、灶祭等。腊祭，十二月为腊月，以牲祭祖。《说文》云："腊，冬至后三戌，腊祭百神。"《风俗通》曰：腊者，猎也。《礼记·月令》郑注：腊谓以田猎所得禽祭也。

所以，腊祭是远古先民佃猎的遗俗。伏祭，六月伏日，伏祭磔狗祛灾。每逢伏腊祭祀，"烹羊炰（páo或fǒu）羔，斗酒自劳"①。可见，伏祭与腊祭是年中和年末两个重大的民间节日。祭灶，两汉颇为盛行。《杂五行书》载："灶神名禅，字子郭，衣黄衣，夜披发从灶中出，知其名呼之，可除凶恶。"《后汉书·阴识传》载述一个祭灶神的故事：

> 阴氏侯者凡四人。初，阴氏世奉管仲之祀，谓为"相君"。宣帝时，阴子方者，至孝有仁恩，腊日晨炊而灶神形见，子方再拜受庆。家有黄羊，因以祀之。自是已后，暴至巨富，田有七百余顷，舆马仆隶，比于邦君。子方常言"我子孙必将强大"，至识三世而遂繁昌，故后常以腊日祀灶，而荐黄羊焉。

这个故事说明，始于先秦的祭灶，到汉朝成为重要的祭祀。祭孔，始于汉高祖刘邦。他"行过鲁，以太牢祀孔子"。汉武帝罢黜百家、独尊儒术，孔子的地位大为提高。东汉，将孔丘与周公并称为"圣师"。光武帝、明帝、章帝、安帝都曾行过祭孔之典。由是，后世祭孔成为一项重要的民间祭祀活动。

此外，尚有禳（ráng）灾的禊（xì）祭、求子的禖（méi）祭等。禖祭，相传殷契，母有娀（sōng）之女名简狄，为帝喾之妃，三人行浴，见玄鸟卵取吞之，因孕生契。由是，春分日玄鸟至，以太牢祀于郊禖。至汉武帝时，《汉书·武五子传》载："上年二十九，乃得太子，甚喜，为立禖，使东方朔、枚皋作禖祝。"显然，汉代禖祭普遍化、制度化了。

①《汉书》卷六六《杨敞传附子恽传》。

尔后，历代市民为求子而祭祀求子之神——禖。

教育。两汉都市市民教育，有官学，也有私学，图书也更广泛地传播。都市是当时教育的中心。两汉的都城长安、洛阳，都由官府设立太学，并设五经博士及弟子员。据《汉书·儒林传》载，西汉武帝时，正式博士弟子仅有50人，昭帝时增至百人，宣帝时又增至200余人，元帝时增至千人，成帝时则达到3000人，东汉质帝时游学盛增至3万余人。在郡国都市中，也有由官府设立的官学。蜀郡太守文翁在成都市兴建学官，招四郊之县子弟，作为学官弟子。到汉武帝时，"乃令天下郡国，皆立学校官，自文翁为之始"[①]。由是，两汉郡国都市，都设立官学，以布教化。汉平帝元始三年（3年），"立官稷及学官。郡国曰学，县、道、邑、侯国曰校。校、学置经师一人。乡曰庠，聚曰序。序、庠置《孝经》师一人"[②]。从此，郡国各级都市都普遍地设学校、置经师。官学之外，私学也相当发达。都市中的私家教授，招弟子，授学业，颇具影响。据《后汉书·儒林传》所载，曹曾从欧阳歙受《尚书》，门徒3000人。牟长在河内，诸生讲学者常有千余人，著录前后万人。魏应经明行修，弟子自远方至者著录数千人。杜抚教授弟子千余人。周泽隐居教授，门徒常数百人。甄宇习《春秋》，教授常数百人。楼望教授不倦，世称儒宗，诸生著录9000余人，死后会葬门生数千人。张玄诸儒皆伏其多通，著录诸生千余人。颍容在荆州，聚徒千余人。谢该为世名儒，门徒数千百人。蔡玄学通"五经"，门徒常千人，其著录者16000人。由上，《儒林列传》论曰：

---

① 《汉书·文翁传》。
② 《汉书·平帝纪》。

自光武中年以后，干戈稍戢（jí，止），专事经学，自是其风世笃焉。其服儒衣，称先王，游庠序，聚横塾者，盖布之于邦域矣。若乃经生所处，不远万里之路，精庐暂建，赢粮动有千百，其著名高义开门受徒者，编牒不下万人。

综上可见两汉官私教育风气之盛；而东汉儒生授徒动辄逾千、著录逾万，盛况空前矣！

婚丧。两汉都市市民婚丧，即婚娶和丧葬，其礼俗承袭先秦之制，并具有汉代特色。婚娶和丧葬，是人生中之大事，也是家庭中之大事，还是宗族中之大事。至于皇家婚丧则是天下之大事，但它不属于市民婚丧之俗，故此节不作叙述。

婚娶的礼俗，大体上依循先秦的婚制六礼，即纳采、问名、纳吉、纳征、请期、亲迎（《仪礼·士昏礼》）。纳采，就是始相采择，《仪礼·士昏礼》疏云：男父先遣媒氏，往女氏之家通辞，女氏许之，乃遣使者行纳采之礼。纳采，之所以称"纳"，因始相采择，恐女家不允，故言"纳"。女家应允之后，便是问名。问名，问女氏之名族、生年、时辰。纳吉，《仪礼·士昏礼》疏云：问名之后，卜于庙，得吉兆，复遣使者往女家告以婚姻之事，于是婚定。纳征，婚定之后，男父遣使往女家纳币即送彩礼，以成定婚之礼。请期，又称告期，《仪礼·士昏礼》疏云：纳征婚定之后，婿之父乃卜其子婚期某月吉日，又派使往女家告知婚娶日期。亲迎，即迎亲、婚娶、结婚。市民的婚俗，大致按以上六礼进行。婚娶六礼，约可分为三个阶段，即第一，相亲——纳采、问名；第二，定亲——纳吉、纳征；第三，成亲——请期、迎亲。

婚俗六礼，只是规范而言之，施行起来，各有变通。官宦、帝王，亦未必完全依婚娶六礼行事，如亲迎一礼，皇帝大婚，不至皇后家迎亲。然而，皇帝大婚大体依婚娶六礼行之。

嫁娶侈靡之风，两汉市民甚盛。两汉社会较稳定，经济有发展，嫁娶讲排场，比阔气，厚嫁重娶之风日盛不衰。汉制规定，聘皇后黄金二万斤，为钱二万万。上行而下效之。西汉巨富卓王孙分与其女卓文君"僮百人，钱百万，及其嫁时衣被财物"①。一般市民婚嫁，也以侈靡相竞。婚嫁奢靡之风，使富者空减，中者破产，贫者告贷，从而成为一种"国病"。于是有的郡国下令"禁民嫁娶不得具酒食相贺召"②。然而，市民嫁娶为人伦之大喜事，明令不许以酒会庆贺，似属失当。应劝禁其过度奢侈，不应令禁其酒食相会。

两汉市民婚嫁年龄，《后汉书》记载时俗为男年二十，女年十五。虽古礼称男年三十而娶，女年二十而嫁，但汉俗多尚早婚，甚有男十五而娶、女十三而嫁者。此风与宫俗有关，东汉"于洛阳乡中阅视良家童女，年十三以上，二十已下，姿色端丽，合法相者，载还后宫，择视可否，乃用登御"③。至于都城贵族纳小妾者不可胜计。

像先秦一样，两汉都市市民广泛地实行一夫多妻制。富贵之家，正妻之外，有小妻、小妇以及妾、媵等。时俗以多妾多媵为荣，甚至阉官亦纳妾媵。他们娶女做姬妾，深室幽闭，致其泪度青春而至白首。此外，两汉节烈观念淡薄。汉成帝将已适人张氏纳入后宫而成张美人，

---

① 《汉书·司马相如传》。
② 《汉书·宣帝纪》。
③ 《后汉书》卷一〇上《皇后纪》。

景帝为太子时纳已生育的金氏等,算是帝王之例。都市市民中寡妇再嫁及男子娶再嫁之妇的现象,是屡见不鲜的。新寡卓文君悦司马相如其人并好其琴音而夜奔相如成婚,即是家喻户晓之例。重节烈,"饿死事小、失节事大",则是宋代及其以后的风习。

丧葬的礼俗,大体上依循先秦的丧制,包括丧殓、墓葬和服丧之礼等。

丧殓,指发丧和入殓。人初死,发布死讯,称作发丧。族亲或出嫁女子,闻丧讯后归来奔丧;不能亲赴者,寄物凭吊。丧家对吊唁者,飨以酒肉,娱以音乐。《汉书·周勃传》"以吹箫给丧事"的记载,是为史证。人死之后,装棺入殓。棺椁之制,依照等级,差别极大。以木料而言,富贵者有楩(pián)楠,一般者桐杉,贫穷者瓦席(瓦棺或以席卷尸)。棺椁数字,亦依等级而别。棺饰有朱棺、画棺、素棺等。入殓之前,亲属招魂、哭丧;装殓之后,停灵数日待葬。

墓葬,指棺椁入土埋葬。灵柩书写死者职官与姓名。柩行,或载之以车,或抬之以肩。丧车所过,富贵者有路祭。时俗送葬者以人多为尚。葬棺的墓地,富贵者墓冢高大。汉制坟高列等:列侯坟高四丈,关内侯以下至庶人各有差。富贵者之墓,有祠、有阙,筑神道,列石人、设石兽。墓前竖石碑,汉代颇为风行。两汉之人,盛行夫妇合葬之俗。《诗·王风·大车》:"谷(生)则异室,死则同穴。"所以,古诗《孔雀东南飞》中"两家求合葬,合葬华山旁",即是这种夫妇死后合葬之风在文学作品中的反映。墓葬的坑穴,形制不一。有长方形墓坑,有曲尺形墓坑等。死者丧葬,汉盛厚葬。帝王厚葬,自不待说。市民厚葬,其风亦盛。史载:"今京师贵戚,郡县豪家,生不极养,死乃崇丧。"有些人竭尽家业,以事厚葬。然而,也有主张薄葬者,如王充《薄葬篇》、杨王孙《裸葬论》是其时代之著名论篇。《汉书·杨王孙传》载:

> 杨王孙者,孝武时人也。学黄老之术,家业千金,厚自奉养生,亡所不致。及病且终,先令其子,曰:"吾欲裸葬,以反吾真,必亡易吾意。死则为布囊盛尸,入地七尺,既下,从足引脱其囊,以身亲土。"……曰:"盖闻古之圣王,缘人情不忍其亲,故为制礼,今则越之,吾是以裸葬,将以矫世也。夫厚葬诚亡益于死者,而俗人竞以相高,靡财殚币,腐之地下。或乃今日入而明日发,此真与暴骸于中野何异!且夫死者,终生之化,而物之归者也。归者得至,化者得变,是物各反其真也。反真冥冥,亡形亡声,乃合道情。夫饰外以华众,厚葬以鬲(gé,同"隔")真,使归者不得至,化者不得变,是使物各失其所也。且吾闻之,精神者天之有也,形骸者地之有也。精神离形,各归其真,故谓之鬼,鬼之言归也。其尸块然独处,岂有知哉?裹以币帛,鬲以棺椁,支体络束,口含玉石,欲化不得,郁为枯腊,千载之后,棺椁朽腐,乃得归土,就其真宅。繇(yóu,同"由")是言之,焉用久客!"

杨王孙的《裸葬论》,是其时脱俗警世之高论。

娱乐。两汉都市市民节庆娱乐和日常娱乐,都丰富多彩,异常热烈。汉的节令娱乐,有立春、立夏、立秋、立冬、夏至、冬至、腊日、正旦等。秦始皇以十月为岁首,汉高祖刘邦定秦三月为元年岁首。岁首正旦，宫廷朝贺，宴飨作乐；都市市民，举家相庆。京师百官，立春日着青衣，立夏日着赤衣，立秋日着白衣，立冬日着皂衣。五月五日，"朱索五色印为门户饰，以难止恶气"（《后汉书·礼仪志》）。腊日，大傩（nuó）驱疫，选十至十二岁百二十人为侲（zhèn）子，赤帻执鼗（táo），方相氏蒙熊皮、玄衣朱裳、执戈扬盾，十二兽有衣毛角；使方相氏与十二兽傩。

汉代娱乐有角抵戏。西汉武帝元封三年（前108年），"作角抵戏，三百里内皆观"①。三年后，京师居民在上林平乐馆观看角抵戏以待四夷，作"巴俞都卢、海中砀（dàng）极、漫衍鱼龙、角抵之戏"②。巴俞为巴俞舞，漫衍和鱼龙为化妆成鱼龙鸟兽的舞蹈。此外，还有杂技，如乌获扛鼎、都卢寻橦、冲狭燕濯、胸突铦锋、跳丸、跳剑、走索、倒立以及滑稽表演和马戏等。在山东沂南县北寨村出土东汉墓石刻壁画六十余幅，其中的"乐舞百戏图"，再现了东汉时杂技表演之盛况。图自左至右，一长须之人，在耍弄四剑五球，其右，一人头顶十字形高竿，竿上横木两端各倒悬一小儿，作空翻转状，如张衡《西京赋》所载述："突侧投而跟挂，譬陨绝而复联"；且竿顶放置圆盘，盘上一小儿用腹撑作高空旋转状。其右，乐队一组，在击磬、撞钟、吹埙、抚琴。其右，三女子走绳索，左右两女子在绳上轻盈跳跃，当中女子双手握绳倒立。它的下面在表演漫衍鱼龙舞。其右，为马戏表演，上部左右各一女子在奔驰马上做表演，或手持长戟倒立马背，或站立马背上手舞流苏长绳；下部中间为一辆三马拉动的戏车，车厢内立有长竿，竿从大鼓中贯穿，

---

① 《汉书·武帝本纪》。
② 《汉书·西域传》。

竿顶设方盘，盘上一小儿做倒立翻腾之状，车后有三人击鼓配乐。这是极为形象生动的杂技表演图，表现出汉代杂技艺术之高超水平。

第三章 魏晋都市生活

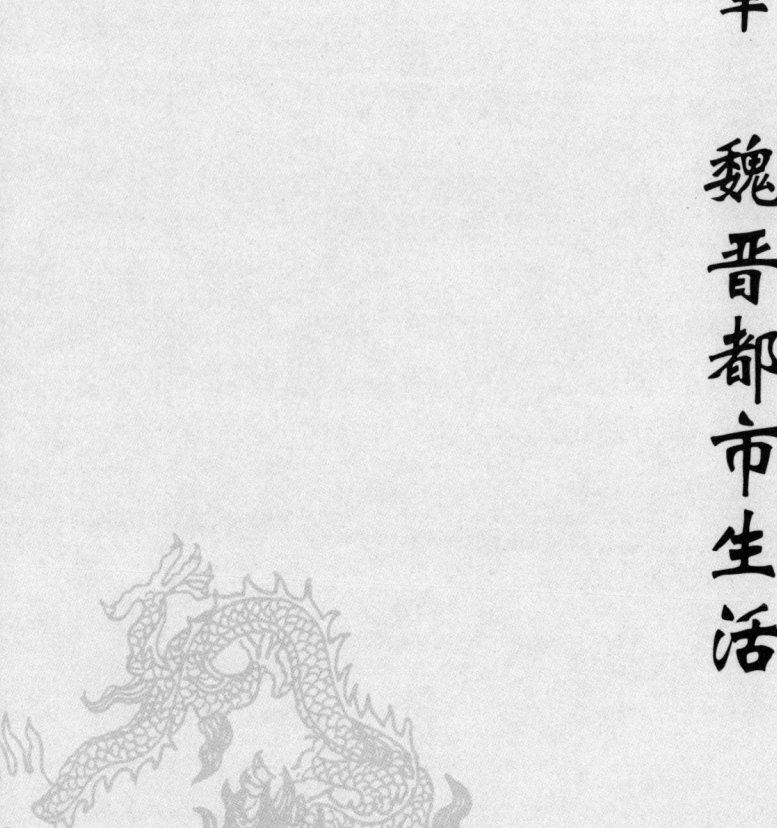

一 都城星罗棋布

中国历史从黄初元年（220年）曹魏取代刘汉起，至开皇九年（589年）前，处于三国两晋南北朝时期，长达三个半世纪之久。本章为着标题文字简约，而略称之为魏晋时期，故标以"魏晋都市生活"之题目。这一历史时期，政权迭变，民族纷争，呈现异常复杂的局面。随着政权之迭变与纷立，其都城星罗棋布。详见下表：

三国两晋南北朝都城分布表

朝代（国名）	都城
曹魏	洛阳，陪都为谯（今安徽亳县）、许昌、长安（今陕西西安）、邺（今河北临漳）
东吴	武昌（今湖北鄂城）、建业（今江苏南京）
蜀汉	成都
西晋	洛阳、长安（今陕西西安）
东晋	建康（今江苏南京）

续表

朝代（国名）		都城
十六国时期	汉	平阳
	前赵	长安
	后赵	襄国（今河北邢台）、邺
	冉魏	邺
	前燕	龙城（今辽宁朝阳）、蓟（今北京）、邺
	前秦	长安
	代	北都盛乐、南都平城（今山西大同）
	大成	成都
	成汉	成都
	前凉	姑臧（今甘肃武威）
	后秦	长安
	西燕	临晋、闻喜、长子
	南燕	滑台（今河南滑县）、广固（今山东青州北）
	北燕	龙城（今山西太原）
	后燕	中山（今河北定县）、龙城
	西秦	苑川（今甘肃榆中北）、金城（今甘肃兰州）
	夏	统万（今陕西靖边县境）
	后凉	姑臧
	南凉	西平（今青海西宁）、廉州堡（今青海乐都）
	北凉	张掖
	西凉	敦煌、酒泉
南朝	宋	建康
	齐	建康
	梁	建康
	后梁	江陵（今湖北江陵）
	陈	建康
北朝	北魏	平城（今山西大同）、洛京（今河南洛阳），陪都北京（今山西大同）
	东魏	邺
	西魏	长安
	北齐	邺
	北周	长安，东京洛阳

在上述诸多都城中，以邺城、建康和洛阳的时间较长、影响较大，故分而述之。

邺城为五代之都。它分为南城和北城，北城为曹魏所建，南城或云为东魏所建，二城均在漳水之南。后漳水南移，使北城在今漳河之北。南城今属河南安阳，北城今属河北临漳。曹操在邺建城，《水经注》载：

> 其城东西七里，南北五里，饰表以砖，百步一楼，凡诸宫殿门台隅雉，皆加观榭，层甍（méng）反宇，飞檐拂云，图以丹青，色以轻素。当其全盛之时，去邺六七十里，远望苕（tiáo，高竿的样子）亭，巍若仙居。①

城西有三台，南为金虎台，高8丈，有屋109间；北为冰井台，也高8丈，有屋145间，上有冰室，室内有井；中为铜雀台，高10丈，有屋101间，台成，魏武帝诸子登台赋诗，留下陈思王下笔成章而美捷当时的故事。后石虎加以崇饰："石虎更增二丈，立一屋，连栋接榱，弥覆其上，盘回隔之，名曰命子窟。又于屋上起五层楼，高十五丈，去地二十七丈，又作铜雀于楼巅，舒翼若飞。"②城内从建春门至金明门，有东西向大街一条，将城分为南北两部分，北部为宫殿区，南部为居民区。居民区有三个市场及手工业作坊。宫殿区又分作东西两组建筑群，西组建筑群居于全城中央位置，前面为宫廷广场，广场中有钟楼和鼓楼，中间为永昌殿，是为大朝之所，后部为其他建筑；东组建筑群居于全

---

① 郦道元《水经注》卷一〇《浊漳水》。
② 郦道元《水经注》卷一〇《浊漳水》。

城北部偏东位置，前面为官署，中间为听政殿，是为常朝之所，后部为寝宫。宫殿区东部为戚里，是贵族之居住区。

邺城北城建筑据叶骁军教授在《中国都城发展史》一书中分析，有以下特点：其一，城垣砖砌，是为今见文献记载中国都城史上第一个砖城。其二，宫殿北移，即改变"面朝后市"的传统布局，而将宫殿移向北部居中。其三，宫殿、官署、苑囿、民居严格分开，改变汉代长安和洛阳宫城与里坊混杂的局面。其四，布局对称，宫前东西长街同城南纵向街道成丁字形相交，从而显现全城对称的布局。其五，内置苑囿，改变秦汉时期在城外布设苑囿的做法，而将其设置在城内。以上诸点，对中国都城建筑布局产生重要影响，以至明清北京城布局亦多所参酌。

邺城南城，始建于东魏。邺城北城宫殿，西晋末年毁于兵燹。东魏兴和迁都邺，建筑城垣宫殿。史载："南城自兴和迁都之后，四民辐辏，闾里填溢，盖有四百余坊，然皆莫其名，不获其分布所在。"[①] 城的东、西廓，有东、西二市。朱明门内南街之东，有东魏太庙；端门之外，有大司马府；城之西街，有御史台。但是，东魏历祚仅17年，即为北齐所代。北齐高欢，曾为东魏官宦，其次子高洋，受封为东魏齐王。天保元年（550年），高洋称帝，建北齐，代东魏，奠都邺，缮宫室。史称南邺宫室，高欢缮之，高洋饰之，其规模密于曹魏，其奢侈甚于石赵。然而，北齐仅得五帝，历27年，为隋所灭。

建康为六朝之都。 建康（今江苏南京），位居长江下游，土沃雨丰，物产富饶，钟阜龙蟠，石城虎踞，形胜甲于江南。建康作为都城，始

---

① 嘉靖《彰德府志》卷八。

于东吴孙权。孙权于黄龙元年（229年）称帝。同年九月，孙权"迁都建业，皆因故府，不复增改"①，但是，后来兴筑建业城垣宫殿。建康城垣周围二十里十九步，东晋和南朝沿袭之。城垣东环平岗，西踞石城，前拥秦淮河，后带玄武湖。城平面呈方形，有中轴线，称为苑路，即御街。御街两旁，府寺相属，廨（xiè，官署）署栉比。城西部有太初宫，正殿为神龙殿。还有昭明宫，其营建出动二千石以下官员进山督伐良木。另筑太子居住的南宫，以及西苑等。史称孙吴"大开园囿，起土山，作楼观，加饰珠玉，制以奇石"②，可谓穷极伎巧，万倍功费。左思《吴都赋》载：

> 起寝庙于武昌，作离宫于建业。阖闾间之所营，采夫差之遗法。抗神龙之华殿，施荣楯而捷猎。崇临海之崔巍，饰赤乌之髾眸。东西胶葛，南北峥嵘。房栊对桄，连阁相经。阛阓谲（jué）诡，异出奇名。左称弯碕（qí），右号临硎（xíng）。雕栾镂梁（jié，斗拱），青琐丹楹。图以云气，画以仙灵。虽兹宅之夸丽，曾未足以少宁。思比屋于倾宫，毕结瑶而构琼。高闱有闶（kàng，高大），洞门方轨。朱阙双立，驰道如砥。树以青槐，亘以绿水。玄荫眈眈，清流亹亹（wěi，水流貌）。列寺七里，侠栋阳路。屯营栉比，解署棋布。（《文选》卷五）

后东晋南渡，奠都建康。先是，西晋改建业为建邺。西晋末帝名邺，为避其名讳，而改建邺为建康。其后，南朝宋、齐、梁、陈相继都建康。

---

① 《资治通鉴》卷七一。
② 《建康实录》卷四。

建康之都城宫苑，新修之而更壮丽。东晋初，财力竭，宫城为土墙，茆苫（máo shàn，草帘子）做遮饰，后用砖砌。谢安主持督修宫室[①]，成内外殿宇大小3500间。建康之太极宫，仿前洛阳旧制，太极殿十二间，象征一年十二月。殿高8丈，长27丈，宽10丈，殿前方庭为皇帝召见大臣和日常理政之所。萧梁时更加崇丽之，宫阙巍峨，梵刹连云。陈后主兴筑高阁，结石为山，引水为池，景观雅丽。

建康的市廛，相当繁荣。其盛之时，人口百万。初有两市，后增至百余市。《吴都赋》载：

> 开市朝而并纳，横阛阓（huán huì，街市）而流溢。混品物而同廛，并都鄙而为一。士女伫眙（chì，直视），工贾骈坒（bì，相连接）。纻衣缟服，杂沓傱（sǒng，众多的样子，一说疾行的样子）萃。轻舆按辔以经隧，楼船举帆而过肆。……交贸相竞，喧哗喤呷，芬葩荫映。挥袖风飘而红尘昼昏，流汗霡霂（mài mù，汗流如雨的样子）而中逵泥泞。富中之甿（méng），货殖之选，乘时射利，财丰巨万。竞其区宇，则并疆兼巷，矜其宴居，则珠服玉馔。"（《文选》卷五）。

由上可见，建康市肆之繁荣，商贾之竞哗。建康城内外，店肆林立，百货齐全。南朝时已有牛马市、纱市、蚬（xiǎn）市、草市等，以及宫中的苑市。

建康的文化，成就巨大。建康是当时南中国的文化中心，鸿儒辈出，著述卓异。范晔的《后汉书》、裴松之的《三国志》注、范缜的《神

[①]《晋书·谢安传》。

灭论》、刘勰的《文心雕龙》、萧统的《文选》、祖冲之对圆周率的计算等,都是在建康的文化氛围中完成的。在绘画方面,魏晋南北朝时期人物画兴起,许多著名画家汇集在建康。由于这一时期宫廷画的发展,所以建康成为南中国的绘画中心。《古画品录》中载述曹不兴,能在五十尺长绢上画大幅人像,心敏手疾,一挥而就。其学生卫协,绘画妙有气韵,誉作旷代绝笔。卫协之后的戴逵,其佳作《七贤图》,被誉为"情韵绵密,风趣巧拔,善图圣贤,百工所范,荀、卫之后,实称领袖"。一代画宗的顾恺之,《女史箴图卷》和《洛神赋图卷》是其代表作。前者现存画面九幅,第一幅画的是冯婕妤为汉元帝挡熊的故事,第二幅画的是班姬不与汉成帝同载的故事,第三幅画的是山水鸟兽,第四幅画的是浓妆宫女,第五幅画喻的是夫妻言善互敬的伦理,第六幅画的是一夫多妻图,第七幅画的是"欢不可以渎,宠不可以专"之图解,第八幅画的是妇忍以承夫欢,第九幅画示之以"女史司箴,敢告庶姬"。画中场面宏大,人物生动,设色精丽,写照传神。后者取材于《洛神赋》,借神话来曲折地表现失去爱情之痛苦。善画丽妇是此期绘画的一个特征。画似丽人,丽人如画。梁武帝《吟美人观画》诗云:"殿上图神女,宫里出佳人。可怜俱是画,谁能辨伪真。分明净眉眼,一种细腰身。所可持为异,常有好精神。"可见宫女画之逼真维肖、精致臻丽。同期,山水画亦展新貌。山水画独辟画科,以形写形,以色邈(miǎo,描绘,摹写)色,横墨数尺而现百里之远,竖画三寸而当千仞之高。山水画或扬道、或畅神、或写真、或舒意。这一时期的文人谈玄怡情,其山水画亦崇尚舒意畅神。所谓"望秋云,神飞扬,临春风,思浩荡",就是以画明神传情的概括。

但是，作为魏晋南北朝时期六朝之都的建康，于陈后主祯明三年即隋开皇九年（589年），被隋文帝杨坚攻破。陈后主与张贵妃、孔贵嫔慌急躲入藏冰井中①。张贵妃名丽华，家贫穷，选入宫，得幸有子，爱倾后宫。后主时"耽荒为长夜之饮，嬖宠同艳妻之孽"，贵妃张丽华，史载：

> 张贵妃发长七尺，鬒（zhēn，形容须发又黑又密）黑如漆，其光可鉴。特聪惠，有神采，进止闲暇，容色端丽。每瞻视盼睐，光采溢目，照映左右。常于阁上靓妆，临于轩槛，宫中遥望，飘若神仙。才辩强记，善候人主颜色。是时，后主怠于政事，百司启奏，并因宦者蔡脱儿、李善度进请，后主置张贵妃于膝上共决之。李、蔡所不能记者，贵妃并为条疏，无所遗脱。由是益加宠异，冠绝后庭。②

然而，张贵妃与陈后主自投于井，为隋军所执。隋得建康后，拆除城墙、宫殿。从此，建康结束了作为六朝之都的历史，成为江宁县辖下在石头城设置之蒋州。

洛阳为魏晋之都。魏文帝代汉自立后，将都城从邺迁至洛阳。重建洛阳宫殿，渐复往昔之观。明帝时兴筑昭阳、太极诸宫殿，又筑金墉（yōng）城。嘉平六年（254年），司马师废曹芳后，迁曹芳于金墉城居住。后司马炎以禅让方式取代曹奂（huàn），而曹奂于金墉城居住。西晋以洛阳为都城，城南北9里70步，东西6里10步，四面

---

① 《陈书·后主本纪》。
② 《陈书》卷七《后主沈皇后传附张贵妃传》。

共辟12门。每门为双阙，各有三条道路穿通内外，中间为御道，两侧筑墙相隔。城内广建宫殿、台府、寺院，仅台即有11119间。晋武帝司马炎卖官鬻爵，广选宫女。泰始九年（273年），选中级以上文武官员家中处女入宫，次年又选下级文武官员和士族之家处女5000人入宫，灭吴后又选取其宫女5000人入宫，晋宫中藏娇达万人以上。晋武帝掖庭之状，史载：

> 掖庭殆将万人，而并宠者甚众。帝莫知所适，常乘羊车，恣其所之，至便宴寝。宫人乃取竹叶插户，以盐汁洒地，而引帝车。①

太康七年（286年），出后宫才人、妓女以下，仅370人而已②。皇帝如此，贵族踵奢。豪富石崇与王恺竞富，《晋书·石崇传》载：

> 财产丰积，室宇宏丽。后房百数，皆曳纨绣，珥金翠。丝竹尽当时之选，庖膳穷水陆之珍。与贵戚王恺、羊琇之徒以奢靡相尚。恺以饴澳釜，崇以蜡代薪。恺作紫丝布步障四十里，崇作锦步障五十里以敌之。崇涂屋以椒，恺用赤石脂。崇、恺争豪如此。武帝每助恺，尝以珊瑚树赐之，高二尺许，枝柯扶疏，世所罕比。恺以示崇，崇便以铁如意击之，应手而碎。恺既惋惜，又以为嫉己之宝，声色方厉。崇曰："不足多恨，今还卿。"乃命左右悉取珊瑚树，有高三四尺者六七株，条干绝俗，光彩曜日，如恺比者甚众。

---

① 《晋书》卷三一《后妃传》。
② 吕思勉《两晋南北朝史》上册。

石崇虽富于王恺,却败于孙秀,并演出金谷含悲之剧。同上书又载:

> 崇有妓曰绿珠,美而艳,善吹笛。孙秀使人求之。崇时在金谷别馆,方登凉台,临清流,妇人侍侧。使者以告。崇尽出其婢妾数十人以示之,皆蕴兰麝,被罗縠,曰:"在所择。"使者曰:"君侯服御丽则丽矣,然本受命指索绿珠,不识孰是?"崇勃然曰:"绿珠吾所爱,不可得也。"使者曰:"君侯博古通今,察远照迩,愿加三思。"崇曰:"不然。"使者出而又反,崇竟不许。秀怒,乃劝伦诛崇、建。崇、建亦潜知其计,乃与黄门郎潘岳阴劝淮南王允、齐王冏(jiǒng)以图伦、秀。秀觉之,遂矫诏收崇及潘岳、欧阳建等。崇正宴于楼上,介士到门。崇谓绿珠曰:"我今为尔得罪。"绿珠泣曰:"当效死于官前。"因自投于楼下而死。

石崇之母兄妻子等皆被害。石崇生前在金谷园为绿珠兴建绿珠楼。金谷之美,千古传诵,后人称为洛阳八景之一的"金谷春晴",故址在今洛阳车站附近。此外,西晋的洛阳,为文人荟萃之所。仅以文字著述为例。继班固《两都赋》、张衡《两京赋》之后,左思撰写了《三都赋》,赋咏洛阳、成都和建康。《三都赋》一出,洛阳城里,互相传抄,出现"洛阳纸贵"的局面,从而成为历史的佳话。

洛阳在魏晋南北朝时期,除为曹魏和西晋的都城外,还是北魏和北周的都城。鲜卑拓跋建立的北魏,初都平城(今山西大同)。起始风俗朴陋,逐水草,无城郭。后筑城邑,又截平城西为宫城,四角起楼,内立庙社。帝居大殿,妃妾住土屋。至孝文帝时,欲南迁都洛阳,然众意不愿。孝文帝借南伐为名,率大军至洛阳,值天霖雨不停,群臣稽颡（sǎng）马前，求驻足勿行。史载："高祖初谋南迁，恐众心恋旧，乃示为大举，因以胁定群情，外名南伐，其实迁也。旧人怀土，多所不愿，内惮南征，无敢言者，于是定都洛阳。"①定都洛阳后，暂还北都平阳，委李冲以经造营构洛阳宫殿坛庙之任。魏太和十九年（495年），孝文帝定洛阳为洛京，迁鼎洛京。此后近半个世纪间，洛阳成为北部中国的政治、经济、文化和宗教的中心。

北魏都城洛阳，在曹魏、西晋都城基础上，参酌魏北都平城和南朝建康而兴筑，特别是平城的布局，对其建设规划颇有影响。洛阳城在汉魏旧城之外，加筑重廓。外城东西20里，南北15里，其规模之大，在中国历史上是空前的。城略呈长方形，城墙外有护城河。城门不似《周礼·考工记》规定那样严整。如其南门，自东而西分别为开阳门、平昌门、宣阳门和津阳门；北门，自东而西分别为广莫门、宣武门、大夏门；东门，自南而北分别为青阳门、东阳门、建春门；西门，自南而北分别为西明门、西阳门、阊阖门、承明门。城市布局，宫城据城中部偏北，其正殿为太极殿。宫城之北为苑城即华林苑。宫城之西北为金墉城，宫城之南是铜驼街，它北起宫城正门阊阖门，南达外城正门宣阳门。铜驼街两侧衙署林立，分列左祖右社、国子学、太尉府等。外城之西是著名的大市，周回约8里，其周围多为工商货殖之民。大市区域之内，有调音里、乐律里，有通商里、达货里，里内之人，或屠贩为生，或极尽工巧，富者赀财巨万。还有延酤（gū）里、治觞里，里内之人，或酿酒为业，或卖酒为生，以瓮贮酒，暴于日中，醇香之味散逸四方。外城之东是小市。外城之南有四通市，有四夷馆，其地在宣阳门迤南，

---

①《魏书·李冲传》。

扼洛阳水陆要冲,成为其时洛阳繁华之商业区。胡商客贩,日奔市下,八方之货,悉聚在焉。时洛阳有10.9万余户,每方300步,设置1里,里开4门,合220里。每里之门,分设里正2人、吏4人、门士8人,从而强化对里内市民的管辖。

但是,北魏于永熙三年(534年)分裂为东魏和西魏。东魏孝靖帝天平元年(534年)迁都邺城,发洛阳40万民北徙,洛阳顿时黯淡失色。四年后,侯景围攻独孤信于金墉城。街市宫室,悉遭焚毁,洛阳再次成为废墟。武定五年(547年),杨衒(xuàn)之重游洛阳,在其所著《洛阳伽蓝记》中载述所见:

城郭崩坡,宫室倾覆。寺观灰烬,庙塔丘墟。墙被蒿艾,巷罗荆棘。野兽穴于荒阶,山鸟巢于亭树。游儿牧竖,踯躅于九逵;农夫耕稼,艺黍于双阙。

从此洛阳一蹶不振,再也没有恢复昔日之繁华。

二 都市佛教兴衰

佛教创始者为释迦牟尼,中国本无佛教。佛教传入,始于汉世,但其渐盛是在魏晋南北朝时期。《魏书》特立《释老传》,是其时佛教兴盛的一个历史文献学上的表征。先是,佛教在中国之流传,《隋书·经籍志》载:

> 推寻典籍,自汉已上,中国未传。或云久以流布,遭秦之世,所以堙(yīn)灭。其后张骞使西域,盖闻有浮屠之教。哀帝时,博士弟子秦景使伊存口授浮屠经,中土闻之,未之信也。后汉明帝,夜梦金人飞行殿庭,以问于朝,而傅毅以佛对。帝遣郎中蔡愔(yīn)及秦景使天竺求之,得佛经四十二章及释迦立像。并与沙门摄摩腾、竺法兰东还。愔之来也,以白马负经,因立白马寺于洛城雍门西以处之。其经缄(jiān)于兰台石室,而又画像于清凉台及显节陵上。

然而，东汉明帝时白马负经与立白马寺之说，学界认为俱不足征信。但到章帝时，楚王刘英以崇敬佛法闻。西域沙门赍（jī，携带）佛经东来至甚众。桓帝时，安息国沙门安静赍经至佛寺翻译。东汉末太守笮（zé）融亦崇佛法。三国时，魏甘露五年（256年），朱士行出家，是为汉人皈依佛戒、剃发为僧者之始。朱士行经西域，至于阗，得佛经，晋元康年间，至邺城，译为《放光般若经》。晋泰始年间，月支沙门竺法护，大得佛经，至洛翻译，数量较多，佛籍东流，自此日盛（《隋书》卷五十三志三十）。其时，竹林七贤声名大噪，东晋孙绰《道贤论》以佛教七名僧比竹林七贤，大有佛道骈立之势。

长安地近西域，是西北地区的佛教中心。后赵石勒时，常山沙门道安性聪慧，日诵经万言，静室独坐，精思佛经，十有二年，幽旨了悟。他率门徒分游扬州、成都、襄阳，后至长安。前秦苻坚敬重之[①]。道安闻天竺沙门鸠摩罗什，精通佛经，力劝苻坚致之。后秦姚苌弘始二年（400年），鸠摩罗什至长安，翻译经卷。其时先后有沙门智猛策杖西行，得《泥洹经》及《僧祇律》，回至长安，译为三十卷。时胡僧至长安者数十人，而鸠摩罗什才优绩著，所译佛经为大乘之学经典。

著名高僧法显从长安出发西行，并著《佛国记》。法显，俗姓龚，据《高僧传》卷三载，他原有兄弟三人皆夭折，双亲在其3岁时送至佛寺度为沙弥，并在20岁时受大戒。法显观诸沙门，在《弘明集·释驳论》中道："或垦殖田圃，与农夫齐流；或商旅博易，与众人竞利；或矜持医道，轻作寒暑；或占相孤虚，妄论吉凶；或诡道假权，要射时意；或聚蓄委积，颐养有余；或指掌空谈，坐食百姓。斯多皆不称服，

---

① 《魏书·释老志》。

行多违法。"于是，年届65岁的法显，发愿往西天寻求真经与戒律，前后历时达15年之久。后秦弘始元年（399年），法显与慧景、道整、慧应、慧嵬等四人，从长安出发，途经张掖时又与智严、慧简、僧绍、宝云、僧景等五人共行至敦煌。法显等西行，经过"上无飞鸟，下无走兽"的大戈壁，因无路可辨，而"唯视日以准西，人骨以标行路"。他们先后经鄯善（今新疆若羌）、乌夷（今新疆焉耆）、于阗（今新疆和田）、竭叉（今新疆喀什）等地。而后翻越"毒风雨雪，飞沙砾石"的葱岭，进入北天竺界。

　　法显等行入北天竺界后，历艰险，履岨（jū）绝，过新头河，至富楼沙（今巴基斯坦白沙瓦）。时慧应留住于佛钵寺，宝云等折还归国，法显、慧景、道整三人则分为两路，继续行进。途中慧景力竭而死，唯有法显、道整二人继行。他们经过红罗夷、跋那、毗荼、摩头诸国（均在今巴基斯坦境内），渡过蒲那河。法显和道整于弘始四年（402年），到达中天竺都城巴连弗邑即华氏城（今印度巴特那）。其时法显已68岁。法显在巴连弗邑住居三年，"学梵书、梵语、写律"，得《大般泥洹经》等六部经卷。时道整留居巴连弗邑，只有法显独身返归而行，在返归途中，法显至迦毗罗卫（今尼泊尔南境），即释迦牟尼诞生地。而后法显经天竺从孟加拉湾乘船至狮子国（今斯里兰卡），又北魏太和元年（477年）求得四部经律。两年后，法显乘船渡印度洋，遭大风，漫漂泊，至孤岛。再经九十日航行，到达耶婆提（今爪哇苏门答腊）。弘始十四年（412年），法显离耶婆提，乘大船回航广州，但途遇大风，漂航至青州长广郡牢山（今山东青岛崂山）。是为宋永初二年（421年）七月十四日。青州太守李嶷派员将法显送至宋都建康。这时法显西行长达13年，行程4万里，经历30余国，年已79岁。法显回国后，以五年时间译《摩诃僧祇众律》等佛教经律6部、63卷，凡百万言。他又将行途见闻著成《佛国记》，成为中国海外交通的最早记录。

平城是华北地区的佛教中心。平城是北魏初期之都城。北魏建立者鲜卑拓跋氏，原为游牧民族，逐水草而居，未闻佛教。《魏书·释老志》载："魏先建国于玄朔，风俗淳一，无为以自守，与西域殊绝，莫能往来。故浮图之教，未之得闻，或闻而未信也。"传至神元帝拓跋力微时，始与魏、晋通聘。其子文帝拓跋沙漠汗曾留居洛阳，同中原聘问交市，往来不绝。传至昭成禄官时，又至襄国（今河北邢台），才"备究南夏佛法之事"。魏道武帝拓跋珪继立后，南略赵地，广纳佛法："太祖平中山，经略燕、赵，所径郡国佛寺，见诸沙门、道士，皆致精敬，禁军旅无有所犯。帝好黄老，颇览佛经。"但天下初定，屡动兵戈，诸事草昧，未建浮图，延揽众僧。先是，有沙门僧朗，因其门徒隐修于泰山琨（kūn）谷。拓跋珪遣使致信僧朗，并以缯、素、旃罽（zhān jì）、银钵为礼品。天兴元年（398年），拓跋珪下诏推弘佛法，并敕有司，于京师平城修建寺宇，以馆僧众。史载：

> 是岁，始作五级佛图、耆阇（qí dū）崛山及须弥山殿，加以缋（huì，同"绘"）饰。别构讲堂、禅堂及沙门座，莫不严具焉。太宗践位，遵太祖之业，亦好黄老，又崇佛法，京邑四方，建立图像，仍令沙门敷导民俗。①

---

① 《魏书》卷一一四《释老志》。

其时，有沙门名法果，备受北魏太祖道武帝拓跋珪和太宗明元帝拓跋嗣之优礼。法果在平城为道人统，绾（wǎn，控制）摄僧徒。他"每与帝言，多所惬允"，因而受到供施甚为丰厚。法果前后被授为辅国、宜城子、忠信侯、安成公诸号。皇帝还常幸其居第。及其死，皇帝三临其丧，追赠为老寿将军、赵胡灵公。北魏世祖太武帝拓跋焘继立后，"亦遵太祖、太宗之业，每引高德沙门，与共谈论。于四月八日，舆诸佛像，行于广衢。帝亲御门楼，临观散花，以致礼敬"①。

在太祖道武帝、太宗明元帝和世祖太武帝扶助下，佛教在平城广为传播。由是，佛门日隆，名僧迭出。如昙摩谶（chèn），习佛经，居姑臧（今甘肃武威），译《涅槃》等十余部佛经。北凉国主沮渠蒙逊屡以国事相谘（zī）。太武帝遣使诣姑臧，请将昙摩谶送至平城。但蒙逊惜而不遣，使人杀之。②后太武帝发兵灭北凉。智嵩，经爽悟，笃佛典，戒行峻整，门徒齐肃。时凉州兵事，绝粮饥馑，拒食兽肉，遂饿死于酒泉西山。凉州地域，世信佛教。敦煌一带，村坞相属，多有塔寺。北魏平凉州后，沙门东至平城，京师象教弥增。惠始，俗姓张，原为关中清河人，后坐禅于白渠北，昼则入城听讲，夜则还处静坐。据传其颇有法术。当他被夏主赫连屈丐追杀时，"身被白刃，而体不伤"。屈丐召惠始于前，"以所持宝剑击之，又不能害"。惠始后到京师平城，受到世祖太武帝之礼遇。史载惠始之事迹曰：

---

① 《魏书》卷一一四《释老志》。
② 吕思勉《两晋南北朝史》第八章第五节载："始罽宾沙门曰昙无谶，东入鄯善，自云能使鬼治病，令妇人多子。与鄯善王妹曼头陀（tuó）林私通，发觉，亡奔凉州。蒙逊宠之，号曰圣人。昙无谶以男女交接之术，教授妇人。蒙逊诸女、子妇，皆往受法。世祖闻诸行人言昙无谶之术，乃召昙无谶。蒙逊不遣，遂发露其事，拷讯杀之。至此，帝知之。于是赐昭仪沮渠氏（蒙逊女）死，诛其宗族。"

> 始自习禅,至于没世,称五十余年,未尝寝卧。或时跣行,虽履泥尘,初不污足,色愈鲜白,世号之曰"白脚师"。太延中,临终于八角寺,齐洁端坐,僧徒满侧,凝泊而绝。停尸十余日,坐既不改,容色如一,举世神异之。①

惠始死后,送葬者达6000余人,可见其时平城礼佛风气之盛。

北魏太武帝因信徒滋盛,且与盖吴(北魏时关中农民起义军领袖)通谋,而下灭佛之诏。太延四年(438年),太武帝以"沙门众多"为由,诏罢沙门年50岁以下者还俗为民。太平真君五年(444年),太武帝下诏诛长安沙门。先是,盖吴反杏城,关中骚动。太武帝西征至长安,知长安沙门寺内有弓矢矛盾,意沙门与盖吴通谋,命案抄佛寺,得酿酒之具,又发觉屈室沙门与贵室女私行淫乱;而司徒崔浩进言毁佛。于是,诏诛长安沙门,焚破佛像,敕留台下四方。又诏曰:

> 彼沙门者,假西戎虚诞,妄生妖孽,非所以一齐政化,布淳德于天下也。自王公已下,有私养沙门者,皆送官曹,不得隐匿。限今年二月十五日,过期不出,沙门身死,容止者诛一门。②

翌年三月,诏"诸州坑沙门,毁诸佛像"(《魏书·帝纪》)。四月,邺城毁五层佛图。

这就是北魏太武帝之灭佛事件。但其诏令范围,仅限于北魏以平城

---

① 《魏书》卷一一四《释老志》。
② 《魏书·释老志》。

为中心的辖区之内，至于南朝以建康为中心的辖域之内，依样崇佛佞佛。

建康是南方地区的佛教中心。唐朝诗人杜牧的七言绝句云：

千里莺啼绿映红，水村山郭酒旗风。

南朝四百八十寺，多少楼台烟雨中。

南朝建康的佛寺，《南史·郭祖深传》载："都下佛寺五百余所，穷极宏丽。僧尼十余万，资产丰沃。所在郡县，不可胜言。"南朝的宋、齐、梁、陈，崇信佛事，提倡佛教。

宋，文帝刘义隆，重佛理，崇佛事。他延请名僧慧观、法瑶、道猷、慧琳等参与朝政，权重一时。其时朝廷重臣也踵风信佛，谢灵运、颜延之信佛法、撰佛论。他还大建佛寺，如天竺寺、报恩寺等。建寺造像，所费尤巨。宋明帝刘彧造湘宫寺，费极奢侈。时新安太守巢尚之罢郡还见明帝，刘彧曰："卿至湘宫寺来，我起此寺是大功德。"通直散骑侍郎虞愿在侧曰："陛下起此寺，皆是百姓卖儿贴妇钱，佛若有知，当悲哭哀愍（mǐn）。罪高佛图，有何功德！"[①]明帝尚有雅量，虽使人驱曳虞愿下殿，寻复召入直。皇帝崇佛，官宦影从。柳元景檄书臧质罪状曰："姬妾百房，尼僧千计，败道伤俗，悖乱人神，民怨盈涂，国谤弥岁。"[②]此为朝臣纳僧尼、笃信佛之一例。

齐，诸帝、贵族更加崇佛。齐高帝萧道成兴造建元寺，齐武帝萧赜（zé）建齐安寺、禅灵寺、集善寺，并造佛像。武帝太子与次子俱好佛，其次

[①]《南史·虞愿传》。
[②]《宋书·臧质传》。

子竟陵文宣王萧子良，位至司徒，居鸡笼山邸，自名净住子，集学士抄佛经，并"招致名僧，讲语佛法，造经呗新声"。他又与文惠太子同好佛，"数于邸园营斋戒，大集朝臣众僧，至于赋食行水，或躬亲其事，世颇以为失宰相体"①。他还经常邀集名僧玄畅等至邸讲经，并派其四出传教。

梁，崇佛之举，尤盛于前。梁武帝萧衍在萧梁56年帝统中，御帝位达47年之久。他营造佛寺，如光宅寺、开善寺、敬爱寺、智度寺和同泰寺等。敬爱寺经营彤丽，宛若天宫，延袤七里，三十六院，僧众千余，四时供给。智度寺殿堂宏敞，宝塔七层，房廊周接，雕梁画栋，诸尼五百，四时讲诵。同泰寺则浮图九层，大殿六所，殿外璇玑，积石叠山，铸造金像，极尽壮丽。他订立僧规，手制《断酒肉文》。他广施钱财，曾舍钱1960万。梁武帝萧衍先后四次舍身佛寺，史载：

大通元年（527年）三月辛未，舆驾幸同泰寺舍身。甲戌，还宫。②

九月癸巳，幸同泰寺，设四部无遮大会。上释御服，披法衣，行清净大舍，以便省为房，素床瓦器，乘小车，私人执役。甲午，升讲堂法坐，为四部大众开《涅槃经》题。癸卯，群臣以钱一亿万奉赎皇帝菩萨大舍，僧众默许。乙巳，百辟诣寺东门奉表，请还临宸极，三请乃许。帝三答书，前后并称顿首。

中大同元年（546年）三月庚戌，幸同泰寺，讲《金字三慧经》，仍施身。

---

① 《南齐书·武十七王传》。
② 《梁书·武帝纪下》。

三月庚子，幸同泰寺，设无遮大会。上释御服，服法衣，行清净大舍，名曰"羯磨"。以五明殿为房，设素木床、葛帐、土瓦器，乘小舆，私人执役。乘舆法服，一皆屏除。……乙巳，帝升光严殿讲堂，坐师子，讲《金字三慧经》，舍身。夏四月庚午，群臣以钱一亿万奉赎皇帝菩萨，僧众默许。戊寅，百辟诣凤庄门奉表，三请三答，顿首，并如中大通元年故事。丁亥，服衮冕，御辇还宫。幸太极殿，如即位礼，大赦，改元。①

梁武帝四次舍身于寺，多次讲说经堂，名僧硕学，四部听众，常万余人②；或设无遮大会，道俗五万余人。

陈，国祚虽短，崇佛却盛。高祖武帝陈霸先，登位之初，即"诏出佛牙于杜姥宅，集四部设无遮大会，高祖亲出阙前礼拜"③。翌年四月，他"幸大庄严寺，舍身"④。其继位者文帝陈蒨（qiàn）、宣帝陈顼（xū），也多次设无碍大会。陈后主叔宝荒于酒色，不恤政事，妇人美貌丽服巧态以从者千余人。并于郭内建造大皇佛寺，起七层塔，未毕而火起。太建十四年（582年）九月，登帝位不久即"设无碍大会于太极殿，舍身"⑤。

南朝的世家大族，也弘扬佛法，笃信佛教。详状从略。南都建康如此，北都洛阳亦甚。

---

① 《南史》卷七《梁本纪中》。
② 《梁书·武帝纪下》。
③ 《陈书·高祖纪下》。
④ 《南史·陈本纪》。
⑤ 《陈书·后主本纪》。

洛阳为其时北中国佛教中心。北魏高祖孝文帝迁都洛阳后，洛阳佛教得到空前的发展。史称："自太和十七年作都洛阳，一时笃崇佛法，刹庙甲于天下。"[1]杨衒之亦记载："京城表里凡有一千余寺。"[2]北魏崇佛，佛经汇集，僧刹众多。《魏书·释老志》载：

> 魏有天下，至于禅让，佛经流通，大集中国，凡有四百一十五部，合一千九百一十九卷。正光巳后，天下多虞，工役尤甚，于是所在编民，相与入道，假慕沙门，实避调役，猥滥之极，自中国之有佛法，未之有也。略而计之，僧尼大众二百万矣，其寺三万有余。

北魏佛教生活之集中表现，在于京城洛阳。洛阳佛寺，多为皇家、官宦所建，兹据《洛阳伽蓝记》所载，简列如下：

北魏洛阳寺庙简表

城别	寺名	建造者
城内	永宁寺	灵太后胡氏立
	建中寺	尚书令乐平王尒（ěr）朱世隆立
	长秋寺	阉官司空刘腾立
	瑶光寺	世宗宣武帝立
	景乐寺	太傅文献王怿立
	昭仪尼寺	阉官等立
	胡统寺	太后从姑立

---

[1]《四库全书》史部一一，地理类七，《洛阳伽蓝记提要》。
[2] 杨衒之《洛阳伽蓝记》卷首《自叙》。

续表

城别	寺名	建造者
城东	明悬寺	武宣王勰立
	龙华寺	宿街羽林虎贲等立
	魏昌尼寺	阉官瀛州刺史李次寿立
	景兴寺	阉官等立
	秦太上君寺	胡太后立
	正始寺	百官立
	平等寺	武穆王怀舍宅立
	景宁寺	司徒公杨椿立
城南	景明寺	宣武皇帝立
	双女寺	太后、皇姨立
	报德寺	孝文帝立
	龙华寺	广陵王立
	高阳寺	高阳王雍以宅为寺
城西	冲觉寺	太傅清河王怿立
	白马寺	汉明帝立
	法云寺	西域沙门僧摩罗立
	宣忠寺	侍中城阳王徽立
	王典御寺	阉官王桃汤立
	追光寺	尚书令东平王略宅立
	大觉寺	广平王怀舍宅立
	融觉寺	文献王怿立
	永明寺	宣武皇帝立
城北	凝圆寺	阉官济州刺史贾灿立

从上表可以看出，北魏都城洛阳诸多名寺，为皇家、贵族和官宦所立。诸寺规模宏大，构筑伟丽。永宁寺为熙平元年（516年），灵太后胡氏立。胡氏之姑为尼，颇能讲道，世宗初年，入讲禁中。胡氏得

幸于世宗宣武帝，生肃宗孝明帝翊。宣武帝死，翊继立，胡氏临朝听政，"寻幸永宁寺，亲建刹于九级之基，僧尼道士赴者数万人"[1]。此刹为洛阳之冠，史载：

> 有九层浮图一所，架木为之，举高九十丈，有刹复高十丈，合去地一千尺，去京师百里已遥见之。初掘基至黄泉下，得金像三十（一作千）躯，太后以为信法之征，是以营建过度也。刹上有金宝瓶，容二十五石。宝瓶下有承露金盘三十重，周匝皆垂金铎。复有鏁（suǒ，同"锁"）四道，引刹向浮图。四角鏁上亦有金铎，铎大小如一石瓮子。浮图有九级，角角皆悬金铎，合上下有一百二十铎。浮图有四面，面有三户六窗，户皆朱漆，扉上有五行金钉，合有五千四百枚。复有金环铺首。殚土木之功，穷造形之巧。佛事精妙，不可思议。绣柱金铺，骇人心目。至于高风永夜，宝铎和鸣，铿锵之声，闻及十余里。浮图北有佛殿一所，形如太极。殿中有丈八金像一躯，中长金像十躯，绣珠像三躯，织成五躯，作功奇巧，冠于当世。僧房楼观一千余间，雕梁粉壁，青璅（suǒ 或 zǎo）绮疏，难得而言。[2]

灵太后胡氏在尒朱荣称兵时，自落发，离宫阃（kǔn），后同幼主肃宗孝明帝并沉于河，与之同难者有高阳王雍。雍为显祖献文帝之子，灵太后专政，雍位居朝首（《魏书·高阳王雍传》）。高阳王既为尒朱荣所害，舍宅为寺，称高阳王寺。史称其"贵极人臣，富兼山海，

---

[1]《魏书·宣武灵皇后胡氏传》。
[2] 杨衒之《洛阳伽蓝记》卷一。

居止第宅，匹于帝宫。白殿丹槛，窈窕连亘。飞檐反宇，缪辂周通。僮仆六千，妓女五百。隋珠照日，罗衣从风。自汉晋以来，诸王豪侈未之有也。出则鸣驺御道，文物成行，铙吹响发，笳声哀转；入则歌姬舞女，击筑吹笙，丝管迭奏，连宵昼日。其竹林鱼池，侔（móu，相等）于禁苑，芳草如积，珍木连阴。雍嗜口味，厚自奉养，一日必以数万钱为限，陆海珍馐方丈于前"①，豪奢的物质生活与简净的宗教生活，恰相异对，令人叹惊！帝后笃佛，禁中讲经，广建刹宇，开凿石窟，上既崇之，下弥企尚。至灵太后临朝时，北魏天下州郡僧尼寺宇，达13727所②，僧尼约200万人。

北魏建造石窟，是其时佛教生活的一项重要内容。先是，魏在平城建造石窟，即今大同云冈石窟。至是，魏世宗宣武帝又诏令大长秋卿白整，参酌平城石窟，在都城洛阳南伊阙山，为孝文帝、文昭皇太后开凿石窟两座，后又由中尹刘腾为宣武帝营建石窟一座，共三座。这三座石窟工程浩大，斩山辟石，雕凿石像，历时24年，用工80余万个。其地在伊阙，《水经注》载：龙门"两山相对，望之若阙，伊水历其间北流，故谓之伊阙"③。龙门石窟最早从太和十八年（494年）开始营造古阳洞。洞内佛龛琳琅满目，图饰精巧，今流传龙门二十品，有十九品出于古阳洞。上文为孝文帝和文昭皇太后做功德而营造的宾阳洞，主像为释迦牟尼佛，通高8.4米，身穿袈裟，面瘦修长，旁有迦叶、阿难、文殊、普贤侍之；南北二壁为一佛、二菩萨。稍晚些为莲

---

① 杨衒之《洛阳伽蓝记》卷三。
② 《魏书·释老志》。
③ 郦道元《水经注》卷一五《伊水》。

花洞,以其窟雕刻大莲花而得名,洞中纹饰雕刻精细,富于变化。龙门石窟后历东魏、北齐、北周、隋、唐、宋,现在窟龛2100多个,佛塔40多座,造像10万多尊,造像题记和碑碣3000多块。所以,龙门石窟与云冈石窟、敦煌莫高窟,并称为中国佛教艺术三大宝库。

三 城市文士风骨

魏晋南北朝是社会动荡、民族融合、佛教隆兴、文化繁盛的时期。这一时期的文化,出现继战国之后第二次"百家争鸣"的局面。其时的文化特征:第一,门阀文化,凸占显位。所谓门阀之家,是指那些门高第阔、世代做官之家,亦称阀阅世家。这些显赫人家门前立有两根柱子,左边为"阀",右边为"阅",以展示家族之荣耀。他们或"有田万顷,奴婢数千人";或"奴僮既众,义故门生数百";或"资财巨万,园宅十余所";或"产业累万金,奴僮千人"等。其子弟舞文弄墨者,则成为门阀文化之代表。第二,民族文化,相互交融。这个时期的北方各族,除汉族外,羯、氐、匈奴、鲜卑、羌等举兵南下,建立政权,甚至于"关中地区,百余万口,率其多少,戎狄居半"。民族的融合,必然产生文化的融会。第三,中华文化,异彩纷呈。天竺的佛教、经书、建筑,西域的乐器、舞蹈、杂技,波斯的铠甲、医药、艺术等传入中华;中原的文化又四向域外散射。呈现中华文化与域外文化大交融的景观。

作为魏晋南北朝时期精神文明的创造者和传播者——文士,活跃在这个宏大的历史舞台上。

学校教育。学校既是培养文士的场所,也是文士传道授业的学宫。曹魏独著此期教育之先鞭,令曰:

> 丧乱以来,十有五年,后生者不见仁义礼让之风,吾甚伤之。其令郡国各修文学,县满五百户置校官,选其乡之俊造而教学之,庶几先王之道不废,而有以益于天下。①

曹丕称帝后,令"复始扫除太学之灰炭,补旧石碑之缺壤,备博士之员录,依汉甲乙以考课"。由是,各州郡数百弟子至太学受业。蜀、吴亦相继兴学开馆,教学诸子。西晋天下一统,崇儒兴学,营建辟雍,师徒相传,学士如林。据《南齐书·礼志》载:"晋初太学生三千人。"西晋的学校除太学外,又设国子学。晋咸宁四年(278年),"武帝初立国子学,定置国子祭酒、博士各一人,助教十五人,以教生徒。博士皆取履行清淳、通明典义者,若散骑常侍、中书侍郎、太子中庶子以上,乃得召试"②。入国子学的资格,需官在五品以上者方可入。故《南齐书·礼志》辨太学与国子学之异同曰:"太学之与国学,斯是晋世殊其士庶,异其贵贱耳。"士族、贵者入国学,而庶族、贱者入太学。但"八王之乱"和"永嘉之乱",洛阳和长安遭到严重破坏,太学与国学在兵燹中被毁。东晋偏安建康,立太学,教生徒。尔后乱事不已,

---

① 《三国志·魏书·武帝纪》。
② 《晋书》卷二四《职官志》。

殃及教育。咸康三年（337年），国子祭酒上书，申奏教育之重要，言"立人之道，于斯为首"①。晋成帝允其所奏，重立国子学，东晋的太学与国学兼而有之。淝水之战后，谢石疏请"颁下州郡，普修学校"。孝武帝准其疏奏，增造房舍150间，增置太学生百人。然而，高门子弟，"学生多顽嚣，因风放火，焚房百余间。是后考课不厉，赏黜无章，有育才之名，无收贤之实"②。《书》云："知人则哲。"此为不哲之罚、晋室将亡的先兆。东晋亡后，南朝刘宋时出现"四馆学"，即儒、玄、文、史四学。萧齐时，"命彼有司，崇建庠塾"。萧梁重教育，武帝诏"建国君民，立教为首"。他本勤于学，精于著，其时之教育"济济焉，洋洋焉"。陈则国祚短，无大建树。

北中国的教育，也具特色。前赵，匈奴人刘曜"立太学于长乐宫东，小学于未央宫西，简百姓年二十五以下、十三以上，神志可教者千五百人，选朝贤宿儒明经笃学以教之"③。他曾亲临太学，引试学生。后赵，羯族人石勒"增置宣文、宣教、崇儒、崇训十余小学于襄国四门，简将佐豪右子弟百余人以教之"④。他尝"亲临大小学，考诸学生经义"⑤，又在军旅中令儒生读史书而听之。后命各郡国立学官，教授子弟，三考修成，显升台府。前燕，鲜卑人慕容皝（huàng）"雅好文籍，勤于讲授，学徒甚盛，五千余人"⑥。他立学官，亲临听，观考试，擢秀异。经慕容廆（wěi）祖孙三代倡教，致前燕都城蓟成为十六国时期

---
①《晋书·袁瓌（xiāng）传》。
②《宋书·五行志三》。
③《晋书·刘曜载记》。
④《晋书·石勒载记上》。
⑤《晋书·石勒载记下》。
⑥《晋书·慕容皝载记》。

教育最发达的都市。前秦，氐族人苻健修尚儒学。其侄苻坚"外修兵革，内崇儒学"。他"亲临太学，考学生经义优劣，品而第之。问难五经，博士多不能对"①，坚每月临太学，庠序诸生竞劝焉。《晋书》载记一个故事：太常韦逞家世以儒学著称，苻坚尝幸其太学，问博士经典。时韦逞母宋氏通晓《周官》音义，年八十，为苻坚所重：

"窃见太常韦逞母宋氏，世学家女，传其父业，得《周官》音义，今年八十，视听无阙，自非此母无可以传授后生。"于是就宋氏家立讲堂，置生员百二十人，隔绛纱幔而受业，号宋氏为宣文君，赐侍婢十人。《周官》学复行于世，时称韦氏宋母焉。②

后秦，羌族人姚苌帝长安，置学官。其子兴亦崇学重教。时耆儒姜龛、淳于岐、郭高等，各门徒数百，教授长安，诸生自远而至者万数千人。"兴每于听政之暇，引龛等于东堂，讲论道艺，错综名理。"③由是，学者咸劝，儒风盛焉。北魏，鲜卑拓跋氏弘扬教育，景象一新。晋永嘉之后，中原分崩，战火不熄，礼乐文章，扫地将尽。太祖道武帝初定北土，始建都邑，便立太学，置五经博士生员千余人。天兴二年（399年），增国子太学生员至3000人。他力主"天下可马上取之，不可以马上治之"，文武兼用，兴学重教。太宗明元帝时，改国子学为中书学，立教授博士。显祖献文帝时，诏立乡学，大郡博士2人、助教4人、学生100人，

---

① 《晋书·苻坚载记上》。
② 《晋书》卷九六《韦逞母宋氏传》。
③ 《晋书》卷一一七《姚兴载记上》。

次郡博士2人、助教2人、学生80人,中郡博士1人、助教2人、学生60人,下郡博士1人、助教1人、学生40人。迁都洛阳后,建明堂辟雍,设国子学、太学。博士在家讲学,受业者多达千余人。于是,《魏书·儒林传》誉称:"斯文郁然,比隆周汉。"

综上,魏晋南北朝的教育,既有太学,又有国子学——教授门阀士族子弟之学校;既有学官,又有四学馆——改变西汉以降儒学独尊局面,使玄学、文学等各有其学地;既有官学,又有私学——弟子动辄上千;既有俗学,又有禅堂——寺院内禅堂讲学,促发着儒、玄、佛三教的趋归;既有汉族办的学官,又有少数民族办的学校,共同推促中华教育的发展。教育的发展推动着文化的繁兴。

文士风骨。魏晋的文士,在先秦、两汉文化的基础上,创造着新的文化。这个时期的文士,带有时代的特征,表现时代的风骨。在文学方面,田园诗、山水诗、宫体诗,以及辞赋和散文,展现出自然、超逸、畅怀、传神的风范。建安诗人,"三曹父子"和"建安七子"等文人集团,则是建安文学的高手。曹操的《短歌行》、曹丕的《燕歌行》、曹植的《白马篇》等是其时代的佳作。"建安七子"的孔融、阮瑀(yǔ)、王粲、陈琳、刘桢(zhēn)、徐幹(gàn)、应场(yáng),为一时才俊之士。史载王粲与人同行,读道边碑,即背而诵之,不失一字。观人围棋,局坏,能为复之。著文"举笔便成,无所改定"[①]。至于女诗人蔡琰的《悲愤诗》,则是千古传诵的绝泣。南朝的宫体诗,词藻艳丽,声韵和谐。陈后主自投于井,留下《玉树后庭花》:

[①]《三国志·魏书·王粲传》。

丽宇芳林对高阁，新妆艳质本倾城。

映户凝娇乍不进，出帷含态笑相迎。

妖姬脸似花含露，玉树流光照后庭。

诗歌之外，王粲《登楼赋》、曹植《洛神赋》、左思《三都赋》、陶渊明《归去来兮辞》、诸葛亮《出师表》、李密《陈情表》、陶渊明《桃花源记》，民歌《孔雀东南飞》、《木兰诗》，都是流传万古之作。学者撰著如陈寿《三国志》、范晔《后汉书》、沈约《宋书》、萧子显《南齐书》、魏收《魏书》、常璩《华阳国志》、皇甫谧《高士传》、慧皎《高僧传》、张华《博物志》、法显《佛国记》和杨衒之《洛阳伽蓝记》等，都是传世之作。魏晋时期，在文学、史学、哲学等领域，出现一批永放光辉的明星。在魏晋的士林中，"竹林七贤"被广泛传诵。

竹林七贤是魏晋之际的七个名士，即阮籍、嵇康、山涛、向秀、王戎、刘伶和阮咸（阮籍之侄）。他们以曾在山阳（今河南修武）作"竹林之游"而得其名。他们对司马氏既不违心投附，又不公然相抗，在"同日杀戮，名士减半"的困境面前，纵酒谈玄，听任自然，抚琴赋诗，浪迹山林。阮籍，父瑀知名于世。籍早年有经邦济世之志，中年逢高平陵事件后，"名士少有全者，籍由是不与世事，遂酣饮为常"。他尝违礼背俗，纵酒佯狂。司马昭替其子司马炎（即晋武帝）向阮籍家求婚，"籍醉六十日，不得言而止"。他用长醉不醒的办法拒绝与司马氏联姻。阮籍的性格，《晋书》本传说他"籍容貌瑰杰，志气宏放，傲然独得，任性不羁，而喜怒不形于色。或闭户视书，累月不出；或登临山水，经日忘归。博览群籍，尤好庄老。嗜酒能啸，善弹琴。当其得意，忽忘形骸"[1]。籍富于著述，《大人先生传》讥讽那些所谓礼法之士，是钻进裤裆里的虱子。略谓：

> 世人所谓君子，惟法是修，惟礼是克。手执圭璧，足履绳墨。行欲为目前检，言欲为无穷则。少称乡党，长闻邻国。上欲图三公，下不失九州牧。独不见群虱之处裈（kūn）中，逃乎深缝，匿乎坏絮，自以为吉宅也。行不敢离缝际，动不敢出裈裆，自以为得绳墨也。然炎丘火流，焦邑灭都，群虱处于裈中而不能出也。君子之处域内，何异夫虱之处裈中乎！

籍著《大人先生传》以舒胸怀本趣，又撰《达庄论》，以叙无为之贵。阮籍病死之前一年，嵇康被杀。嵇康，早孤，有奇才，《晋书》本传述其美词气，有风仪，土木形骸，不自藻饰，恬静寡欲，含垢匿瑕。琅邪王戎与康居山阳二十年，未尝见其喜愠之色。他对仕途淡漠，主张亲居贱职，安乎卑位。游山泽，观鱼鸟，而享天性之乐。他舒胸臆之言，守陋巷，教子孙，亲朋叙旧，"陈说平生，浊酒一杯，弹琴一曲，志意毕矣"！康善弹《广陵散》，因得罪司马氏而被杀，"康将刑东市，大学生三千人请以为师，弗许"。死时年四十，"海内之士，莫不痛之"[2]。籍、康殁后，阮咸尚在。咸任达不拘，放荡纵欲。《晋书·阮咸传》载其"妙解音律，善弹琵琶。虽处世不交人事，惟其亲知弦歌

---

[1]《晋书·阮籍传》。
[2]《晋书·嵇康传》。

酣宴而已"。宗人同饮酒时，他不用杯觞斟酌，而以大盆盛酒倾饮。甚至于"时有群豕来饮其酒，咸直接去其上，便共饮之"①。与阮咸同样放荡不羁的刘伶，《晋书》本传载其事迹："常乘鹿车，携一壶酒，使人荷锸而随之，谓曰：'死便埋我。'"他撰《酒德颂》，辞曰："惟酒是务，焉知其余"；"兀然而醉，怳（huǎng，同"恍"）尔而醒"；"静听不闻雷霆之声，熟视不睹泰山之形"②。《世说新语·放诞篇》载伶，终日裸体喝酒，客至不避，笑言以天地为栋宇，以屋室为裤衣，"诸君何为入我裤中"！同刘伶性格迥异的向秀，官至散骑常侍，但"在朝不任职，容迹而已"。《晋书》本传称其好老庄之学，尝为《庄子》作注，"发明奇趣，振起玄风"③。同向秀在朝为官的王戎，虽年少阮籍二十岁，却常与阮籍饮。后官至尚书左仆射、领吏部④。久居官位的山涛，与阮籍有竹林之交。涛为官能清廉自守。贪浊而赂遗公卿的袁毅，送涛丝百斤。后毅败露，凡其所赂，皆行推检，"涛乃取丝付吏，积年尘埃，而封如初"。涛官至司徒，摄居相位，却"贞慎俭约，虽爵同千乘，而无嫔媵。禄赐俸秩，散之亲故"。死时只有"旧第屋十间，子孙不相容"⑤。但涛喜饮酒，有海量，至八斗方醉。

  书法绘画。魏晋南北朝时文士：学人的著述生涯，七贤的竹林浪迹，诗人的放歌长吟，官人的宦海浮沉，各有千秋，卓具特色。然而，书法是魏晋文士表露自身风流儒雅、潇洒飘逸心态的重要形式。中国

---

① 《晋书·阮籍传附兄子咸传》。
② 《晋书·刘伶传》。
③ 《晋书·向秀传》。
④ 《晋书·王戎传》。
⑤ 《晋书·山涛传》。

的书法，是世界人类文化中的奇葩。它经过先秦、两汉的发展，到魏晋时期有新的成绩、新的突破，从而成为中国书法史上的一座高峰。这一时期的书法，由秦汉注重字体结构之美，升华到艺术神韵之美，从而形成魏晋书法"尚韵"的独特风格。在书法作者群体中，涌现出一批卓异者，如钟繇、王羲之、王献之等。

钟繇，颍川长社（今河南长葛东）人，曾祖皓"温良笃慎，博学诗律，教授门生千有余人"[①]，官魏相国，位列三公。但《三国志·魏书·钟繇传》缺载其书法事迹。他的书法，承先贤之绪，取诸家之长，如曹喜之篆隶，刘德升之行书，蔡邕之八分等，融会各体，独具风格。《书断》评其"虽习曹、蔡隶法，艺过于师，青出于蓝，独探神妙"。近人《书学史》亦称其书法："点如山颓，滴如雨骤，纤如丝毫，轻如云雾，去若鸣凤之游云汉，来若游女之入花林，灿烂分明，遥遥远蔼者矣。"他的真书，绝妙异趣，实为楷模。钟繇的楷书，造诣极高，影响深远，《宣和书谱》称其《贺捷表》"备尽法度，为正书之祖"。

王羲之，字逸少。父旷，官淮南太守。太尉郗鉴以女妻之。羲之早有才器和美誉，朝廷屡召其为侍中、吏部尚书和护国将军，以素无廊庙志，而俱推迁不拜。他起家秘书郎，迁长史，给会稽内史。羲之不乐在京师，而雅好服食养性，慕会稽山水、文人名士，遂解官东归，定居会稽山阴（今浙江绍兴）。羲之性爱鹅，《晋书》本传载述其两则爱鹅故事：会稽有孤居姥养一善鸣之鹅，羲之求人将鹅买下而未得。他便同亲友去观赏，但鹅主知羲之之将至，烹鹅以待。羲之为此叹惜竟日。又山阴有个道士好养鹅，羲之往观鹅后欲买之，道士不卖，请其写《道

[①]《三国志·魏书·钟繇传》。

德经》后以鹅相赠。他欣然写毕,笼鹅而归,甚得其乐。王羲之从爱鹅、观鹅中体察鹅性,获取灵感,得到启发,凝聚于笔,传神于书。有人形容其如鹅划水态势而运笔行书,有诗云:"全身精力到毫端,定气先将两足安。悟入鹅群行水势,方知五指力齐难。"王羲之的书法,"初不胜庾翼、郗愔,及其暮年方妙"。他去官后,寓居会稽,画山水之游,娱弋钓之乐,怡情性,冶自然,其书法艺术升华至绝妙境界。他作《兰亭序》云:

> 永和九年,岁在癸丑,暮春之初,会于会稽山阴之兰亭,修禊事也。群贤毕至,少长咸集。此地有崇山峻岭,茂林修竹,又有清流激湍,映带左右,引以为流觞曲水,列坐其次。虽无丝竹管弦之盛,一觞一咏,亦足以畅叙幽情。是日也,天朗气清,惠风和畅,仰观宇宙之大,俯察品类之盛,所以游目骋怀,足以极视听之娱,信可乐也。夫人之相与,俯仰一世,或取诸怀抱,悟言一室之内,或因寄所托,放浪形骸之外。虽趣舍万殊,静躁不同,当其欣于所遇,暂得于己,快然自足,不知老之将至。及其所之既倦,情随事迁,感慨系之矣。向之所欣,俯仰之间,已为陈迹,犹不能不以之兴怀。况修短随化,终期于尽。古人云:"死生亦大矣!"岂不痛哉!每览昔人兴感之由,若合一契,未尝不临文嗟悼,不能喻之于怀。固知一死生为虚诞,齐彭殇为妄作,后之视今,亦犹今之视昔,悲夫!故列叙时人,录其所述,虽世殊事异,所以兴怀,其致一也。后之览者,亦将有感于斯文。①

---

① 《晋书·王羲之传》。

以上324字,是一篇优美的散文诗。尽管《兰亭序》帖真伪之争至今悬案未决,但是它在中国书法史上占有一定地位。王羲之的书法,在魏晋南北朝时已产生重大影响,梁武帝萧衍评论道:"羲之书法字势雄逸,如龙跳天门,虎卧凤阁,故历代宝之,永以为训。"《唐人书评》则谓:"羲之书如壮士拔剑,壅水绝流。头上安然,如高峰坠石;作一横画,如千里陈云;捺一偃波,若风雷震骇;作一竖画,如万岁枯藤;立一倚竿,若虎卧凤阁;自上揭竿,如龙跃天门。"《晋书·王羲之传》的传论评说道:

> 详察古今,研精篆素,尽善尽美,其惟王逸少乎!观其点曳之工,裁成之妙,烟霏露结,状若断而还连;凤翥(zhù,鸟向上飞)龙蟠,势如斜而反直。玩之不觉为倦,览之莫识其端,必慕手追,此人而已。其余区区之类,何足论哉!

王羲之增损古法,犹法钟繇、张昶;裁成新体,启开由隶书向楷书之飞跃。王羲之书法对后世有着深远影响。王羲之被誉为中国"书圣",实当之无愧。王羲之年五十九卒,其子凝之工草隶,徽之亦善书法,献之则书法卓异。

王献之,字子敬,少有盛名,七八岁时学书法,一次其父王羲之在他背后突然夺笔,但没有拔动,因叹赞道:"此儿后当复有大名。"王献之工草隶,善丹青。《晋书》本传载述其两则故事:一则是,他尝在墙壁上书写方丈大字,围观者数百人;二则是,大司马桓温要他在自己扇面上题字,笔误落扇上,便图画乌驳犊牛,形态自然逼真。

献之既作书画，又为官宦。他起家主簿、秘书郎，以选尚新安公主。王献之的书法承袭乃父笔法风格，又有所创新。"时议者以为羲之草隶，江左中朝莫有及者；献之骨力远不及父，而颇有媚趣。"① 所谓"媚趣"，主要是指其书法飞动俊逸，这在他的草书中得到鲜明的表现。

在两晋时期，出现一些书法家族群体，如谢、庾、陆、卫、郗等，而琅邪王氏一家，家学渊源，名流辈出。以王羲之而言，其父王旷、堂伯王导、叔父王廙（yì），其堂兄弟王恬、王洽、王劭（shào）、王荟，其子王玄之、王徽之、王操之、王献之，其侄王恂（xún）、王珉（mín）等，都以善书闻名。而王羲之妻郗璿（xuán，太尉郗鉴之女）、王凝之妻谢道韫（yùn，丞相谢安之侄女）等，也擅长书法。南朝王昙首、王僧绰、王僧孺、王仲宝、王骞、王规、王褒等，皆颇闻名。魏晋书法，例如前述；魏晋绘画，例见本章第一节，此从略。

---

① 《晋书·王羲之传附子献之传》。

第四章 隋唐都市生活

一 隋唐城宫苑囿

隋、唐是中国继秦、汉后又一个大一统的时代。隋唐时期，中国疆域辽阔、经济发达、文化昌盛、民族融合，是中国古代一个非常重要的历史发展阶段。隋代政治中心在大兴，唐代政治中心在长安，实乃一地。本节着重论述隋唐长安的都城宫苑，兼及其他都城——陪都和五代十国的偏霸政权政治中心之城池宫苑，但由于篇幅所限，不能逐一详述。

隋朝京师大兴。开皇九年（589年），隋文帝杨坚灭陈，统一中国。隋初，杨坚以汉长安故城为都城。开皇二年（582年），命左仆射高颎（jiǒng）总领其事，太子左庶子宇文恺创制规模，将作大匠刘龙、工部尚书贺楼子干、大府少卿尚龙义等并充使营建新都城。隋大兴城选址在龙首原，北枕渭水，南临终南山，东有浐（chǎn）灞（bà），西为沣水，距汉长安故址十几里。翌年三月，城竣工，入新都。新都名"大兴城"，其由说法有三：第一，隋文帝尝封大兴公，故以名；第二，宫之大兴殿址本是大兴村，故因用以名；第三，隋文帝梦洪水浸没都城，故营大兴（洪水者，高祖名渊故也）[1]。以上三说，实则只有"大兴公"与"大兴村"二说。愚从后说，隋文帝因大兴村名而立为都名，亦如汉高祖因长安乡名而立为都名也。隋大兴城据测，东西长9721米，南北宽8651米，城周37.7公里，面积84平方公里。隋大兴城和唐长安城是古代世界规模最大之都城。

但是，隋文帝杨坚灭陈后仅在位16年，便骤然而死。此前，晋王杨广同独孤皇后演出"夺宗"之剧；此时，晋王杨广同宣华夫人又演出"坚死"之剧。杨广有惭德，《雍录》引《两京道里记》载："炀帝梦太子勇领徒持兵，问广何在，帝遂幸洛阳，终身不敢留长安。"以上两件史事，其大略如下。

隋文帝杨坚有五男，皆为文献独孤皇后所生。杨坚鉴于北周诸侯微弱，受禅之岁，立子勇为太子，另封晋王广、秦王俊、蜀王秀、汉王谅。太子之废，为独孤皇后与晋王广共谋。隋文帝于独孤皇后，既宠之、又惮之。史载："上每临朝，后辄与上方辇而进，至阁乃止。使宦官伺上，政有所失，随则匡谏，多所弘益。候上退朝，而同反燕寝，相顾欣然。"然而，独孤皇后性颇妒忌，后宫莫敢进御，于得幸者阴杀之：

> 尉迟迥女孙有美色，先在宫中。上于仁寿宫见而悦之，因此得幸。后伺上听朝，阴杀之。上由是大怒，单骑从苑中而出，不由径路，入山谷间二十余里。高颎、杨素等追及上，扣马苦谏。上太息曰："吾贵为天子，而不得自由！"高颎曰："陛下岂以一妇人而轻天下！"

---

[1] 程大昌《雍录》卷三。

上意少解，驻马良久，中夜方始还宫。后俟上于阁内。及上至，后流涕拜谢，颎、素等和解之。上置酒极欢，后自此意颇衰折。①

独孤皇后因此衔恨高颎，后讽帝黜颎，竟谋废太子而立晋王广。晋王广因有独孤皇后和宣华夫人内助，"夺宗之计"得逞。

宣华夫人陈氏，为陈宣帝之女，天性聪慧，姿貌无双。及陈灭配掖庭，后选入宫为嫔。文献皇后死后，陈氏进位贵人，专房擅宠，主断内事。《隋书·宣华夫人陈氏传》载：初，杨坚疾寝于仁寿宫，陈氏与杨广同侍疾。夫人晨出更衣，太子广逼幸，陈氏拒之得免，而归于文帝寝所。文帝见其神色惊异，问其故。夫人泫然泪下曰："太子无礼！"文帝因呼兵部尚书柳述等曰："召我儿！"述等将呼太子广，文帝曰："勇也！"述等出写敕书毕，给左仆射杨素。素以此事告太子广。广派曾建"夺宗之计"的领给事黄门侍郎张衡入寝宫，遂令夫人及后宫同侍疾者出就别室。于是，史载：

> 俄闻上崩，而未发丧也。夫人与诸后宫相顾曰："事变矣！"皆色动股栗。晡（bū，申时）后，太子遣使者赍金合子，帖纸于际，亲署封字，以赐夫人。夫人见之惶惧，以为鸩毒，不敢发。使者促之，于是乃发，见合中有同心结数枚。诸宫人咸悦，相谓曰："得免死矣！"陈氏恚（huì，怒）而却坐，不肯致谢。诸宫人共逼之，乃拜使者。其夜，太子烝焉。②

---

① 《隋书·文献独孤皇后传》。
② 《隋书》卷三六《宣华夫人陈氏传》。

杨广既烝乃父宣华夫人陈氏,又烝乃父容华夫人蔡氏。

以上两出史剧,均演出于隋大兴城皇宫之内。第一出对太子勇而言是悲剧,对晋王广而言则是喜剧;第二出对隋文帝而言是大悲剧,对隋炀帝而言则是大喜剧。

隋朝东都洛阳。炀帝即位之年十一月,幸东都洛阳,命营建东京。明年,命杨素、宇文恺主其事。将作大匠宇文恺"揣帝心在宏侈,于是东京制度穷极壮丽"①。炀帝又参酌建康宫室规制,东京宫殿愈加堂皇。史称炀帝营造东都:

> 初造东都,穷诸巨丽。帝昔居藩翰,亲平江左,兼以梁、陈曲折,以就规摹。曾雉逾芒,浮桥跨洛,金门象阙,咸竦(sǒng)飞观,颓岩塞川,构成云绮,移岭树以为林薮(sǒu),包芒山以为苑囿。②

每月役丁200万人,徙洛州郭内人民,及天下诸州富商大贾数万家以实洛阳。其苑囿周围数百里,课天下诸州,各贡草木、花果、奇禽、异兽,以充实之。工期紧迫,役使严酷,致冻僵累毙者十之四五,每月车载死丁,东达成皋,西至河阳,相属于道。营建东京,采木江南,所经州县,递送往返,首尾相连,千里不绝。又御龙舟幸江都,造龙舟、凤艒(mù,小船)、黄龙、赤舰、楼船等数艘,舳舻相接,200余里。募集水工,谓之殿脚,衣锦行縢(téng),执青丝缆挽船而进。宇文恺造观风行殿,"上容侍卫者数百人,离合为之,下施轮轴,推移倏

---

① 《隋书·宇文恺传》。
② 《隋书·食货志》。

息，有若神功"。所以，《隋书·食货志》称："九区之内，鸢和岁动，从行宫掖，常十万人，所有供须，皆仰州县。租赋之外，一切征敛，趣之周备，不顾元元。"荒唐之行，旷古所无！物极必反，暴隋随即而亡。隋亡唐兴，奠都长安。

唐朝京师长安。武德元年（618年），唐高祖李渊灭隋称帝，定鼎长安。唐都长安是当时世界上规模最大、物华最盛的都市。唐都长安城三重，"外一重名京城，内一重名皇城，又内一重名宫城，亦名子城"①。京城又称外郭城，亦称京师城，即隋大兴城。城东西18里115步，南北15里175步，周67里，其高1丈8尺②。南面三门，正中为明德门，东为启夏门，西为安化门；东面三门，中为春明门，北为通化门，南为延兴门；西面三门，中为金光门，南为延平门，北为开远门；北面一门，为光化门。郭中东西11街，南北14街，其间诸坊排列。京城内稍北为皇城，东西5里115步，南北3里140步。皇城南面三门，正中为朱雀门，东为安上门，西为含光门；东面二门，南为景风门，北为延喜门；西面二门，南为顺义门，北为安福门。城中南北7街，东西5街，其间并列台省寺府。宫城在皇城北，东西4里，南北2里270步，周13里180步，高3丈5尺。其北抵苑，东为东宫，西为掖庭宫。宫城南面六门，正殿南为承天门③；西面二门，南为通明门，北为嘉猷门；北面，正北为玄武门；东宫北门为玄德门；承天门内北为太极门。宫城内正殿为太极殿（隋为大兴殿）。太极门殿东隅有鼓楼，西隅有钟楼。

---

① 程大昌《雍录》卷三。
② 宋敏求《长安志》卷七。
③ 隋初为唐阳门、后改昭阳门，唐初名顺天门。

宫城之北，西为掖庭宫，中为禁苑，东为东宫。掖庭宫宫城东西4里，南即皇城，北抵苑。北宫为唐高祖李渊时所造，是宫人教艺之所[①]，贞观初，敕左丞戴胄简宫人从掖庭西门出之。禁苑在宫城之北，隋称大兴苑，开皇元年（581年）始置，东西27里，南北33里，东接灞水，西连长安故城，北枕渭水。苑中宫亭殿堂繁丽，有球场、鱼藻池，有樱桃园、葡萄园，苑内游畋，宏廊博大。东宫在宫城之东北，其东南即著名的大明宫。南北5里，东西3里，贞观八年（634年）置，初名永安宫，后改名大明宫，以备太上皇清暑之所。龙朔三年（663年）大加兴造，号曰蓬莱宫，后名含光宫，又复名大明宫。其时唐高宗与武则天将朝会之所移此。宫中正殿曰含元殿。殿基在龙首山之东麓，阶基高出平地40余尺，气势轩昂，殿宇伟丽。殿后有太液池，池内矗太液亭。穆宗时侍讲在此讲经书。在蓬莱宫侧有长生殿教坊，为唐玄宗设置。玄宗李隆基自为法曲俗乐，以教宫人，号皇帝梨园弟子。后世梨园行将唐玄宗作"梨园之神"敬奉。宫内清思院，唐敬宗命用铜鉴3000片、金箔10万饼装饰之。大和二年（828年），禁中大火，延及宫人所居之"野狐落"，宫人为火所烧，攀援墙垣逃生，未及逃者数百人被焚死[②]，大火数日方熄。由是宫垣半为灰烬，终唐之世未能恢复其原貌。

大明宫平面南部为长方形，北部为梯形。大明宫内主要建筑含元殿和麟德殿，在建筑布局上有了新的变化。含元殿两侧各有向外延伸并凸出的台阁，东为翔鸾阁，西为栖凤楼。两阁的台基各高出地平面

---

① 宋敏求《长安志》卷六。
② 宋敏求《长安志》卷六。

约45尺。含元殿设有龙尾道。这种中设主楼两翼设观的格局,对后来影响很大。明代北京宫城午门五凤楼的建筑形式,即受了唐大明宫含元殿建筑格局的启示。含元殿之外的麟德殿也很有特色。麟德殿的修建晚于含元殿,它位于太液池西隆起的高地上。其基址南北长130米,东西宽77.55米,高出地面5.7米。台基周围砌以砖壁,其下绕铺散水砖。麟德殿"三面,南有,东西皆有楼,殿北相连,各有障日"①。《雍录》记述麟德殿一殿而有三面,故又名三殿,其东廊为郁仪楼,西廊为结邻楼,又东为寝殿,皆为重廊。凡四夷朝臣,皆设宴于此②。前述的龙尾道,《雍录》载:

> 龙尾道者,含元殿正南升殿之道也。贾黄中《谈录》曰:"含元殿前龙尾道,自平地凡诘曲七转,由丹凤北望,宛如龙尾下垂于地,两垠栏悉以青石为之。"③

含元殿居高而道峻,两旁设石扶栏,其道自南而北,由低而高,朝者仰观玉座,如在霄汉。

南有兴庆宫,在京城东南角,原有兴庆坊,唐玄宗李隆基藩邸所在处。开元初以宅为宫,后移仗于兴庆宫听政。其北部为宫殿区,南部为园林区。园林区中为椭圆形水池即龙池。龙池的西南为大同殿,是为南内的正殿。开元二十年(732年),"筑夹道通芙蓉园,自大明

---

① 宋敏求《长安志》卷六。
② 程大昌《雍录》卷四。
③ 程大昌《雍录》卷三。

宫夹东罗城复道，由通化门、安兴门，次经春明门、延喜门，又可以达曲江芙蓉园，而外人不知也"①。兴庆宫内名花异卉，竞相娇妍。宫内牡丹，被誉为"国色天香"。李隆基与杨贵妃常在园中赏牡丹。先是，玄宗李隆基特宠之惠妃死，致后庭数千，无可意者。杨贵妃蒙召见，《旧唐书·玄宗杨贵妃传》载："太真姿质丰艳，善歌舞，通音律，智算过人。每倩盼承迎，动移上意。"后封为贵妃。其姊三人，皆有才貌，并承恩泽，出入宫掖，势倾天下。玄宗凡游幸，贵妃无不随侍。乘马则由高力士执辔授鞭。宫中专供杨贵妃织锦刺绣之工达700人，而雕刻镕造者又数百人。玄宗与贵妃每幸华清池，则百花载道，芳馥溢路。玄宗和贵妃在兴庆宫内赏牡丹，相传命李白写新歌词。李白即写《清平调》：

一枝红艳露凝香，云雨巫山枉断肠。

借问汉宫谁得似，可怜飞燕倚新妆。

词中赵飞燕之典，惹得喜奉承的杨贵妃不高兴。然而，胡人安禄山颇讨杨贵妃的喜欢。安禄山兼领范阳、平卢、河东三镇节度使，被杨贵妃收为养儿。安禄山体肥，"晚年益肥壮，腹垂过膝，重三百三十斤，每行以肩膊左右抬挽其身，方能移步。至玄宗前，作胡旋舞，疾如风焉"②。天宝十四载（755年），安禄山起兵范阳（今北京）。后陷洛阳，攻潼关。唐玄宗偕杨贵妃等出行，至马嵬，缢死杨贵妃于佛堂，年三十八。

---

① 程大昌《雍录》卷四。
②《旧唐书·安禄山传》。

长安的官私园林，是帝王、贵族和百姓游乐之所。皇家的苑囿，首推"三大内"的苑林，即太极宫的"四大海"、大明宫的太液池和兴庆宫的龙池。太极宫的池沼不算大，布散在宫殿堂馆之间，为唐初帝王游幸之所。唐高祖李渊在池中荡舟时，演出了"玄武门之变"的宫廷剧，晋王李世民登上宝座，李渊成为太上皇。为太上皇李渊修的大明宫，宫北部为太液池，环池有回廊数百间，池中建亭，巍峨壮丽的宫殿侧映在湖面上，湖边树丛中点缀着异花奇卉，景色优美。兴庆宫的龙池，以牡丹著名，前已述及。龙池环畔，红、粉、紫、白各色牡丹，盛开季节，竞相争妍。国色天香的牡丹与倾国之貌的玉环，在沉香亭斗艳。李白咏牡丹另一首《清平调》云：

名花倾国两相欢，常得君王带笑看。

解识春风无限恨，沉香亭北倚栏杆。

"三大内"的"三大苑"之外，有骊山温泉宫即华清宫。华清宫初名温泉，在临潼县南、骊山西北。后周宇文护造皇堂石井，隋文帝又修屋宇、植松柏千余株。唐贞观十八年（644年），诏阎立德营建宫殿，御汤谷汤泉宫。唐高宗咸亨三年（672年），名温泉宫。天宝六载（747年），改名为华清宫，并于骊山益治汤井为池，台殿环列山谷。先后建瑶光楼、飞霜殿、莲花汤、玉女殿、长生殿、斗鸡殿等。唐玄宗在开元、天宝间，每岁十月幸华清宫，岁末而返兴庆宫。杨贵妃常浴莲花汤，制作宏丽。《皇明杂录》载，安禄山在范阳以白玉石为鱼龙凫雁，并以石梁及莲花同献于玄宗。玄宗大悦，命安于汤中。玄宗至其所，解衣入汤，鱼龙凫雁若奋鳞举翼，状欲飞动。玄宗惊恐，遂命撤去而留存莲花。白居易《长恨歌》描写杨贵妃汤浴曰："春寒赐浴华清池，温泉水滑洗凝脂。"其实，"春寒"应作"秋寒"，因幸华清宫在秋而不在春。《雍录》卷四引《温泉说》指出白乐天《长恨歌》中多处失实，上列为其一。其二，杨贵妃以太真得幸已在天宝三年，其时尚无华清宫之名，即华清未名而玉环已先幸。其三，"七月七日长生殿"，华清宫因有长生殿，殿为斋宿礼神之所，并非寝宴幸妃之宫。其四，递进荔枝华清宫，时令不符也。

长安名胜华清宫外还有曲江池。曲江池是唐都长安的佳境胜迹。位于长安城东南隅的曲江池，原为旷原天然水池。秦汉时为皇帝游猎的宜春苑，隋唐时则为重要苑林。《曲江池记》和《曲江池赋》两文，载述了曲江概貌。《曲江池记》作者欧阳詹，福建人，因科考至长安，得见曲江胜景而记之。文称：

兹池者，其天然欤，循原北峙，回冈旁转，圆环四匝，中成窜坎，宨窌（xiāo jiào，深空貌）港洞，生泉噏（xī）源，东西三里而遥，南北三里而近。

俯睇冲融，得渭北之飞雁；斜窥澹泞，见终南之片石。珍木周庇，奇花中縟（rù），重楼夭矫以萦映，危榭巉（chán）岩以辉烛。（《全唐文》卷五九七）。

《曲江池赋》作者王棨，与同人集游池，其所见云：春二月，"是日也，天子降銮舆停彩仗，呈丸剑之杂伎，间咸韶之妙喝"。秋九月，"是日也，樽俎罗星，簪裾比栉，云重阳之赐宴，顾多士以咸秩；上延良辅，旁列群公，如临凤沼之时，异在龙山之日"。曲江景观区包括曲江池、紫云楼、芙蓉园、杏园等景组。芙蓉园，为皇家禁苑，筑有围垣，非经诏许，不得入园。园中广厦修廊，连亘屈曲，茂林修竹，绿被岗阜。因其与城北禁苑相对，故又称南苑。诗云：

> 春风上苑开桃李，诏许看花入御园。
> 香径草中回玉勒，凤凰池畔泛归樽。
> 绿丝垂柳遮风暗，红药低丛拂砌繁。
> 金绕曲江烟景晚，未央明月锁千门。

芙蓉园中的紫云楼，开元年间造。新进士及第，尝宴于紫云楼。芙蓉园为内苑，曲江池则为外苑。池水深，能行船。曲江池面积广大，为市民游会之所，以中和、上巳之节尤盛。《剧谈录》载：

> 中和、上巳之节，彩屋翠俦（chóu），匝于堤岸，鲜车健马，比肩系毂（gǔ）。上巳，赐宴臣僚，京兆府大陈筵席，长安、万年两县，以雄胜相较，锦绣珍玩，无所不施。百群会于山亭，恩赐太常及教坊声乐，池中备彩舟数只，惟宰相三使所有官与翰林学士登焉，倾动皇州，以为盛观。

曲江池还是新科进士宴游和高门巨族选婿之所。期日，进士游宴，贵家择婿，曲江池畔，行市罗列，车马熙攘，乐鸣舟泛，帝王微观，举家倾城纵游，长安几乎半空。但是，盛唐转衰，曲江凋落。后池水枯竭，荆棘杂生。

唐朝神都洛阳。洛阳，隋为东都，前已述之。唐武德四年（621年）废。贞观六年（632年），号洛阳宫。显庆二年（657年），曰东都。唐高宗死后，皇太子显即位，武则天受尊为皇太后，自临朝称制。寻废显而立旦，仍临朝称制。武则天光宅元年（684年），"改东都为神都"①。神都洛阳，《新唐书·地理志》载：

> 皇城长千八百一十七步，广千三百七十八步，周四千九百三十步，其崇三丈七尺，曲折以象南宫垣，名曰太微城。宫城在皇城北，长千六百二十步，广八百有五步，周四千九百二十一步，其崇四丈八尺，以象北辰藩卫，曰紫微城，武后号太初宫。上阳宫在禁苑之东，东接皇城之西南隅，上元中置，高宗之季常居以听政。都城前直伊阙，后据中山，左瀍（chán）右涧，洛水贯其中，以象河汉。东西五千六百一十步，南北五千四百七十步，西连苑，北自东城而东二千五百四十步，周二万五千五十步，其崇丈有八尺，武后号曰金城。

唐神都洛阳为三重城，即金城、皇城和宫城。宫城正殿为乾元殿，是在隋宫城正殿乾阳殿旧址上建造的。武则天称制时，改乾元殿为明堂。她命僧怀义为使，毁乾元殿，役数万人，建成明堂。明堂极为宏伟壮观，史载：

> 辛亥，明堂成。高二百九十四尺，方三百尺。凡三层：下层法四时，

---

① 《新唐书·则天皇后本纪》。

各随方色；中层法十二辰；上为圆盖，九龙捧之。上层法二十四气；亦为圆盖，上施铁凤，高一丈，饰以黄金。中有巨木十围，上下通贯，栭栌㭼藉以为本。下施铁渠，为辟雍之象。号曰万象神宫。①

明堂是中国古代天子宣明政教之殿堂，重大典仪，在此举行。明堂成，宴群臣，赦天下，从民入观。但是，监察御史王求礼上书言："古之明堂，茅茨不剪（jiǎn），采椽不斫。今者饰以珠玉，涂以丹青，铁鸷入云，金龙隐雾，昔殷辛琼台、夏癸瑶室，无以加也。"② 王求礼之疏言非但不报，又在明堂北起建天堂，以贮大像，史载：

> 初，明堂既成，太后命僧怀义作夹纻大像，其小指中犹容数十人，于明堂北构天堂以贮之。堂始构，为风所摧，更构之，日役万人，采木江岭，数年之间，所费以万亿计，府藏为之耗竭。③

天堂高五级，至第三级即可俯视明堂。明堂和天堂告成后，于明堂作无遮会。在明堂凿地为坑，深5丈，结彩为宫殿，佛像从中引出，称自地下涌出。又杀牛取血，绘画大像，仅像头即高200尺。入夜，怀义密烧天堂，延及明堂，大火冲天，城中如昼，天明皆化为灰烬。于是命怀义更建明堂和天堂。后武则天使人在瑶光殿前树下将怀义殴

---

① 《资治通鉴》卷二〇四，唐纪二十，则天后垂拱四年十二月。
② 《旧唐书》卷一〇一和卷一八七上，两载王求礼传，内容略同，显系重复。但俱未载此疏内容，文引《资治通鉴》唐纪二十。但《新唐书·王求礼传》所载疏文略异："求礼以为：'铁金龙、丹腰珠玉，乃商琼台、夏瑶室之比，非古所谓茅茨棌椽者。自轩辕以来，服牛乘马，今辇以人负，则人代畜。'上书讥切，久不报。"
③ 《资治通鉴》卷二〇五，唐纪二十一，则天后天册万岁元年。

杀，送尸白马寺，焚骸造塔。怀义虽死，武则天又命造天枢。天枢形如柱，高105尺，径12尺，八面，各径5尺；下面为铁山，周170尺，以铜为蟠龙麒麟萦绕之；上为腾云承露盘，径3丈，四龙人立捧火珠，高1丈。武则天自书"大周万国颂德天枢"八字。洛阳还建造上阳宫，临洛水，长廊102里。诗云：

> 上阳花木不曾秋，洛水穿宫处处流。
>
> 画阁红楼宫女笑，玉箫金管路人愁。
>
> 幔城入涧橙花发，玉辇登山桂叶稠。
>
> 曾读列仙王母传，九天未胜此中游。

武则天晚年不仅常幸上阳宫，而且病死于宫内仙居殿。此外，武则天建的万安宫、上林苑等，不再一一赘述。一代神都洛阳，安史战乱之后，"宫室焚烧，十不存一。百曹荒废，曾无尺椽。中间畿内，不满千户。井邑榛（zhēn）棘，豺狼所嗥"[①]。唐亡之后，洛阳又作为后梁之西都、后晋之西京、后汉之西京和后周之西京。至于十国之都城，将于下节分述。

[①]《旧唐书·郭子仪传》。

二 十国都市梗概

隋唐之后的五代十国，五代即后梁、后唐、后晋、后汉和后周。后梁朱温建，传三帝、祚十七年；后晋沙陀部石敬瑭建，传二帝、祚十一年；后汉沙陀人刘知远建，传二帝、祚四年；后周郭威建，传三帝、祚十年——俱国祚短暂，都城开封，待下章叙述。至于后唐，沙陀部李克用建，传四帝、祚十五年，亦国祚短暂，奠都洛阳，不再叙述。

十国，除北汉在北方外，吴、南唐、吴越、楚国、闽、南汉、前蜀、后蜀、荆南九国均在南方。十国都市梗概，略作如下叙述。

广陵——吴国之都。广陵（今江苏扬州），周为方国邗国之都，后并于吴，又并于越，再并于楚，楚以其地"广被丘陵"而改称广陵。汉兴，广陵为吴王濞所都。吴王濞以"请诛晁错，以清君侧"为名，发动吴楚之乱，但时仅三月即为太尉周亚夫所平。汉景帝破吴王后，改吴国为江都国，派其年15岁的儿子刘非为江都王。非大治宫馆，日事奢玩，"宫里日长闲斗鸭,帘前一笑李阳华"①,可做诗证。不久死,其子建袭王位。建荒淫无耻,在乃父死未葬的丧期里,召父爱姬十人烝(zhēng)幸之;还将已出嫁回来吊丧的妹妹奸之。《汉书·景十三王传》载其荒唐诸事:

> 建游章台宫,令四女子乘小舡,建以足蹈覆其舡,其四人皆溺,二人死。后游雷波,天大风,建使郎二人乘小舡入波中。舡覆,两郎溺,攀舡,乍见乍没。建临观大笑,令皆死。宫人姬八子有过者,辄令裸立击鼓,或置树上,久者三十日乃得衣;或髡钳以铅杵舂,不中程,辄掠;或纵狼令啮杀之,建观而大笑;或闭不食,令饿死。凡杀不辜三十五人。建欲令人与禽兽交而生子,强令宫人裸而四据,与羝羊及狗交。

至隋朝,炀帝以江都为行都,修江都城,建行都宫,营上林苑。唐许浑《送沈卓少府任江都》诗云:"炀帝都城春水边,笙歌夜上木兰船。三千宫女自涂地,十万人家如洞天。"②隋大业七年(661年)二月,炀帝幸临江都宫,其情其景,《大业杂记》载道:"百僚集凝晖殿,酺(pú,欢聚饮酒)戏无日。时羽葆(帝王仪仗中以鸟羽为饰的华盖)初成,霜戈花氅,羽饰龙旗,横街塞陌,二十余里,辉翳云月。前代羽卫,无盛于此。"但是,乐极而悲。大业十四年(618年),宇文化及在江都举兵政变,历数炀帝罪恶,以练巾绞杀之。上文略述吴都广陵前史;而广陵作为吴之都城,始于杨行密。

---

① 秦子卿《繁华第一帝王州——扬州》,载阎崇年主编《中国历代都城宫苑》。
②《全唐诗》第八册。

吴国是五代十国时期南方大国，其奠基者为杨行密。行密，字化源，庐州合淝人。行伍出身，唐中和三年（883年），拜庐州刺史。唐末兵乱，相互战杀。杨行密攻入扬州，史载：

> 是时，城中仓廪空虚，饥民相杀而食，其夫妇、父子自相牵，就屠卖之。①

后军阀拉锯进出广陵城。景福元年（892年），孙儒撤离广陵，"乃焚其城，杀民老疾以饷军，驱其众渡江，号五十万，以攻行密"②。行密败孙儒，复入广陵。他以广陵为中心，占有淮南、江东之地，势力渐强。天复二年（902年），唐昭宗命他攻打宣武节度使朱温，加封杨行密为吴王。吴国建都广陵，辖治地域为今江苏、安徽、江西和湖北的一部分。行密出身低微，知民困苦，招抚流亡，薄敛轻刑。他病死后，其子杨渥嗣位。渥在居丧期间，"昼夜饮酒作乐，燃十围之烛以击球，一烛费钱数万。或单骑出游，从者奔走道路，不知所之"③。杨行密旧将徐温和张颢对渥不满，遣人入寝中杀之，年二十三。渥死后，弟隆渲立。徐温又杀张颢，由是专政。隆渲快疾而卒，弟溥立，温为金陵尹、太师、大丞相。徐温等劝溥即皇帝位，未即位而温卒。同年，杨溥即皇帝位，改元乾贞，大赦境内。吴在广陵建宗庙、社稷、宫殿，有文明殿、乾阳殿、英武殿、应乾殿、崇元殿、先庆殿等。徐温既死，

---

① 《新五代史·吴世家·杨行密》。
② 《新五代史·吴世家·杨行密》。
③ 《通鉴纪事本末》卷三九《徐氏篡吴》。

杨溥封其养子徐知诰（李昇）都督知中外诸军事，不久兼中书令。吴天祚三年（937年），太师、兵马大元帅徐知诰建国号，都金陵（今江苏南京）。杨溥禅位与徐知诰后，死于丹阳。后徐知诰迁其子孙于海陵，号永宁宫，"严兵守之，绝不通人。久而男女自为匹偶，吴人多哀怜之"①。后全族尽被杀死，杨氏遂绝。杨溥禅位徐氏，徐氏建立南唐，都金陵。

金陵——南唐之都。 先是，吴金陵尹徐温有养子徐知诰。知诰本姓李，徐州人，世本微贱。少孤，流寓濠州，杨行密以其貌奇，收为养子。后杨氏诸子不能容，又为徐温养子。徐温死，知诰执掌政权。知诰推恩信，宽刑法，赈贫者，劝农桑，不到十年，"野无闲田，桑无隙地"②。他改建金陵城，城周25里44米，上阔2丈5尺，下阔3丈5尺，高2丈5尺，巨石砌墙，异常坚固。城中御街，贯穿南北。又构筑皇宫，后建百尺楼、澄心堂等殿宇。升元元年（937年），徐知诰称帝，吴帝杨溥行禅代礼。知诰本姓李，于是恢复原姓，名昇（音变）。自称是唐玄宗第六子永王璘后裔，国号唐，史称南唐。升元六年（942年），吴越国大火，"焚其宫室、府库，甲兵皆尽，群臣请乘其弊攻之。昇不许，遣使吊问，厚其乏"③。由是，两国通好不绝。翌年，昇因希求长生不老服丹药而死。其长子璟（原名景通）继位。璟文盛武衰，出师兵败，填词消恨。他的《浣溪沙》云："细雨梦回鸡塞远，小楼吹彻玉笙寒。多少泪珠无限恨，倚栏干。"④李璟晚年家难频起，国事

---

① 《新五代史·吴世家·杨行密》。
② 《容斋笔记》卷一六。
③ 《新五代史·南唐世家·李昇》。
④ 《李璟李煜词》。

日颓，但仍"时时作为歌诗，皆出入风骚"[1]。他又令文士如韩熙载、冯延巳、徐铉在左右讲论文学，因而文学艺术造诣很高。然而，李璟在外辱内困中发疾而卒，年六十四（亦作四十六）。其第六子煜继立。煜，字重光，"善属文，工书画"[2]。他器重韩熙载，欲用其为相，"而熙载后房妓妾数十人，多出外舍私侍宾客"[3]。寻熙载卒，终未能为相。煜天资聪颖，精究六经，尤洞晓音律，擅长词章。李煜18岁时，和周宗之女娥皇（即大周后）完婚。娥皇貌美、聪慧，通书史、长音律、善歌舞。娥皇死后，李煜亲撰诔（lěi）文，作词哀悼。娥皇死时，李煜28岁。不久，又立娥皇之妹为后（小周后）。李煜过着奢华的帝王生活，笙管为侣，歌舞相伴。相传中国妇女缠足是他发明的。其宫女窅（杳）娘轻丽善舞，用帛缠足，纤小弯曲似新月，着素袜在六尺高金制莲花上曼舞，飘然似水波乘仙之姿。他写豪华生活和艳情心态的词，如《浣溪沙》：

红日已高三丈透，金炉次第添香兽。红锦地衣随步皱。佳人舞点金钗溜，酒恶时拈花蕊嗅。别殿遥闻箫鼓奏。（《李煜词全集》）。

词中描绘了舞厅布设、舞女娇态，以及舞后欢饮、酒醉的情状；开首"红日已高三丈透"，说明这是通宵达旦的歌舞；结尾"别殿遥闻箫鼓奏"，则说明这是帝王家的常事。另一首《玉楼春》：

---

[1] 宋·史温《钓矶立谈》。
[2] 《新五代史·南唐世家·李煜》。
[3] 《新五代史·南唐世家·李煜》。

晚妆初了明肌雪,春殿嫔娥鱼贯列。凤箫吹断水云间,重按霓裳歌遍彻。临风谁更飘香屑?醉拍阑干情味切。归时休放烛花红,待踏马蹄清夜月。(《李煜词全集》)。

词中对贵族生活的刻画形象明靓、情态妩媚、气味芳香、画面鲜明。再一首《一斛珠》:

晚妆初过,沉檀轻注些儿个,向人微露丁香颗。一曲清歌,暂引樱桃破。罗袖裛残殷色可,杯深旋被香醪(láo,醇酒)涴(wò,污,弄脏)。绣床斜凭娇无那。烂嚼红茸,笑向檀郎唾。(《李煜词全集》)。

南唐后主李煜,沉湎于笙箫歌舞和词翰女色生活之中,又喜高谈、崇浮图、不恤政事。开宝七年(974年),宋太祖诏煜赴阙,煜称病不行。翌年十二月,宋师克金陵。转年,煜被俘至东京(今河南开封),白衣纱帽待罪于明德楼下,受宋封为左千牛卫将军、违命侯,时年40岁。李后主离别金陵的情景和心态,《破阵子》词写道:

四十年来家国,三千里地山河。凤阁龙楼连霄汉,玉树琼枝作烟萝。几曾识干戈? 一旦归为臣虏,沈腰潘鬓销磨。最是仓皇辞庙日,教坊犹奏别离歌,垂泪对宫娥!(《李煜词全集》)。

到北宋东京后,过着"日夕只以眼泪洗面"的梦游故国的悲苦生活。如《子夜歌》:

能免？销魂独我情何恨！故国梦重归，觉来双泪垂！高楼谁与上？长记秋晴望。往事已成空，还如一梦中。（《李煜词全集》）。

南唐梦归，醒来泪垂——多么悲切之苦，然而，"世事漫随流水，算来一梦浮生"，只有作"人生长恨水长东"之叹！复如《虞美人》：

春花秋月何时了？往事知多少。小楼昨夜又东风，故国不堪回首月明中。 雕阑玉砌应犹在，只是朱颜改。问君能有几多愁？恰似一江春水向东流。（《李煜词全集》）。

李煜《虞美人》词作于到东京的第二年，即他41岁的时候。李后主42岁七月七日生日时，被宋太宗赵光义赐药毒死，从而结束了亡国之君的一生。

西府——吴越之都。西府，今浙江杭州。隋开皇九年（589年），始置杭州。次年，钱塘成为州治。后依凤凰山筑州城，周围30余里。隋唐时期，杭州水陆贸易发达，有"骈樯二十里，开肆三万室"[①]之誉。钱镠（liú）在杭州设吴越国都，杭州首次跻身都城行列[②]。奠都之前，钱镠两次扩建杭州旧城，曾役夫20万，城四周达70余里，城设敌楼，建雉堞。其城坚实壮观，如朝天门，"楼台叠石，高四仞有四尺，东西五十六步，南北半之。中为通道，横架交梁，承以藻井，牙柱壁立，三十有四。东西阅门对辟，名曰武台，平敞可容兵士百许。台左右北

---

① 《文苑英华》卷八百，李华《杭州刺万壁记》。
② 林正秋《吴越王城东南都——杭州》，载阎崇年主编《中国历代都城宫苑》。

转，登石级两曲，达于楼上。楼之高六仞有四尺，连基高合十有一仞，贮钟鼓以司漏刻"①。钱镠定都后，扩建子城，内筑宫殿。有举行大典的天册堂，御事听政的天宠堂，纪功崇德的光册堂，以及后妃居寝的宫院等。钱镠年八十一死后，其子元瓘（guàn）继立。天福六年（941年），杭州大火，"烧其宫室迨（dài）尽。元瓘避之，火辄随发。元瓘大惧，因病狂，是岁卒"②。子弘佐立七年，又死。弟弘俶继立。弘俶入朝汴京时，相传相国吴延爽修九级浮图，祈祷其平安归来，故称保俶塔（今保俶塔为后世重建）。时西府寺塔林立，史书记载多达360处。除保俶塔外，尚有月轮山六和塔、南屏山雷峰塔（由弘俶宠妃捐建）、钱塘江畔白塔，以上称为杭州四塔。寺宇则灵隐寺为最。寺由东晋慧理建造，吴越加以扩建。钱镠增造500间，钱弘俶又增造1300余间，穿林越壑，构筑宏丽。还建造梵天寺，寺内木塔高370尺，但毁于火。此外，慈云岭石窟和烟霞洞石窟雕造精美，神态生动。北宋太平兴国三年（978年），诏弘俶朝觐，留于京师，国除。

长沙——楚国之都。楚国为马殷创立，殷，出身贫苦，后应募从军，屡立战功。天成二年（927年），后唐明宗封殷为楚国王。殷"以潭州为长沙府，建国承制，自置官属"③。又以其曾祖、祖、父立三庙于长沙，俗称马王庙。马殷在襄、唐、鄂、复等州置茶肆，获利十倍，岁入万计。其子希范袭位后，建天策府；造天策、光政等十一楼；筑天策、勤政等五堂；又作九龙殿，以八龙绕柱，言自身一龙。再建会春园，周围

---

① 《十六国春秋·吴越世家》。
② 《新五代史·吴越世家·钱镠》。
③ 《新五代史·楚世家·马殷》。

数十里，凿碧湖，笙歌盈耳，游宴其中。希范死后，其弟希广、希萼、希崇等相互争战。适为南唐所乘，军入长沙。末帝希崇率族僚千余人，于德润门（今小西门）号泣登舟而去，楚亡。

长乐——闽国之都。闽国由王审知奠定，审知，父为农，唐末随兄潮起兵，入据福建。王潮死后，代立，受封为闽王，拜中书令。审知骑白马，号"白马三郎"。他"为人俭约，好礼下士"①，建学校，开港口，通商贾。他扩建城池，将原晋时子城、建罗城、筑夹城、城垣由钱纹砖砌成②。其子孙兴筑宫殿，称"闽三十六宫"，又建以水晶装饰之紫微宫等。一番内讧后，王审知子延钧改名，即皇帝位，改元龙启，立庙设官，都长乐府（今福建福州）。崇道教、信鬼神，建宝皇宫以居之。子继鹏立，改名昶，仍崇道信巫，修三清台，"以黄金数千斤铸宝皇及元始天尊、太上老君像，日焚龙脑、薰陆诸香数斤，作乐于台下，昼夜声不辍"③。昶在内乱中，宫被焚，携爱姬、子弟逃宿于野，被其堂弟继业执而杀之。自王审知死后，诸子孙内讧不休，残杀不已。登位者荒于政，恬于嬉。如延羲（改名曦）夺侄继鹏位后，"常为牛饮，群臣侍酒"；又"尝嫁女，朝士不贺者笞之"④。闽末帝延政，常幸十里水晶台榭之游。先是，王审知浚西湖四十里兴民利，后其子于此筑水晶宫，"十里水晶宫榭，更复道横空清夜"可为诗证。至是，延政烝娶父姬陈金凤。陈氏有姿容，善歌舞，长文才。延政偕陈氏于端阳节，幸西湖，御龙舟。陈氏作乐游曲，歌曲唱道：

---

① 《新五代史·闽世家·王审知》。
② 曾意丹《四代名都古冶城—福州》，载阎崇年主编《中国历代都城宫苑》。
③ 《新五代史·闽世家·王审知附子子继鹏》。
④ 《新五代史·闽世家·王审知附子延羲》。

> 龙舟摇曳东复东，采莲湖上红更红。波淡淡，水溶溶，如隔荷花路不通。西湖南湖斗彩舟，青蒲紫蓼满中洲；波渺渺，水悠悠，长奉君王万岁游。

西湖沿岸，观者如堵。笙箫歌舞，自相残杀，终被南唐攻灭。然相传改王审知故宅为祠的"闽王祠"，莲花峰下的闽王墓，至今仍为胜迹。

兴王府——南汉之都。 南汉由刘䶮（yǎn）创立。他袭兄位，为南平王兼中书令。贞明三年（917年），䶮初名岩，即皇位，后取《易》"龙飞在天"之义，改名为"䶮"。以兴王府（今广东广州）为都。䶮礼贤好士，置贡举、放进士如唐故事。他性苛酷，"为刀锯、支解、刳剔之刑，每视杀人，则不胜其喜"；又好奢侈，"悉聚南海珍宝，以为玉堂珠殿"①。死后子玢（bīn或fēn）立。玢在乃父殡期，"召伶人作乐，饮酒宫中，裸女以为乐，或衣墨缞与倡女夜行，出入民家"②。玢立两年死，弟晟立。晟"掠商人金帛作离宫游猎，故时刘氏有南宫、大明、昌华、甘泉、玩华、秀华、玉清、太微诸宫，凡数百，不可悉记"③。刘氏诸宫殿，"以金为仰阳，银为地面，榱桷（cuī jué，屋椽）皆饰以银；下设水渠，浸以珍珠；琢水晶、琥珀为日月，分列东西楼上"。末帝刘鋹（chǎng）以珍珠、玳瑁饰宫殿，"立万政殿，一柱之饰，黄白金三千锭；以银为殿衣，间以云母。无名之费，日以万计"④。刘氏

---

① 《新五代史》卷六五《南汉世家·刘隐附弟䶮》。
② 《新五代史·南汉世家·刘隐附䶮子玢》。
③ 《新五代史·南汉世家·刘隐附玢弟晟》。
④ 参见郑炳权《岭南穗城三朝都——广州》，载阎崇年主编《中国历代都城宫苑》。

既奢侈，又内乱，北宋潘美率师至。刘氏尽焚宫殿、府库后，以海船十余艘，悉载嫔妇、珍宝欲入海，宋师至而素衣白马降。

成都——两蜀之都。前蜀，王建立，传二主，十八年；后蜀，孟知祥立，传二主，三十一年——均以成都为都。成都为天府明珠，极为繁华。前蜀建死后子衍立，衍长文辞，喜淫乐。衍起宣华苑，建宫殿，日夜宴饮。蜀人俗戴小帽，而衍好戴大帽，便令国中皆戴大帽。后宫皆戴金花冠，衣道士服，国中亦皆效仿。后蜀知祥死后子昶立。昶"好打球走马，又为方士房中之术，多采良家子以充后宫"[1]。后宋师至，昶具表降。宋先在汴京为昶营第500余间，昶至七日而死。

荆州——南平之都。南平又作荆南，建都荆州（今湖北江陵），高季兴始建，为北宋灭，传五主，历四十年。季兴曾令官督10余万民夫筑荆州城，并砌以砖，后毁。

太原——北汉之都。太原在唐为北都，又称北京，有都城、宫城、大明城（故宫城）等。都城周15153步，高4丈，左汾右晋[2]。唐末，战乱，刘旻举兵。后旻于太原即皇帝位，为北汉，又称东汉。太原城方40里，北周兵攻，围困三月不克。末帝继元时，宋太祖兵攻太原，"命引汾水浸其城，水自城门入，而有积草自城中飘出塞之"[3]。宋军久困兵顿，撤师。但水落之后，城多颓圮。太平兴国四年（979年），北宋太宗赵光义率军日夜攻打，北汉帝刘继元降。大将杨继业——后来抗辽名将杨业于恸哭中撤出。赵光义令纵火焚城，老弱妇孺葬身于火者不计其数。

---

[1]《新五代史·后蜀世家·孟知祥附子昶》。
[2]《新唐书·地理三》。
[3]《新五代史·东汉世家·刘旻附继元》。

十国九都之市民，在前后半个多世纪的生活中，修城池，建宫殿，辟苑林，通工商，兴文教，使南中国的几个中心城市有新的发展，市民的生活展示新的内容。

三 市民生计经纬

本节叙述的市民生活，以时间自隋朝初至五代末，以地域涵盖隋唐五代疆土，以中心为长安和洛阳。然而，内容弘富，方面极广，只能在宫廷、诗文、市墟、舞戏、书画、民俗等，略作经纬，采择拾缀而已。

宫廷生活。前两节已作分述。其荒唐者，唐穆、敬、懿、僖四宗为著。唐穆宗名恒，是宪宗第三子。宪宗死，穆宗即皇帝位于太极殿东序，时年二十五岁。穆宗仅四年，却演出许多荒唐的闹剧。穆宗好击球，狎俳（pái）优，观角抵，看杂戏。如他于即位之年二月初五日，御丹凤楼，宣大赦天下诏之后，陈列俳优百戏于丹凤门内，纵观之。十五日，又幸左神策军观角抵及杂戏，日昃方罢。六月，皇太后移居兴庆宫，穆宗和六宫侍从合宴于南内，从此每三日一幸左右军并御宸晖、九仙等门，观角抵、杂戏。穆宗嬉杂伎，忠臣颇疏谏。一次，穆宗在麟德殿观杂伎乐，给事中丁公著讽曰：

夫宾宴之礼，务达诚敬，不继以淫。故诗人美"乐且有仪"，讥其屡舞。前代名士，良辰宴聚，或清谈赋诗，投壶雅歌，以杯酌献酬，不至于乱。国家自天宝已后，风俗奢靡，宴席以喧哗沉湎为乐。而居重位、秉大权者，优杂倡肆于公吏之间，曾无愧耻。公私相效，渐以成俗，由是物务多废。①

穆宗尚有雅量，虽未纳谏，亦未斥之。然而，穆宗常幸咸阳，游华清宫，临安国寺，观盂兰盆会，作宝庆、永安殿，饰安国、慈恩、开业、章敬等寺，浚鱼藻池、观竞渡，幸姬无度。语云："君以此始，必以此终。"穆宗以击鞠取乐，亦以击鞠受害。长庆二年（822年）十一月二十一日，本纪载："上与内官击鞠禁中，有内官欻（xū，快速）然坠马，如物所击。上恐，罢鞠升殿，遽足不能履地，风眩就床。"②穆宗暴疾，遂立太子。穆宗后食金石之药，死于寝殿，年仅三十。

唐敬宗名湛，是穆宗长子，年十六继位。敬宗亦好击球。敬宗始御紫宸殿受朝后，御中和殿击球，又于飞龙院击球，并合乐、欢宴。从郓（yùn）州进驴和打球人，在宫内演习击球。敬宗御三殿，观看两军、教坊分队"驴鞠"和角抵，竞赛激烈，互不相让，至有头破臂折者。

中使往新罗取鹰鹞，屡次合乐，陈设百戏，还令兵千余人在鱼藻池中摸大鱼，以此取乐。又大兴土木，诏进铜3000斤、金箔10万翻，以修清思院和升阳殿图障。敬宗昼夜出猎，朝夕观球，纪纲大坏，以至宫变。有染署工张韶，阴结诸工百余人，隐匿兵器，入右银台门，

---

① 《旧唐书·穆宗本纪》。
② 《旧唐书·穆宗本纪》。

约昏夜为变。时敬宗在清思殿击球，韶等入清思殿，升御座。右军马存亮背负敬宗，救出免难。寻事平，还宫。敬宗善击球，常见球工于便殿。宝庆二年（826年）十二月十八日夜，唐宫演出一场敬宗因打球而被宦官军将谋害的宫廷悲剧：

> 辛丑，帝夜猎还宫，与中官刘克明、田务成、许文端打球，军将苏佐明、王嘉宪、石定宽等二十八人饮酒。帝方酣，入室更衣，殿上烛忽灭，刘克明等同谋害帝，即时殂于室内，时年十八。[①]

唐敬宗因打球而被戕身，可谓中国历史上空前绝后第一帝。

唐懿宗名漼（cuǐ），是宣宗长子。年二十七继位，好音乐，喜宴游。殿前供奉乐工，常近500人。听乐、观优，不知厌倦。每行幸，内外诸司扈从10余万人，用钱10余万。崇佛，禁中设讲坛，自唱经，为宫人舍俗尼者受戒，造浮图宝帐，迎佛骨，自京城至寺凡300里，道路车马，昼夜不绝。公私音乐，绵亘数十里。公主死送葬，明器辉映30余里；并杀翰林医官20余人，收捕其亲族300余人入狱。[②]在位14年死，年四十。

唐僖宗名儇（xuān），是懿宗第五子。僖宗12岁即位，喜斗鹅，好走马。他屡幸六王宅邸，与诸王斗鹅，一鹅至50万钱。又好蹴鞠、斗鸡，同内园小儿昵狎。僖宗儇为王时，与阉宦同起卧，及即位则委之以政事。史载：

[①]《旧唐书·敬宗本纪》。
[②]《旧唐书·懿宗本纪》。

始，帝为王时，与令孜同卧起，至是以其知书能处事，又帝资狂昏，故政事一委之，呼为"父"。而荒酣无检，发左藏、齐天诸库金币，赐伎子歌儿者日巨万，国用耗尽。令孜语内园小儿尹希复、王士成等，劝帝籍京师两市蕃旅、华商宝货举送内库，使者监网柜坊茶阁，有来诉者皆杖死京兆府。[①]

时黄巢起兵，攻入京师，令孜同僖宗等夜启开远门出奔。有唐一代，宦官之祸尤烈。唐开元、天宝中，宫嫔大率至4万人；宦官黄衣以下3000员，衣朱紫千余人。[②]述唐宫生活，宫嫔、宦官皆在其中。此数字、此例证，可窥视唐宫生活的侧影。

道佛二教。道教追尊老子为教祖，《道德经》为经典，是中国本生之宗教。战国时方士撰述道家之言，至汉代道书有37家之多。南北朝陶弘景谈神仙、炼仙丹，称服神丹则能长生，与天地永存，受帝尊敬，神丹未能。后寇谦之为天师，称能使玉女受其服气导引之法，遂得辟谷，气盛轻盈，容色鲜丽。道教得到皇帝的支持，"自是道业大行，每帝即位，必受符箓（忆），以为故事，刻天尊及诸仙之象，而供养焉"。[③]隋初，在北周武帝禁断佛、道之后，又重二教。到炀帝时，道士以方术、神丹得幸者很多。炀帝尝命嵩山道士潘诞合灵药，炼金丹，以求长生不老。但是，道教始终未上升到国教的地位。到了唐朝，道教得到特殊的尊崇。

唐朝皇帝姓李，道教追尊的教祖老子李耳也姓李，依托附会，大

[①]《新唐书·田令孜传》。
[②]《新唐书·宦官传序》。
[③]《隋书·经籍四》。

倡道教。唐高祖李渊依托晋州人吉善行，梦见老子，称唐享国千岁，因此立庙。后追封老君为太上玄元皇帝。唐玄宗李隆基托言梦见老子，因画老子像，颁布天下，并亲注《道德经》。因推崇道教，开元二十九年（741年）规定："道士、僧、尼、女冠等，有犯，望准道格处分，所由州县官，不得擅行决罚，如有违越，请依法科罪。"[①]让他们享有法律上的特权。于教育，唐两京崇玄学，各置博士助教一员，学生百人。在科举中也增设老、庄、文、列四子科。唐朝的道观，长安太上玄元皇帝宫改称太清宫，东都洛阳改称太微宫，诸郡改称紫极宫。长安城中的道观，据《唐会要》所载，有30所之多，其与宫廷密切者：

长安道观表

昊天观	唐高宗舍宅追福立观。
东明观	唐敬宗升储后立观。
宏道观	唐雍王升储后舍宅立观。
太平观	唐太平公主出家移居此观。
光天观	唐韦庶人以原房玄龄宅立为观。
景云观	唐韦庶人立为翊圣观，后改名景云观。
福唐观	唐新都公主宅，其子武仙官出家为道士，立观。
至真观	唐睿宗为昌隆公主以原工部尚书窦诞宅立观。
金仙观	唐睿宗为西宁公主入道立观。
咸宣观	唐睿宗藩邸后改立为观。
都元观	唐金仙公主居之，为女冠观。
安国观	唐至真公主居之，为女冠观。
兴唐观	唐玄宗敕建。
昭成观	唐玄宗为昭成皇后追福改太清观为昭成观。
九华观	唐玄宗蔡国公主舍宅立观。

[①]《唐会要》卷五〇《尊崇道教》。

续表

玉芝观	唐新都公主舍宅立观。
新昌观	唐玄宗新昌公主因驸马死为女冠立此观。
华封观	唐玄宗永穆公主出家舍宅置观。
宗道观	唐代宗为华阳公主追福立观。

唐长安的道观,上列者为其时帝王、公主等所立,可见唐代崇道一斑。唐代不仅崇道,而且奉道教为诸教之首。唐武德八年(625年),唐高祖李渊正式宣布道、儒、佛三教地位:道第一,儒第二,佛第三。

唐朝皇帝兴道教,还有一个重要因素是想长生、求仙药。许多道士因进神丹仙药而出入宫廷,备受尊宠。但是,许多皇帝吞下长寿神丹丧了性命。唐宪宗服用道士柳泌进的金丹,不豫而死,年四十三岁。宪宗子穆宗未鉴乃父教训,仍饵金石之药,大渐而崩,年仅三十岁。穆宗子敬宗有供奉道士周息元、女冠施子微等随侍内宫,吞服神丹,死时年仅十八(死因上节已述)。① 敬宗子武宗继立后,抑佛重道,"服食修摄,亲受法箓,至是药躁,喜怒失常亡"②。寻崩,年三十三。武宗死后宣宗以三十七岁盛年登位,虽诛说武宗排佛道士刘玄靖等,但笃信神丹之药。他召罗浮山道士轩辕集入禁中,问长寿之术,答曰:"彻声色,去滋味,哀乐如一,德始周给,自然与天地合德,日月齐明,何必别求长生也。"③ 宣宗不听,仍饵药石,在位13年而死。上列宪、穆、敬、武、宣五帝,其寿以周岁计,均未到"知天命"之年而死,可悲!

佛教在唐代地位虽亚于道教,却也受到崇奉。先是,佛教在遭北

---

① 范文澜《中国通史简编》第三编第二册载:唐敬宗是"吃长生药丧命的";但本纪载其遭谋害死,非吞服药石而死。
②《旧唐书·武宗本纪》。
③《旧唐书·宣宗本纪》。

周武帝禁后,隋文帝又力倡之。隋开皇元年(581年),文帝杨坚"普诏天下,任听出家,仍令计口出钱,营造经像",由是"天下之人,从风而靡,竞相景慕,民间佛经,多于六经十百倍"①。隋代佛经达到1950部,6198卷。入唐之后,唐高祖李渊崇佛,唐太宗、唐高宗作《大唐三藏圣教序》和《序记》,宏扬佛法,尤倡佛教。《唐会要》载长安41座佛寺,由皇帝敕建者为24所,余亦多为诸王、公主所立。如唐代宗为给其亡母章敬太后造冥福,在长安东门造章敬寺,共48院,4130余间,建筑伟丽,费钱亿万。他又舍钱3000万,造文殊阁;诏不空于五台山造金阁寺,铸铜为瓦,涂金瓦上,山谷映耀,费钱巨亿——不空得到开府仪同三司名号,受封为肃国公。由于唐帝多佞佛,故唐代佛寺达5358所,僧尼达260500人。于此,贤者疏谏曰:

营造寺观,其数极多。皆务取宏博,竞崇瑰丽。大则费耗百十万,小则尚用三五万余,略计都用资财,动至千万以上。转运木石,人牛不停,废人功,害农务,事既非急,时多怨咨。②

韩愈则上书亟言百姓笃佛而不惜身残命死之状:

焚顶烧指,百十为群,解衣散钱,自朝至暮。转相仿效,惟恐后时。老少奔波,弃其业次。③

---

① 《隋书·经籍四》。
② 《唐会要》卷四八《议释教下》。
③ 《唐会要》卷四七《议释教上》。

佛教之所以如此传布，同其教义有关。佛教讲四圣谛——苦、集、灭、道。苦，人生皆苦；集，致苦之因；灭，断苦之根；道，达到涅槃。但佛教宗派很多，概言之，有大乘与小乘之分。前章姚秦时鸠摩罗什为小乘，唐时势衰，而大乘盛。大乘又分净土宗、律宗、密宗、法相宗等。法相宗的创始人为玄奘。

玄奘，本姓陈，名祎（huī），洛州缑（gōu）氏（今河南偃师）人，幼年家贫，11岁出家。在国内普访名师，勤学精研，感到所学纷纭，难得同一，便发愿往天竺求经。贞观三年（629年），从凉州出发，历西域16国，游学天竺各地，名震天竺。先后17年，回至长安。译出经论75部，凡1335卷，与鸠摩罗什、真谛并称为中国三大译经家，还撰有《大唐西域记》。后由此演绎许多故事，编成小说《西游记》。

禅宗南宗创始人惠能和法相宗创始人玄奘，同是中国佛教史上两个著名人物。先是，南天竺菩提达摩在梁武帝时来到中国，带来袈裟。弟子慧可断臂以示虔诚，得到法衣袈裟。五传至弘忍，弟子千人，拟选法嗣，令弟子作偈。门人神秀偈云："身是菩提树，心如明镜台。时时勤拂拭，莫使惹尘埃。"弘忍见偈，称未入门。时舂米行者惠能，倩人代写偈云："菩提本无树，明镜亦非台。佛性本清静，何处惹尘埃！"弘忍选定惠能为法嗣，授《金刚经》，传袈裟，令其逃回岭南。神秀失去袈裟不甘心，在北方传教，是为北宗；惠能得袈裟在南方传教，是为南宗。由是禅宗分裂为南北二宗。

然而，不论佛教僧尼属何宗派，在唐武宗排佛时，都受到厘革，寺庙废弃，铜像铸钱，铁像造器。不久，佛教又渐渐恢复。

乐舞百戏。隋唐都市的市民，抹去如来和神仙的光环以后，过着世俗的生活。耳听声乐，目观舞戏，这是世俗生活的重要内容。

音乐，先前北周时已得高昌之乐。周武帝宇文邕（yōng）娶突厥女为皇后，得龟兹等乐，故隋初音乐，并有胡声。隋大业中改定的九部乐，其中西凉、龟兹、疏勒等都是中国西北地区少数民族音乐。乐器有琵琶、竖箜篌、羯鼓、答腊鼓、鸡娄鼓等，时有曹妙达、王长通、郭金乐、安进贵等，皆绝妙弦管，新声奇变，乐感人深。唐朝仍沿用隋九部乐，后有发展。唐朝音乐分坐、立二部，坐部坐奏于堂上，立部则乐伎立奏于堂下。唐玄宗是一位出色的音乐家，善击羯鼓，长于作曲。当时曹保等擅长琵琶，李龟年等善吹笛，米嘉荣等长于歌喉。玄宗时乐人、歌者等众至数万人，可谓盛况空前。唐时还有女乐伎，西京、东京各设二所。

舞蹈，唐舞分健舞和软舞，即武舞和文舞。健舞有柘杖舞，舞曲用二女童，帽系金铃，在莲花中舞；剑器舞，挥剑起舞；以及胡旋舞、胡腾舞、狮子舞、花舞、马舞等。狮子舞有五常狮子，各衣五色，每个有十二人，衣画衣起舞。白居易诗云："西凉伎，假面胡人假狮子。刻木为头丝作尾，金镀眼睛银帖齿。奋迅毛衣摆双耳，如从流沙来万里。"，已尽描绘其舞容。

百戏，隋大业中演散乐百戏，如倒舞伎、舞轮伎、有绳伎——"以绳系两柱，相去十丈，遣二倡女，对舞绳上，相逢切肩而过，歌舞不辍"；又有二人戴竿、夏育扛鼎等节目。其时百戏盛况："每岁正月，万国来朝，留至十五日，于端门外，建国门内，绵亘八里，列为戏场。百官起棚夹路，从昏达旦，以纵观之，至晦而罢。伎人皆衣锦绣缯彩，其歌舞者，多为妇人服，鸣环佩，饰以花毦（ěr）者，殆三万人。……金石匏（páo）革之声，闻数十里外。弹弦搦管以上，一万八千人。大列炬火，光烛天地，百戏之盛，振古无比。自是每年以为常焉。"①

唐朝是中国古代文化的高峰，也是世界古代文化的高峰。其时，唐朝首都长安既是中国各族文化的中心，也是世界各国文化交流的重要中心。长安是当时世界上最大的都市，盛唐国威远播，长安名扬世界。来往长安和侨寓长安的各业之民，都为中外文化交流作出了贡献。

贡使。亚洲、非洲、欧洲各国的贡使，来到长安，进贡方物，观光风尚，往来不绝，超越前代。《唐会要》载遣使至长安贡方物者有：东女国、婆利国、倭国、石国、吐火罗国、昙陵国、康国、盘盘国、拂菻（lǐn）国、乌苌国、糠陀洹国、波斯国、结骨国、天竺国、大食国、师子国等等。其中，西方诸国如康国、史国、曹国、支国、石国等，自唐初至开元间，屡有使者至长安。唐太宗时，康国使臣来献金桃、银桃，植于长安苑囿。大食国遣使至长安，进马匹、方物。拂菻即东罗马，自贞观至开元年间，先后五次遣使至唐都长安。东亚诸国如骠国、真腊、扶南、林邑等，也屡次遣使至唐。东北亚诸国高丽、新罗、百济，特别是新罗统一朝鲜半岛后，遣唐使臣络绎不绝。日本国的"遣唐使"有19次之多。总之，东起日本、西至拂菻，南达室利佛逝，北到流鬼，大批使臣，会聚长安。长安成为四域八方文化交流的重要枢纽。

官员。唐朝在长安供职的官员，有外国侨居之人，如大食、波斯、突厥、安国、康国、天竺、新罗、日本等各国之人。大食人李彦升在唐成进士。波斯人穆诺沙在开元间来唐，留宿卫。天竺人迦叶济，贞元间仕唐为"泾原大将试太常卿"。西突厥特勤史大奈，曾从李渊平长安，被赐姓史氏。西突厥处罗可汗之子阿史那社尔尚衡阳长公主，

---

① 《隋书·音乐下》。

授驸马都尉。酋长阿失思力被授为左领军将军，尚九江公主。安国人李抱玉、李抱真兄弟，被誉为"有唐之良将"，其群从兄弟或徙居京华，与士通婚。百济的黑齿常之、高丽的泉男、新罗的张保举等，俱是著名的武将。日本在唐供职的如阿倍仲麻吕，汉名朝衡或晁衡，开元间随日本遣唐使至长安留学，学成仕于唐朝，官至左散骑常侍、安南都护。他居唐50余年，大历五年（770年）卒于长安。晁衡在一次返国途中遇风险漂泊，当时讹传其已死，诗人李白作诗哭悼：

日本晁卿辞帝都，征帆一片绕蓬壶。

明月不归沉碧海，白云愁色满苍梧。①

晁衡在长安任职期间，同李白交往情深，故李白作诗志念。

学子。长安不仅是全国的教育中心，而且也是外国留学生的教育中心。长安的国子监设置博士，学舍曾至1200余间，中外生员多达8000余人。外国贵族、官员子弟来中国，多入国子监留学，国子监之繁盛，亘古所无。新罗，开元十六年（728年），曾遣子弟入太学学经术。至开成五年（840年），鸿胪寺籍其告哀使者、质子及学生岁满者还国，达105人。新罗和日本"僧人入朝学问，九年不还者编诸籍"②。其时，在国子监之新罗留学生总数达216人。高丽人崔致远宾贡及第，著《四六》一卷和《桂苑笔耕》二十卷，《新唐书·艺文志》著录其书。日本每次遣唐的留学生一般在20人上下，都在长安国子监肄业。他们

---

① 李白《哭晁卿衡》，《李太白集校注》卷二五。
② 《新唐书·百官三》。

在长安少则住留数年，多则二三十年。日本国朝臣真人粟田曾受武后宴于麟德殿，并请从诸儒受经，诏四门助教赵玄默即鸿胪寺为师。日本学子免橘势在国子监习业，居留20余年。日本在长安留学生高向玄理、日文、南渊清安等人，将唐朝律令带回国，南渊清安弟子大兄皇子、中臣镰足则是日本大化改新的重要人物。大和长岗与吉备真备自长安返国后，依唐制删定日本律令。永徽四年（653年），日本在长安留学生回国，一船120人。留学生除在国子监就读外，还延聘私人为师。他们回国时，朝廷赏赐图书之外，还购买大量中国典籍。迄唐末为止，日本从中国摄取典籍1800余部，计18000余卷。

僧侣。长安不仅是全国教育中心，而且是全国宗教中心。天竺、日本、新罗僧人来到长安，或求法、或问学。天竺僧波颇（光智）在那烂陀寺学法，后到长安，住兴善寺，翻译《大庄严论》等佛教经典。永徽元年（650年），西天竺僧阿地瞿多（无极高）携经来至长安；永徽三年（652年），中天竺僧人布如乌代耶（福生）也到长安，均在慈恩寺求法译经。南天竺僧跋日罗菩提（金刚智）游师子等国，来长安住慈恩寺翻译佛经。北天竺僧阿目佉（qū）跋折罗（不空金刚），幼年随叔父来长安，以金刚智为师。后游历师子等国，带回长安经论500余部，受到唐玄宗召见，并在长安翻译密宗经典。又如天竺僧人慧智生于长安，懂天竺语和唐语，翻译多部佛典。

日本僧人在长安求法、习经者亦多。唐高宗时日本僧人智通、智达随遣唐使至长安，从玄奘大法师学法相，归国后成为日本法相宗的开山鼻祖。武后时道慈来长安学佛典三论，后为日本国三论宗创始者。日本荣叡（ruì）、普照随遣唐使到长安学法。他们邀扬州龙兴寺僧鉴真去日本国，鉴真几经失败，终于东渡日本。鉴真将天台宗经典和密宗佛像带至日本，并在日本讲经授戒。他同日本僧侣等依照唐寺院法式，在平城京（奈良）建唐招提寺。日本僧人空海在唐宪宗时来到长安，在青龙寺学密宗，后回国宣扬密宗佛法。日本僧圆仁随遣唐使来到长安，并游历五台山等地，归国时带回佛经800余部。

在唐都长安还有伊斯兰教民，长安大清真寺是其聚集之礼拜寺。摩尼教的教民也到了长安。摩尼教是波斯人摩尼所创，唐延载元年（694年）传到中国。摩尼教受到回鹘（hú）可汗尊奉，两年后回鹘派摩尼师八人到长安，先后在两京建寺。贞元十五年（799年）大旱，"令摩尼师祈雨"。后许在河南府、太原府置摩尼寺。①但是，回鹘被黠（jié）戛（jiá）斯所破，唐下嫁回鹘可汗的太和公主久留不归，两方关系恶化。后太和公主回到长安，命将长安、洛阳、太原三处摩尼寺庄宅钱物检点没收，京城女摩尼72人死，存者发配各地。在长安除伊斯兰和摩尼教的教民外，还有景教的教民。景教即基督教，三四世纪传入中国，贞观九年（635年）传至长安。是年，大秦国上德阿罗本携真经到长安，唐太宗派房玄龄至郊迎入宫内，译经传教，时称波斯经教。不久，在长安建造波斯寺一所，度僧21人。天宝四年（745年）诏曰："波斯经教，出自大秦，传习而来，久行中国。爰（yuán）初建寺，因以为名，将欲示人，必修其本，其两京波斯寺，宜改为大秦寺，天下诸府郡置者亦准此。"②到建中二年（781年），镌刻《景教流行中国碑》。碑文用汉文和叙利亚文书写，现藏于西安碑林。此外，长安还有祆（xiān）

---

① 《唐会要》卷四九《摩尼寺》。
② 《唐会要》卷四九《大秦寺》。

教之民。祆教在公元前6世纪由波斯人琐罗斯德创立，因其崇火，又称拜火教。6世纪传入中国，后唐长安布政坊、醴泉坊、普宁坊、靖恭坊和崇化坊共有祆祠五所。设官管理，其官萨保（视正五品）、祆正（视从七品）均以祆教侨民充任。会昌五年（845年），罢黜佛教，祆教亦被禁止。因之祆教等教徒3000余人还俗。[1]

优伶。长安不仅是全国宗教中心，而且是全国文化中心。文化中的乐舞百戏，有大批外国优伶在长安侨旅，并在长安演出，丰富了都会居民的文化生活。中亚昭武九姓国的乐工舞伎，长安城里，为数甚多。安国之安辔（pèi）新，以善"朝舞"而著名。在安国出生侨寓长安的安叱奴，以乐舞名时，唐高祖拜其为散骑常侍。唐开元间，康国献擅长胡旋舞女来长安。曹国人曹保、王善才、孙纲都是长安琵琶高手。白居易诗赞其云："拨拨弦弦意不同，胡啼番语两玲珑。谁能截得曹刚手，插向重莲衣袖中。"米国人米嘉荣，供奉唐廷，为歌曲名优。刘禹锡诗赞米嘉荣云："唱得凉州意外声，旧人唯数米嘉荣。"而米禾稼、米万槌作霓裳羽衣舞，影响很大。史国、石国的乐舞人，亦有侨旅长安者。石国舞伎"肌肤如玉鼻如锥"，颇有中亚风韵。骠国在贞元间其使臣率乐工35人，携12种乐曲来长安演奏。骠国乐舞受到唐德宗的喜爱，白居易《骠国乐》诗云："德宗立仗御紫庭，黈纩（tǒu kuàng，悬于冠冕，垂于两耳旁的黄绵所制小球，为饰物）不塞为尔听。玉螺一吹椎髻耸，铜鼓千击文身踊。"《新唐书·音乐志》载：

高丽乐：工人紫罗帽，饰以鸟羽，黄大袖，紫罗带，大口袴，

---

[1]《唐会要》卷四七《议释教上》。

赤皮靴，五色绦绳。舞者四人，椎髻于后，以绛抹额，饰以金珰。二人黄裙襦，赤黄袴，极长其袖，乌皮靴，双双并立而舞。

百济乐：舞二人，紫大袖裙襦，章甫冠，皮履。乐之存者，筝、笛、桃皮觱篥、箜篌、歌。

扶南乐：舞二人，朝霞行缠，赤皮靴。

天竺乐：工人皂丝布头巾，白练襦，紫绫袴，绯帔。舞二人，辫发，朝霞袈裟，行缠，碧麻鞋。

百戏中的杂技，传自西域，天竺尤甚。如长伎、掷倒伎、跳剑伎、吞剑伎、舞轮伎、高伎、猕猴缘竿等。①

商贾。长安不仅是全国文化中心，而且是全国经济中心。唐都长安留居着大量西域商人和外国商人。西域的回鹘在长安市马尝数千匹，甚且"常参以九姓胡，往往留京师，至千人，居赀殖产甚厚"。②《资治通鉴》德宗纪亦载："九姓胡冒回纥之名，杂居京师，殖货纵暴。"长安城的西域商人，盛时达数千人。许多西域商贾做珠宝生意。段成式《酉阳杂俎》记，长安僧人得一物，长数寸，似朽钉。该僧问西域商人，西域商人竟以一千万买下此物，称之为宝骨。这说明西域商人精于行市，又极为豪富。长安西域商人还贷钱获利，常引起纠纷，使得朝廷下诏禁革之。大食和波斯商人有的经广州、泉州、洛阳到长安，居旅长安，进行蕃商贸易。茶叶是蕃贾贸易的重要商品。《新唐书·陆羽传》载："羽嗜茶，著《茶经》三篇，言茶之原、之法、之具尤备，

①《旧唐书·音乐二》。
②《新唐书·回鹘传上》。

天下益知饮茶矣。时鬻茶者，至陶羽形置炀突间，祀为茶神。……其后尚茶成风，时回纥入朝，始驱马市茶。"回纥以马市茶，进行马茶交易。唐都长安还专设互市监、丞，执掌与诸蕃贸易之事。此外，扬州、洪州（今江西南昌）、登州、营州、广州等都是重要的中外贸易之城市，以广州尤著。书载唐末兵燹，杀广州犹太、波斯人等12万，其后有五朝争立之乱，贸易中绝。① 被杀外人之数可疑，但可证外商在广州之繁盛。最后，仍回述唐都长安西域商人的情状。《资治通鉴》所载，兹征引如下：

> 诏回纥诸胡在京师者，各服其服，无得效华人。先是回纥留京师者常千人，商胡伪服而杂居者又倍之。县官日给饔饩（yōng xì，接待异国来宾的隆盛馈赠），殖赀产，开第舍，市肆美利皆归之，日纵贪横，吏不敢问。或衣华服，诱取妻妾，故禁之。②

上述可见，长安侨寓商胡人数之多，资产之厚，市肆之繁，势力之大。

此外，长安尚有流寓外国侨民。唐贞观四年（630年），突厥颉利可汗战败，汗及部众送至长安。《资治通鉴》载："其余酋长至者，皆拜将军中郎将，布列朝廷，五品已上百余人，殆与朝士相半，因而入居长安者近万家。"③ 另有，波斯萨珊王朝王子卑路斯在国内失势，率残部来长安流寓，并客死长安。其子泥里师后自长安回波斯，率有数千人之多。以上两例，可以看出寓居长安外国侨民数量是相当可观的。

---

① 梁启超《中国历史研究法》，摘引自柳诒徵著《中国文化史》下册。
②《资治通鉴》卷二二五，唐纪四一，代宗大历十四年。
③《资治通鉴》卷一九三，唐纪九，太宗贞观四年。

第五章 宋元都市生活

一 汴京街市画卷

北宋都城东京即汴梁（今河南开封），人口约150万人，是当时世界上最大的都市。孟元老《东京梦华录》对汴梁著文白描，张择端《清明上河图》则对街市笔绘画卷。

汴京城是三重城，中心为宫城，其外是内城，再外是新城[①]。皇城是皇帝治居之所，城墙以砖包砌，周长5里。皇城正门南向，为宣德门，门上构筑宣德楼，华丽异常。惜其毁于火，唯藉宋徽宗赵佶所绘《瑞鹤图》得见其当年雄姿壮丽的风采。内城又称旧城，藉唐汴州城垣修葺而成，周长20里余。内城开十门，街道纵横交错，店楼星罗棋布，是东京街市繁华之所在。新城又称外城，创于后周，葺于北宋。城垣土筑，城门和转角处砌以砖，周长50里余。城门12座，城外挖濠，城高池深。水陆城门定时启闭，夜三更一点闭门，晨五更一点开门。城外四面有宜春苑、玉津园、琼林苑和瑞圣园。

---

①《宋史·地理一》。

宫城的中心是皇宫。宋太祖赵匡胤以五代旧宫为基础,参酌洛阳宫殿模式,进行大规模改造工程,使汴京皇宫成为宏丽的宫殿建筑群。皇城自东、西华门一线向南至宣德门,为前朝殿堂所在地,高级官员在此区域内可以骑马代步。其主要建筑为大庆殿,[①]殿前广场可容万人。赵匡胤"受禅"登极典礼在此举行,庭院仪仗达5000余人。其西的文德殿,是皇帝处理日常政务的殿堂;其东的紫宸殿,是皇帝朝会和觐见贡使的殿堂。学士院也设在此处,学者欧阳修、王安石、苏轼等都曾在这里供过职。这里还有贮藏宋帝墨翰的殿阁:龙图阁藏宋太宗御书和文集,天章阁藏宋真宗墨迹文集,宝文阁藏宋仁宗御制文集,显谟阁藏宋神宗遗墨文集,徽猷阁藏宋哲宗墨迹诗文等。上述各阁设置学士等官,品位高,不就职。如包拯即为龙图阁直学士,故戏文称之为"包龙图"。最后为皇帝和后妃寝宫所在地。福宁殿是皇帝的寝殿,赵匡胤垂危之际,赵光义(宋太宗)入内,"烛光斧影"的宫廷疑案即发生在此殿。《宋史·太祖本纪三》于宋太祖之死仅载述九字:"受命杜太后,传位太宗。"记而不明,欲盖弥彰)。其西的宣和殿,是宋徽宗珍藏历代书画、钟鼎、印玺、宝器之处。《宣和书谱》和《宣和画谱》,就是著录宋徽宗宣和殿藏法书名迹和历代名画的典籍。然而,在大内生活的北宋八位皇帝,卒年都不满花甲,列表于后:[②]

庙号	姓名	嗣立年	在位年	卒年
太祖	赵匡胤	33岁	17年	50岁
太宗	赵光义	37岁	22年	59岁

① 李濂《汴京遗迹志》卷一。
② 据《汴京遗迹志》卷一二《汴京九帝纪年》所载列表。

续表

庙号	姓名	嗣立年	在位年	卒年
真宗	赵恒	29岁	26年	55岁
仁宗	赵祯	12岁	42年	54岁
英宗	赵曙	32岁	4年	36岁
神宗	赵顼	20岁	18年	38岁
哲宗	赵煦	10岁	15年	25岁
徽宗	赵佶（jí）	19岁	25年	54岁（客死五国城）

以上北宋八帝，平均寿命46.3岁。尽管宫廷生活至为优越，然亦均不能长寿矣！

内城的街市画卷。在叙述街市之前，略介汴京四河，即蔡河、汴河、五丈河与金水河。蔡河在皇城南壁之外，自陈蔡由西南戴楼门东水门入京城，经东南陈州门水门出，河上有十三桥。汴河自西京洛口分水入京城，经东水门出，至泗州入淮，河上有十三桥。凡东南之粮，南方之货，皆仰汴河济运至京城。其最著名之桥为州桥，即天汉桥，桥北对大内御街，并与其东相国寺桥相通，桥南望朱雀门，这一地带是汴京最繁华的市区。五丈河唐武后时引汴水入白沟接注湛渠以通曹、兖（yǎn）之赋，因其阔五丈而名五丈河。① 北宋时疏浚，舟楫通利，斜贯新城北部，河上有五桥。金水河为凿渠引水过中牟百余里至都城西，在汴河上架木槽通流，从西北水门入京城，注入大内，并灌御园内花木，河上有三桥。以上四河，凡三十四桥。

内城的街市，从宫城正门宣德门至内城正门朱雀门之间的南北大街，是汴梁最繁华的街市。宣德楼南的坊巷御街，宽200余步。其中

---

① 李濂《汴京遗迹志》卷七。

心为御道，御道两侧各有砖砌石甃（zhòu，砌垒）御水沟一道，沟岸旁种植莲荷、桃李等花树。御道水沟旁各竖立黑漆杈子，就是黑漆栅栏。御道外两边有御廊，允许市民在里面做买卖。御街的花卉，或一丛数品花，或一花数品色，枝萼晶荧，望之如绣①。御街之西，有尚书省、御史台、开封府等官署。但其间的街巷，店铺错杂，百货罗列。有青鱼市、金银铺、漆器铺、丸药铺、花果铺、纸画铺、酒饭铺——卖肉饼的、包子的、熟羊肉的、茶酒的，还有妓馆。御街之东，店铺喧闹，市人拥挤。买卖的货物有鹰鹘、真珠、布帛、金银、书画、衣物、糖果等。这里"屋宇雄壮，门面广阔，望之森然。每一交易，动即千万，骇人闻见"②。御街之东还有"鬼子市"，每五更点灯开市，破晓即散。人烟浩闹，仕女夜游，鸡巷妓馆，红烛通明。御街之南，州桥和相国寺地带，是汴梁繁华街巷最热闹的地方。州桥夜市，友朋欢会，夜深花睡，烛照红妆。③州桥东的相国寺，每月五次开市，寺内中庭两庑可容万人，商旅市民，皆聚其中，百货杂陈，万姓交易。其市易盛况，《东京梦华录》载：

> 相国寺每月五次开放，万姓交易。大三门上皆是飞禽猫犬之类，珍禽奇兽，无所不有。第三门皆动用什物，庭中设彩幕露屋义铺，卖蒲合、簟席、屏帏、洗漱、鞍辔、弓剑、时果、腊脯之类。近佛殿、孟家道冠王道人蜜煎、赵文秀笔及潘谷墨，占定两廊，皆诸寺师姑卖绣作、领抹、花朵、珠翠头面、生色销金花样幞头帽子、特髻冠子、

---

① 《东京梦华录注》卷二《御街》。
② 《东京梦华录注》卷二《东南楼街巷》。
③ 洪迈《夷坚志》卷二九《善谑诗词》。

绦线之类。殿后资圣门前，皆书籍、玩好、图画及诸路罢任官员土物香药之类。后廊皆日者货术传神之类[1]。

可谓"伎巧百工列肆，罔有不集；四方珍异之物，悉萃其间"。内城的城南街市繁华，城东街市也热闹。

内城的城东街市，马行街最为喧嚣。从宫城东华门外，大、小货行街，封丘门迤南，潘楼以北的地带，街巷铺市，沿街列席，茶坊酒店，难以计数。段家的爊肉，周家的南食，以及胡饼、灌肠、水晶脍、煎肝脏、红螃蟹、盐豉汤等名吃，夜以继日，通晓不绝。"夜市直至三更尽，才五更又复开张。"市井有经纪人家，雇男人经行老，雇女人经牙嫂。男人，如酒店铛（chēng，铛头即厨师）头、食肆行菜、府第园丁、房院桥番等，由行老引领，地脚保识，主人雇用之。至于女人，如买妾婢、歌童、舞女等，由牙嫂引领，买卖引置之。汴京时俗重女轻男，《江行杂录》载："京都中下之户，不重生男，每生女则爱护如捧璧擎珠，甫长成，则随其姿质，教以艺业，用备士大夫采拾娱侍。名目不一，有所谓身边人、本事人、供过人、针线人、堂前人、杂剧人、拆洗人、琴童、棋童、厨娘等级，截乎不紊，就中厨娘最为下色。"[2]

内城的城西街市，药铺、金银铺、酒店、馒头铺、客店等，列陈待客，不欲细记。课试之日，车马阗拥，不容驻足。

外城的街市，从内城南门朱雀门至外城南门南薰门，居民房舍栉比，市面商业繁荣。朱雀门外龙津桥南，麦秸巷、杀猪巷，妓馆很多。沿

---

[1]《东京梦华录注》卷三《相国寺内万姓交易》。
[2] 廖莹中《江行杂录》，《东京梦华录注》卷三。

街市井，至夜尤盛。凝祥池一带，垂柳菰（gū）蒲莲荷，凫雁游泳其间。桥亭台榭，棋布相峙。清明之日，万姓烧香，游观一日。时制：南薰门正对大内，故士庶殡葬车舆俱不得经由此门出入。但是，"民间所宰猪，须从此入京。每日至晚，每群万数，止数十人驱逐，无有乱行者"，[①]文中之"万"，显张溢之辞。

外城的东南街市，汴河斜穿，运道舟船，往来如梭，日夜不息。沿河两岸，作坊、粮仓、炭库、店铺，无不毕设。仅粮仓有50余所，草场有20余所，粮草堆积如山。运输之车，填塞道路，首尾相衔，成千上万，往返不绝。

汴梁街市中的酒楼与瓦肆，尤有特色。京师酒楼的门前，扎缚彩楼欢门，制作瑰丽，招迎客人。夜晚，灯烛荧煌，浓妆妓女，聚于廊檐，待客呼唤。名噪京师的樊楼，楼高三层，飞檐画栋，珠帘绣额，灯烛晃曳。《汴京纪事》诗云："梁园歌舞足风流，美酒如刀解断愁。忆得少年多乐事，夜深灯火上樊楼。"酒楼与瓦肆，大多相骈阗。瓦肆，为伎艺演出之所。演出的有小唱、嘌（piāo）喝、杂剧、傀儡、讲史、小说、散乐、影戏、诸宫调、商谜等名目。著名伎艺者如李师师、徐婆惜、封宜奴、孙三四、王京奴、伍小三等。著名艺伎李师师，容貌俏丽，曲尽其妙。野史笔记载李师师其事颇多。如云宋徽宗幸李师师家，适周邦彦先在。周知道君至，遂匿床下。又如师师后入禁中，秩封夫人。《墨庄漫录》载诗，其一云："少年使酒来京华，纵步曾游小小家。看舞霓裳羽衣曲，歌听玉树后庭花。门前杨柳垂珠箔，窗对樱桃卷碧纱。坐客半惊随逝水，吾人星散落天涯。"其二云："春风踏月过章华，

[①]《东京梦华录注》卷二《朱雀门外街巷》。

青鸟双游阿母家。系马柳低当户叶，迎人桃出隔墙花。鬓深钗暖云侵脸，臂薄衫寒玉照纱。莫作一生惆怅事，邻州不在海西涯。"[1]京师的酒楼瓦肆，风雨寒暑，白昼迎夜，彩楼瓦棚，日日如是。

汴梁的皇家苑林，宫城外的延福宫和艮岳；外城东城外的宜春苑、南城外的玉津园和北城外的瑞圣园，一般市民，罕得涉迹。而西城外的金明池与琼林苑，每年清明节，允商贩在池东岸搭棚买卖，市民男女聚观。外城（新城）的新郑门外，路北为金明池，路南为琼林苑。先在唐代，新科进士赐宴于曲江。宋仿唐法，赐新进士于琼林苑讌（yàn），后明清都沿称新进士宴为"琼林宴"。清明时节，宋帝至琼林苑中观看诸军呈百戏，必至金明池。金明池为宋显德间开，原为演习水军之用，周围约九里三十步，面北有临水殿。殿西有三孔桥，状如飞虹。桥北有五殿相连，建于水中，蔚为奇观。皇帝至池游幸，临水殿观水戏。水戏即水傀儡，乐作舞旋，木偶表演。又有画船，上立秋千，鼓笛相和，艺人游荡，跃入水中，叫做小秋千。各船锣鼓齐鸣，艺伎团转翔舞。宋帝乘龙舟或登楼观赏，其竞渡之船优胜者，夺标得胜。孟元老的《东京梦华录》和张择端的《金明池争标图》作了详尽的描写和形象的图绘。

---

[1] 张邦基《墨庄漫录》卷八。

二 临安西湖四民

宋徽宗和宋钦宗父子在开封陷落被金军掠走后，徽宗之子赵构于建炎三年（1129年）十月到杭州，[①] 寻改杭州名临安（今浙江杭州）。绍兴八年（1138年），正式定都临安。[②] 临安乃"四方之所聚，百货之所交，物盛人众，为一都会"，是南中国政治、经济和文化的中心。

临安成为南宋都城，一个重要原因是其"山水之美，名闻天下"。临安山水之美，萃于西湖。西湖受人看重，始自唐代。唐人开发西湖，为防旱涝，资民汲水。入宋，先后经王济、郑戬（jiǎn）、苏轼等疏浚，西湖佳胜，名驰遐迩。西湖绕岸百寺，宝刹相望；华丽屋宇，十余万家；湖山映带，烟云杳霭；农工商学，四民辐辏。

临安的西湖景胜与四民百业，均因它作为南宋都城而繁盛、而兴

---

① 据《宋史·高宗本纪》。但是，《宋史·地理一》载："建炎三年闰八月，高宗自建康如临安，以州治为行官。"
② 《宋史》卷二九《高宗本纪六》。

旺。但是，《宋史》称临安为宋帝行在之所。《宋史·地理一》载："行在所。建炎三年闰八月，高宗自建康如临安，以州治为行宫。宫室制度，皆从简省，不尚华饰。"临安皇宫设在凤凰山麓，其垂拱、大庆、文德、紫宸、祥曦、集英六殿，随时易名，实为一殿。重华、慈福、寿慈、寿康四宫，重寿、宁福二宫，随时易额，实德寿一宫。延和、崇政、复古、选德四殿，本为射殿。天章、龙图、宝文、显猷、徽猷、敷文、焕章、华文、宝谟九阁，实天章一阁。以上《宋史》的载述，显为溢美之词。诚然，南宋临安的宫殿与秦阿房、汉建章、唐大明诸宫是无法相比的。在南宋半壁山河、兵马倥偬之际，临安宫殿并非那样简朴，从《南村辍耕录》所引《南渡行宫记》和《马可·波罗行纪》所载述，南宋临安皇城宫殿是规模宏伟、辉煌豪华的。

西湖在南宋时得到装点。西湖的面积，曾任杭州刺史的白居易诗云："州旁青山县枕湖，绕郭荷花三十里。"白居易疏浚西湖有功，他别官离杭时，出现"耆老遮归路，壶浆满别筵。甘棠无一树，那得泪潸然"的场面。由是，钱塘门外之堤称作白公堤，简称"白堤"。北宋苏轼守杭，上《乞开杭州西湖状》获允。他以工代赈，挖淤浚湖，修筑长堤，堤岸植柳，立规保护，使西湖烟水渺渺，绿波泱泱。苏轼主持修筑的长堤，被称作"苏堤"。南宋期间，对西湖进行四次大规模整治，构筑景观。宋高宗在西湖建殿，亭台馆榭，水清花艳："亭馆窈窕，丽若画图，水洁花寒，气象幽雅。"官宦贵族，沿湖建园。雷峰塔下的翠芳园，南湖的张园，相国贾似道的集芳园以及韩侂（tuō）胄的南园等，都是西湖名园。其大者，三日方能游遍；其丽者，步移景异，宛若仙境。达官游西湖，拥妓百余，烛光香雾，歌吹舞作，恍如仙游。那个"朝中无宰相,湖上有平章"的贾似道,日夜拥倡妓游冶西湖,诗云:"山上楼台湖上船,平章醉后懒朝天。羽书莫报樊城急,新得蛾眉正少年。"经过一个半世纪的兴筑,西湖景色,叹为观止。最著名的西湖十景是:断桥残雪、平湖秋月、曲院荷风、两峰插汉、苏堤春晓、花港观鱼、南屏晚钟、雷峰夕照、三潭印月、柳浪闻莺。

四民在西湖周围各谋生计。四民中的农、工、商、学,分述如下。

农,为临安官民种植粮食、蔬菜、瓜果、花卉等。临安居民,约百万口,一月需米15万石。粮食多来自苏、湖、常、秀四州等地,临安附近地区亦产大米。粮食之外,烧饭柴薪,来自婺、衢、徽、严诸州,也产自临安附近山区。柴炭竹木,聚于江下,由南门入,运至市内。粮柴之外,还有蔬菜。城乡菜农,种植蔬菜,清晨入市,卖给民家。蔬菜多由东门入,主要菜市设在崇新门外南、北土门及东青门外坝子桥等处。粮菜之外,即是水果。杭州需大量水果,除临安市郊果林所产之外,有福柑、福李、台柑、洞庭橘、樱桃、荔枝、葡萄等。至于鲜花,临安花农种植的花卉品种繁多,有牡丹、芍药、红梅、腊梅、月季、蔷薇、碧蝉、棠棣、佛见笑、聚八仙、百合、滴滴金、石竹、水仙、迎春、桃花、荷花、菊花等,仅菊花即有130余种。据《钱塘县志》记载:"西湖多市菊者,其种黄者九十有三,白者八十有二,紫者三十,粉红者二十有四,称异品者十有八。近日土人又以各菊互接,则白间黄,黄间红,尤参错可爱。"[①]还有引种的茉莉花,市民所爱,栽遍杭城,成为时尚。花季的时节,临安西湖,苑木蟠郁,异卉点景,花团锦簇,万紫千红。花卉中的盆景,为园艺中的精品。有人认为盆景创于唐,而盛于宋。

---

① 参见《南宋京城杭州》。

临安钱塘门外溜水桥一带诸花圃，培植盆景，《梦粱录·园囿》载：所植"怪松异桧，四时奇花，精巧窠（kē）儿，多为蟠凤舞龙飞禽走兽之状"。可见其时盆景已能具造型图案，技艺高超。

工，临安手工作坊，林立坊巷，行业繁多，制作精细。其中丝织、印刷、工艺三大行业，尤具特色。临安手工作坊，《梦粱录·团行》记载有22种：碾玉作、钻卷作、篦刀作、腰带作、金银打鈒（sǎ，在金银器上嵌饰花纹）作、裹贴作、铺翠作、裱背作、装銮作、油作、木作、砖瓦作、泥水作、石作、竹作、漆作、钉铰作、箍桶作、裁缝作、修香浇烛作、打纸作、冥器作。但是，临安著名手工作坊，首推丝织业。丝织业有官营绫锦院，也有私营小作坊。工匠织的绫、锦、缎、罗、绢、绸、绣等，工艺精巧，技术高超。史载：织工所出，"衣则纨绫绮绨（tí 或 tì），罗绣縠（hú，有皱纹的细纱）绨，轻明柔纤，如玉如肌，竹窗轧轧，寒丝手拨，春风一夜，百花尽发。其制百服也，或袍或襻（pán），或绅或纶，或缘或表，或缝或襕（lán），或紫或纁（xūn，浅红），或绀（gàn，带红的黑色）或殷"。临安著名的手工业，另推印刷业。南宋的造纸业发达，刻印书籍精美，出现中国雕版印刷史上的黄金时代。其时，福建刻书闻名，但叶梦得称："今天下印书，以杭州为上，蜀本次之，福建最下。"官刻之书，两浙茶盐司本、两浙东路安抚使本等为尚，而临安国子监的印本最精，称为"监本"。私刻之书，棚北陈家书籍铺，陈起父子刻印唐宋笔记和诗文集约百余种，被称为"书棚本"。其书刻印技术高，选用纸墨精，为后世藏书家所宝爱。临安著名的手工业，还推工艺业。为宫廷享用的工艺制品，饮具如垒金嵌玉盏、紫香罗木水晶注碗、水晶提壶、白玉双莲杯盘等，工艺精绝，豪奇华丽。为皇室和贵族享用的百色灯、古玩玉雕以及画扇、桃符、绢花等,琳琅满市,遍布京华。

商,临安店铺林立,酒肆四布,诸行百市,万货汇聚。临安是当时全国最大的商业城市,市内自大街及诸坊巷,作坊团行,质库邸店,酒楼茶坊,大小铺席,连门俱是,屋无空虚。有早市、日市和夜市。早市如御街店铺,闻钟而起,卖早点心——煎白肠、糕粥、白脏羹、馓(sǎn)子、面汤、烧饼、雪糕之类。临安商市的点心品种多,花样新,制作精,据《梦粱录》所载,仅熟食品即有一二百种之多。① 早市刚闭,日市便开。日市的店铺,接栋连檐,不可胜举。日市结束,夜市又开。夜市以瓦前巷最为热闹,百色物件,夜昼无异。特别是酒楼歌馆,通宵达旦,虽下大雨雪,也喧闹如常。酒楼有官营,也有私营。前者如太和楼、和乐楼、春风楼、和丰楼等,后者如花园酒店、花月楼、聚景楼、双凤楼等,门首彩画,灯红酒绿,座席潇洒,顾客盈满。茶坊也很盛行,布置书画,洁净雅致。酒楼茶坊有的演出评书、小说,也有的楼上安设妓女,供富家子弟寻欢作乐。临安的铺面,分行列市。如观桥一带的丝绸市,彩帛名铺有106家。据《西湖老人繁胜录》所载诸行市28个,像丝锦市、生帛市、枕冠市、故衣市、衣绢市等。临安的市郊,出现15座镇市。史称其"南西东北,各数十里,人烟生聚,民物阜蕃,市井坊陌,铺席骈盛,数日经行不尽,各可比外路一州郡,足见杭城繁盛矣"。临安不仅内易繁盛,外贸也发达。海外贸易将番品夷货、珍异饰物、奇葩名卉、沉香龙脑之属,运抵临安。临安市泊务一带,作为堆栈和库仓的榻房数十所,房屋数千间,可见其货物吞

---

① 《梦粱录》卷一三《天晓诸人出市》。

吐之盛况。

学，临安官学家塾，弟子盈门，诵读之声，回荡西湖。京城的太学，舍宇宏阔，房堂栉比。学生为三舍制，初入为外舍，再升为内舍，复升为上舍。上舍卒业，学绩上等，如同状元。学生多时至1700余人，报考之员多达37000余人。临安的学科，尚有武学、算学、医学、书学、画学等。武学培养武官，修兵书、武技，学期三年，依据考绩，确定等第。算学培养天文算学之员。医学隶太医局，分脉、针、疡（yáng）等科，由医官担任教授。书学、画学修习书法、绘画。北宋徽宗长于书画，设置画院，并于政和年间，创立画学，将绘画列入科举体制。南宋临安画学颇盛。"靖康之难"后，汴梁画家流寓临安，画坛高手，萃集西湖。南宋一代，京师临安，著名画家100余人。马和之长于山水人物，官至工部侍郎。李嵩少年做木匠，后精于用界尺绘建筑图的界画。李唐长于山水画和人物画，其代表作为《万壑松风图》和《采薇图》。其山水画气势磅礴，山峦巉岩，松木葱翠，白云缭绕，小瀑飞挂，远峰显现，章法谨严。马远，被誉为"画院独步"，名作是《寒江独钓图》，其画写尽"千山鸟飞绝，万径人踪灭"的诗画融会意境。夏珪，擅长山水，运用秃笔带水墨作皴（cūn）染，创立"酝酿墨色，丽如傅染"，淋漓尽致、墨气袭人的技法。此外，刘松年的《耕织图》描绘了男耕女织的生活情景。上列李唐、马远、夏珪和刘松年被称为南宋画坛四大家，他们是画学巨子，也是画坛大家。

总之，南宋京师临安，不仅宫殿堂皇，西湖秀丽，而且农工商学，百业旺兴。这就展示了其时南中国的社会生活风貌。

三 兴庆党项兵民

从北宋仁宗明道元年（西夏纪年之始，异说颇多。兹据《宋史·夏国传》，以宋仁宗明道元年［1032年］即西夏景宗明［显］道元年，为西夏经始之年），至南宋理宗宝庆三年（1227年），近两个世纪，西夏成为同宋、辽鼎峙的政权。宋在南，辽在北，而夏在西（因称西夏）。西夏是党项族贵族建立的政权。唐宋间，党项族分布于今宁夏、甘肃、陕西和内蒙古河套一带地域。宋初，党项族首领李继迁起兵反宋，攻取灵州（今甘肃灵武境），徙居于此。宋天禧四年（1020年），李继迁之子德明又携部迁至贺兰山下之怀远镇，后改其名为兴庆府（今宁夏银川）。兴庆地据冲要，山河为障。它处于贺兰山东麓南北大道中枢与贺兰山诸隘口通衢相交汇的位置，"西北有贺兰之固，黄河绕其东南，西平为其屏障，形势便利"①。宋仁宗宝元元年（1038年）即

---

① 吴广成《西夏书事》卷一〇。

西夏天授礼法延祚元年，德明之子元昊自立为大夏皇帝①。以兴庆府为国都。从此，兴庆由一座西北边塞蕞（zuì）尔小城，骤兴为党项族兵民集居之都。

兴庆城经德明、元昊、谅祚祖孙三代经营，城垣、宫殿、苑囿、民居等具有一定规模。兴庆城不同于隋大兴城、唐长安城和宋汴梁城的方正形，而是呈长方形，"相传为人形"。②即是说，其头部为黄河西岸的高台寺，躯干为城郭，双足直抵贺兰山。尽管这种都市总体的布局有诸种传说，然而同其地形攸关。中原地区，地势平坦，都城规划，形具方正。兴庆地形，却不尽然。它西抵贺兰山麓，东达黄河之畔，在东西长达数十里之间进行布局，城郭只能构筑在山河之间的腹地。前述其头部的高台寺，有一段历史故事。

西夏诸帝佞佛。德明崇佛，元昊规定每年四季孟月的朔日为"圣节"。他在兴庆城东黄河之滨，即由兴庆往来于辽上京、宋东京的驿道黄河渡口处，建筑高台寺，寺高数十丈，内贮宋赐《大藏经》。他并以此掩饰同没藏氏之私情。元昊身为西夏国君，却同其元勋重臣野利遇乞之妻没藏氏私通。没藏氏因怀身孕，被迫出家为尼。元昊将野利遇乞害死，后自身死。其子谅祚继位，生母没藏氏被尊为皇太后。西夏诸帝愈加崇佛，甚且发生神宗遵顼太子德任避登皇位而出家为僧的离奇之事。

西夏兴庆的"人字形"头部有高台寺，足部则在贺兰山东麓。贺兰山地带先后有匈奴、鲜卑、突厥、回鹘、吐蕃和党项等民族设帐游牧。党项立夏后，夏主在贺兰山大造皇家苑林。贺兰山山体丰硕，林木苍

---

① 《宋史·夏国传上》。
② 弘治《宁夏新志》卷一。

翠,绿草如茵,盛夏阴凉,是夏主的避暑胜地。元昊曾役夫丁数万,于山之东麓,营建离宫,台阁相望,极为奢丽。其小滚钟口、拜寺口、贺兰口、西番口、大水口等处,今仍有行宫遗址。[①]诸行宫之外,设立木栅[②]。以作禁垣。

前述其头部与足部,其躯干则为兴庆府城。兴庆府城具有军事之城和民族之城双重色彩。兴庆带有军事都市色彩,表现在它是一座军队兵营和军事堡垒。其时,夏与宋、辽对峙,军事机器庞大。兴庆的城市人口,约20万人,官兵和副兵约10万人,算上为军事服务的作坊工匠及官兵家属,他们成为兴庆都市人口构成的主体。据载,护卫兴庆京畿的卫戍官兵约2.5万人,副兵约7万人,另有侍卫军5000人,铁鹞军3000人[③]。还有大量制造鞍辔、弓箭、刀剑的工匠。堡垒、兵营、武库、马厩遍布兴庆,使兴庆成为一座军事都市。同时,兴庆是一座具有民族色彩的都市。西夏是党项贵族建立的政权,它具有鲜明的民族特征。其官员,以党项人为主体;其学校,设立蕃学,教授西夏语言、文字(也有汉学);其作坊,出产含有民族特点的物品,如毡、毯、毛褐、鞍、毛皮等;其商业,贸易马、牛、羊、驼等牲畜及畜兽产品——麝香、羱(yuán)羚角等,以及甘草、柴胡、苁(cōng)蓉、红花、枸杞、大黄等药材。同时,从辽、宋换取粮食、金银、缯帛、茶叶、瓷器、香料等商品。会聚或来往的大食、天竺、龟兹、回鹘、突厥等商贾和使者,也为兴庆抹上民族都市的光彩。

---

① 汪一鸣、许成《西夏都城兴庆府——银川》,载阎崇年主编《中国历代都城宫苑》。
②《张鉴《西夏纪事本末》卷首。
③ 汪一鸣《西北夏都——银川》,载阎崇年等编《中国历史名都》。

四 燕京民族风习

辽代的南京和金代的中都，又都称为燕京（今北京市）。北京在辽代为陪都，在金代为首都，成为北中国的政治中心。辽朝是契丹贵族建立的王朝，与北宋相对峙；金朝是女真贵族建立的王朝，与南宋相对峙。燕京作为辽朝陪都和金朝中都，具有鲜明的民族都市特色。

辽代南京的建立。唐末五代衰乱之际，契丹崛兴于蒙古高原东部，建立辽朝（初称契丹），其势力进入华北地区。后唐河东节度使石敬瑭叛唐，向契丹主耶律德光求援，答应事成后割地称臣。契丹兵南下灭后唐，立石敬瑭为帝。天福三年（938年），后晋高祖石敬瑭将幽云十六州割让给契丹。辽太宗耶律德光得幽州后，于会同元年（938年），升幽州为南京[①]。又称燕京，为辽"捺钵制"的五京之一。

契丹原为游牧民族，逐水草而居，无有城郭。契丹太祖耶律阿保机建国后，仍保留游牧民族的传统习俗，在一年之中，随四季变化，

---
① 《辽史·太宗本纪下》。

到不同游猎之场所，去巡幸和游猎。① 这种制度，称之为"四捺钵制"。契丹建立国家后，不能以临时性帐幕行宫作为京城，而需要建立比较固定的都城。于是，辽帝根据其时的政治军事需要，沿袭契丹"捺钵制"传统，先后设置"五京"。辽代"五京"是：上京临潢府（今内蒙古巴林左旗境），东京辽阳府（今辽宁辽阳），南京析津府（今北京市），中京大定府（今内蒙古宁城），西京大同府（今山西大同）。

南京析津府城在唐幽州城基础上，加以修葺而成。据《辽史·地理志》载：南京"城方三十六里（按：今据城遗址实测数据，疑其有误），崇三丈，衡广一丈五尺"②。共设八门：东为安东、迎春，南为开阳、丹凤，西为显西、清晋，北为通天、拱辰。大内在城内西南隅，宫殿林立，堂阁栉比。西城高处有凉殿，东北隅有燕角楼，南面有球场。南京城内，街巷坊市，井然有序。店铺和市集，在六街和北市。特别是六街，节日之夜，灯火通明，游人如织，连辽帝也常微服观之。《契丹国志》对南京作了如下记载：南京"户口三十万，大内壮丽，城北有市，陆海百货，聚于其中。僧居佛寺，冠于北方。锦绣组绮，精绝天下。膏腴蔬蓏果实稻粱之类，靡不毕出；而桑柘麻麦羊豕雉兔，不问可知。水甘土厚，人多技艺"③。辽南京万家星井，百货汇集，人材荟萃，商业繁荣。它不仅是辽朝的陪都，而且是北中国经济与文化的中心。

辽南京的文化，既有汉族文化的传统，又有契丹文化的特色。契丹主创制"契丹大字"和"契丹小字"，并在燕京按契丹文化模式进

---

① 《辽史·营卫志上》。
② 《辽史·地理四》。
③ 《契丹国志》卷二二。

行科举取士。辽帝提倡佛教，优礼僧侣，兴寺刻经，南京尤甚。辽南京的刻经，举其大端者有二：一为房山石经，另一为《契丹藏》。前者，先是隋僧静琬，鉴于"三武一宗"灭佛的教训，发愿将佛经勒珉于石，藏之石室，以求永存。房山石经自隋、历唐、至辽，不断镌刻，后又所继，现存石经版14277石（另有残经420石、各种碑铭82石）[①]。这是一项极为珍贵的历史文物。后者，先是作为佛教经典汉译总汇的《大藏经》，宋太祖开宝四年（971年）雕印，称之为《开宝藏》。辽朝雕印的《大藏经》，则称之为《契丹藏》。1974年7月，在山西应县木塔释迦牟尼塑像腹内，发现佛教经卷[②]。内有《契丹藏》十二卷，题记为辽统和二十一年（1003年）刻于燕京，其刻工为穆咸宁、赵守俊、李存让和樊遵等。辽刻《契丹藏》经道宗赐给高丽[③]。后由高丽僧从幽州购回国内。高丽又复印《契丹藏》，并传至日本。

辽南京的寺院也具有民族特色。其时，南京佛寺，伟丽之观，为甲北方。大觉寺、戒台寺、天宁寺和牛街清真寺，创于辽代，相沿至今。大觉寺坐落在燕京西郊旸台山麓，咸雍四年（1068年）始建，初名清水院，后改称灵泉寺。按照契丹"朝日"习俗，寺坐西面东。寺内"旸台山清水院创造藏经纪碑"，是北京现存最早辽代碑刻。寺内无量寿佛殿的观音壁塑、铜刻观音和十三诸天塑像，都异常精美。戒台寺坐落在燕京西郊大安山麓，咸雍五年（1069年），辽僧法均在唐慧聚寺址创建戒坛。寺元末毁于兵火，后重建。戒台寺因有中国最大之戒坛

---

① 徐自强主编《房山石经题记汇编·前言》。
② 阎文儒等《山西应县佛官寺释迦塔发现的契丹藏》，《文物》1982年第6期。
③ 《辽史·道宗本纪》。

而闻名遐迩。天宁寺坐落在今广安门外,始建于北魏,名光林寺,后屡经重修,明代改名为天宁寺。现存天宁寺密檐式砖塔,八角十三层,总高57.8米,挺拔壮观,为辽燕京增添姿色。牛街清真寺坐落在今广安门内牛街,辽统和十三年(995年)创建,后屡加修葺。寺内主要有礼拜殿、梆歌楼、望月楼和碑亭等。居于全寺中心的礼拜殿,在建筑上采用了中国传统木结构形式,在装饰上则表现了阿拉伯式彩绘风格。它是北京历史最久、规模最大的一座清真寺。

辽南京的民族风习,像其宫殿、文化、寺庙等一样,都具有双重品格,即既有汉族文化的传承,又有契丹文化的习俗。辽朝燕京契丹民族风习,颇具特色,前文未述,简其岁时杂仪,概略介绍如下:

(1)正旦,契丹语为"乃程咿呢(ér或wā)":"乃"意正;"程咿呢"意旦。是日,契丹俗以糯米饭和白羊髓做饼,再成丸若拳,每帐赐49枚。入夜,各帐从内窗中掷丸于外。偶数,作乐,饮宴;奇数,令巫鸣铃、执箭、绕帐歌呼;帐内炉中爆盐惊鬼。

(2)请日,契丹语为"里旳(pǒ)":"里"意请;"旳"意日。是日为二月初一日,契丹国舅萧氏族设宴,以宴国族耶律氏,岁以为常。

(3)射兔日,契丹语为"陶里桦":"陶里"意兔;"桦"意射。是为三月三日,辽俗刻木为兔,分朋走马射之,先中者为胜,负朋下马列跪进酒,胜朋马上饮之。

(4)重五日,契丹语为"讨赛咿呢":"讨"意五;"赛咿呢"意月。是为五月五日,午时,采艾叶和绵着衣,宴乐,膳夫进艾糕,以五彩丝为索缠臂,谓之"合欢结",又以彩丝缠做人形簪发,谓之"长命缕"。

(5)迎送节,契丹语为"赛咿呢奢":"奢"意好;"赛咿呢"意月。

七月十三日夜，辽帝于宫西三十里处卓帐居宿，翌日赴先设之酒馔宴饮，作乐，至暮，谓之"迎节"；十五日，大宴，作乐，翌日破晓，复往西诸部众大噪三次，谓之"送节"。

（6）犬首节，契丹语为"褐耐"："褐"意犬；"耐"意首。八月八日，契丹俗屠白犬于寝帐前七步处瘗（yì）之，露其喙，后七日为中秋，移寝帐于其上。

（7）重九，契丹语为"必里迟离"。九月九日，辽帝率群臣部族野外射虎，少者为负，罚重九宴。射毕，择高地设帐，赐臣僚菊花酒。兔肝为臡（ní，肉酱），鹿舌为酱，并研茱萸酒，洒门户以禳。

（8）烧甲，契丹语为"戴辣"："戴"意烧，"辣"意甲。五京进纸造衣甲、刀枪、器械等，十月十五日集会于木叶山，诵契丹字书状，并焚之。

（9）征战节，契丹语为"炒伍侕（ér）尀"："炒伍侕"意战；"尀"意时日。腊辰日，辽帝率南北臣着戎服，戊夜坐朝，作乐，饮酒，赐甲仗、羊马①。

此外，尚有：

祭山仪：设神祇位于木叶山，东向，中立君树，前植巨树，以像朝班；又值偶树二株，以为神门。帝后至如仪。牲用赭白马、玄牛、赤白羊，皆牡。巫着白衣，三致辞。余如仪。

瑟瑟仪：天旱祈雨，先置百柱天棚，及期皇帝奠先帝御容后射柳。中柳者质志柳者冠服，不中者以冠服质之。不胜者进饮酒于胜者，然后各归其冠服。如是者三日。后射柳成为契丹俗的体育娱乐活动。在

---

①《辽史·礼志六》。

辽南京每逢五月五日，皆射柳而为竞技娱乐之节庆。此民俗金中都更为盛行。

金代中都的建立。女真族首领完颜阿骨打崛兴，定都上京（今黑龙江阿城）。宣和四年十二月（1123年1月），金兵攻辽，夺取燕京。金向宋索取"燕京代租钱"100万贯，于宣和五年（1123年）四月，将燕京移交给宋，宋改为燕山府。金军撤走时，俘掠了官吏、富户、金帛、子女而去，繁华的燕京城被劫掠一空。宣和七年（1125年），燕山大饥，"父母食其子，至有肩死尸插纸标于市，售以为食"者①。同年，金俘虏辽天祚帝，并发兵南进，攻取燕山府。两年后金军攻占汴梁，俘获宋徽宗、钦宗父子。金主完颜亮于贞元元年（1153年），从上京迁都燕京，燕京改称中都②。同时，改燕京所在的析津府为大兴府。③

金中都是仿照北宋都城汴京的规制，就辽南京城改建而成的。中都城分为大城、皇城和宫城三重。大城除北垣未动外，其余三面城垣都比辽旧城有所拓展。大城周围37里，呈方形，位于今北京西南郊。大城十二门：东为施仁门、宣曜门、阳春门；南为景风门、丰宜门、端礼门；西为丽泽门、颢华门、彰义门；北为会城门、通玄门、崇智门④。丰宜门之南有郊台，叫丰台，是为丰台名称之由来。大城套着皇城，

---

① 《乙巳奉使行程录》，转引自陈高华著《元大都》。
② 《金史·海陵本纪》。
③ 北京在金称大兴府之始，《金史·地理志·中都路》载为贞元元年。但元好问《续夷坚志》载贞元二年改永安府名为大兴府。故《金史·地理志》注曰："则此当作'贞元元年改曰永安府，二年更今名'为是。"见《金史》卷二四《地理上》校勘记。
④ 《金史·地理上·中都路》载：中都"城门十三：东曰施仁、曰宣曜、曰阳春，南曰景风、曰丰宜、曰端礼，西曰丽泽、曰颢华、曰彰义，北曰会城、曰通玄、曰崇智、曰光泰"。由是，金中都有十二门与十三门两说。

大城南门为丰宜门，金中都城墙遗址门楼九间，分三门，北不远有龙津桥，桥分三道，隔以石栏，雕工极细。中为御路，两旁竖杈子。桥北为皇城正门宣阳门，门楼九间，门钉镀金。过门有文楼与武楼。再北为千步廊，东西相对。门内街分三道，道旁植柳。道北端为宫城正门应天门。宫城内正殿为大安殿，是举行典礼之殿堂。但殿楹产芝[1]。带有牧猎民族之特征。仁政殿，为常朝之所。此殿行拜日之礼，但行东向之礼。[2] 其他有勤政殿、庆和殿、泰和殿、广仁殿、庆春殿、清辉殿、天香殿、崇庆殿、芳明殿、光德殿、皇武殿、贞元殿等，殿宇具女真特色，如睿思殿，大定十三年（1173年），金世宗御殿命歌者"歌女直词"[3]。金帝不仅在中都宫殿治居，而且在中都苑囿游幸。

金中都的苑囿。 北京在金朝第一次成为皇都。金朝的女真贵族，原牧猎于东北山水之间。金主进入中原地区以后，习于游猎，嬉于苑林，因而此期大肆兴造皇家苑林，从而形成北京皇家苑林史上的奠基时期。金中都城内苑囿，主要有东苑、西苑、南苑和北苑。东苑，台阁甚多，楼观翚飞，种植果树，栽培花卉。金帝常在苑内赏牡丹、射柳。西苑，楼台殿阁，池岛亭榭，规模宏大，景色秀丽。西苑的鱼藻池，又称瑶池，池中有岛，其景致诗云："晴日明华构，繁阴荡绿波。蓬邱沧海近，春色上林多。流水时虽逝，迁莺暖自歌。"[4] 苑有竹林、柳林、杏林，有鹿园、禽兽园等。南苑，在丰宜门内偏西，又称熙春园。苑内可观灯火，可以射柳。北苑，有湖，有树，有宫殿，有岛屿。监察御史陶

---
[1]《金史·五行志》。
[2]《金史·礼志二》。
[3]《金史·世宗本纪中》。
[4]《中州集·同乐园诗》，转引自《日下旧闻考》卷二九。

钧曾携妓游此苑，歌饮池岛间，被控而遭杖六十①。金中都不仅城内有四苑，而且城外有四苑，即城东的长春宫、城西的钓鱼台、城南的建春宫、城北的万宁宫。长春宫，是为金帝在东郊之行宫，宫在延芳淀，淀域数百里，《辽史·地理志四》载：

> 延芳淀方数百里，春时鹅鹜所聚，夏秋多菱芡。国主春猎，卫士皆衣墨绿，各持连锤、鹰食、刺鹅锥，列水次，相去五七步。上风击鼓，惊鹅稍离水面。国主亲放海东青鹘擒之。鹅坠，恐鹘力不胜，在列者以佩锥刺鹅，急取其脑饲鹘。得头鹅者，例赏银绢。

辽帝与金帝，均为游猎民族之君主，辽帝在延芳淀春猎，金帝在其地建行宫。钓鱼台，今北京玉渊潭一带，是一处花繁水清、垂柳台阁的胜境。水中有台，台下涌泉，佛寺亭馆，柳堤环抱，与西南西湖即今莲花池相望，为中都西面景色萧爽之地。建春宫，金章宗时建，有宫殿，后元时在此建"下马飞放泊"，即明、清之南苑。万宁宫，在中都城北，今北海一带地方。此宫兴筑过程，《金史·地理志》载："京城北离宫有太宁宫，大定十九年建。后更为寿宁，又更为寿安。明昌二年，更为万宁宫。"但有的学者考证其为大定六年（1166年）始建。万宁宫馆阁繁华，仅明昌六年（1195年），即减万宁宫陈设94所。后郝经登琼华岛，临广寒殿，感怀作《琼华岛赋》云：

> 楛（hù）矢飞燕，辽倾宋奔。中夏壮观，萃于金源。郁天居之

---

①《金史·刑志》。

宏丽，开陆地之海山。忽陵飞而阜走，见虎踞而龙蟠。建瓴水于河朔，浩不知其波澜。沉沉覃覃（tán，延展的样子），旋坤转干。赤城紫府，幻出尘寰。粤惟琼华之一岛，突兀乎其间。昆仑之颠，海风怒掀。劈涛头而逆落，结水面之青莲。岩岩盘盘，僵立屏颜。巍如鳌头，冠日观而陬走；伛（yǔ，曲）如鳄背，负月窟而横，高寒其项，有广寒殿，故云瑶光楼起，金碧钩连。断霓饮海，颉（xié，对抗）地颃（háng）天。华阳九州之尘（按：疑"尘"字之下、"辽"字之上，脱四字），辽海百年之蕴，烽涌烟填。庆云佳气，郁郁芊芊。时属清平，天下宴然。①

中都苑囿，以万宁宫为秀。中都的文化，亦带有女真族的民族色彩。

中都的女真文化。金中都的文化，汉族传统与女真俗习杂糅，略举于下：

拜天。金因辽旧俗，以重五、中元、重九之日，行拜天之礼。其制：刳（kū）木为盘，如舟状，赤色为质，画云鹤文。置架高五六尺，置盘其上，荐食物盘中，聚宗族拜之。

射柳。重五拜天毕，于球场插柳两行，时射者以尊卑为序，各以帕识其枝，离地约数寸，剥其皮而白之。先以一人驰马前导，后驰马以无羽横镞箭射之。既断柳，又以手接而驰去者，为上；断而不能接去者，次之；凡断其青处、或中而不能断、或不能中者，为负。每射，必击鼓以助其气。

击球。射柳后击球，各乘其马，持鞠杖。杖长数尺，端如偃月。

---

① 《陵川集》，见《日下旧闻考》卷二九。

击球者分作两队，共争击一球。球如拳大，以轻韧木桴（xiāo，空虚）其中，并涂以朱色。球场南端设立双桓，置板，下开一孔为球门，并加网为囊。能以鞠击球入网囊者为胜。或者，南北两端各立球门，互相排击，各以击门多者为胜。

拜仪。女真的拜仪，《金史·礼志》载："金之拜制，先袖手微俯身，稍后却，跪左膝，左右摇肘，若舞蹈状。凡跪，摇袖，下拂膝，上则至左右肩者，凡四。如此者四跪，复以手按右膝，单跪左膝而成礼。"这种摇手而拜之礼，女真语为"撒速"。金承安五年（1200年），定制为公服以汉礼拜，便服则以女真俗拜。

学校。燕京除设太学、国子学，习《易》、《书》、《诗》、《春秋左氏传》、《礼记》、《周礼》、《论语》、《孟子》、《孝经》等外，又设女直国子学和女直太学。"女直学，自大定四年，以女直大小字译经书颁行之。后择猛安谋克内良家子弟为学生，诸路至三千人。九年，取其尤俊秀者百人至京师，以编修官温迪罕缔达教之。十三年，以策、诗取士，始设女直国子学，诸路设女直府学，以新进士为教授。"[1]大定二十八年（1188年），设女直太学。由是，女直学、女直国子学、女直太学，以不同层次，吸收女真子弟入学读书。其学生之出身、授课之语文、科试之规制等，都盖上女真的印记。

科试。金制，县行乡试，榜首曰乡元；府行府试，榜首曰府元；京师行会试，榜首曰状元。金又创设女直进士科，初品试策，后增试论，故称策论进士。此制，"始大定四年，世宗命颁行女直大小字所译经书，

---

[1]《金史·选举一》。

每谋克选二人习之。寻欲与女直字学校，猛安谋克内多择良家子为生，诸路至三千人。……十一年，始议行策选之制，至十三年始定每场策一道，以五百字以上成，免乡试、府试，止赴会试、御试"①。女直进士之科，可免乡、府二试，亦可免诗赋、经义之试，只作策论即可中选。而且，能简省汉人科试监检之苛辱。科试监检之制，大兴府则差武卫军，"每四举人则差一人，复以官一人弹压"。御试策进士，则差弩手及随局应承人，人各一名，皆用不识字者，并用护卫十人，亲军百人长、五十人长各一人巡护。尤辱士之举为搜检严切，"至于解发袒（tǎn）衣，索耳、鼻"②。至大定二十九年（1189年），改为科试者进场前，先行沐浴，更换官备之衣，算是以礼待士之恩典。

诗文。女真中不乏诗文之作。金主完颜亮诗云："万里车书尽会同，江南岂有别疆封。提兵百万西湖上，立马吴山第一峰。"诗中反映其政治雄心与饮马西湖的抱负。金世宗子完颜允恭的《风筝韵》云："心与寥寥太古通，手随轻籁入天风。山长水阔寻无处，声在乱云空碧中。"金章宗完颜璟游仰山刻石赋诗云："金色界中兜率景，碧莲花里梵王宫。鹤惊情落三更月，虎啸疏林万壑风。"他也擅作宫廷诗："五云金碧拱朝霞，楼阁峥嵘帝子家。三十六宫帘尽卷，东风无处不扬花。"金章宗尝同爱妃李师儿到琼华岛妆台娱幸，李师儿亦善诗。李师儿事迹，《金史·后妃传》详载。其家获罪，入宫籍监，以监户女子入宫。师儿同诸宫女受教于宫中。宫制：宫教以青纱隔幛蔽内外，纱幛内宫女不识之字，自幛内映纱指字请问；宫教自幛外口说教之。诸女子中

---

①《金史·选举一》。
②《金史·选举一》。

惟师儿聪颖,且声音清亮。一日,章宗问宫教中优劣,宫教张建以"就中声音清亮者"答。章宗以张建言求纳之。师儿聪慧,能作字,知文义,合旨意,遂大幸,进为元妃,位同皇后①。《金台集》记载:李妃师儿高筑妆台,一日,师儿陪章宗露坐妆台,章宗曰:"二人土上坐。"师儿对:"一月日边明。"②李师儿应对乖巧,金章宗闻对大悦。

戏曲。金中都的戏曲繁盛,其中"诸宫调"影响很大。现知金代曰"诸宫调"最著名者为《西厢记诸宫调》③和《刘知远传》。前述取材于唐人传奇《莺莺传》,描写张生和崔莺莺的爱情故事;后者描写五代时后汉主刘知远同其结发妻子李三娘悲欢离合的故事。《刘知远传》经俄国探险队之手,流传至俄国,后又转抄回中国。"诸宫调"之外,还有中都倡伎演唱之院本。陶宗仪《南村辍耕录》载:"唐有传奇,宋有戏曲、唱诨、词说,金有院本、杂剧、诸宫调。院本、杂剧,其实一也。"至元朝,院本与杂剧合二而一。中都有专门演出院本、杂剧的剧场。金章宗明昌二年(1191年)诏:"禁伶人不得以历代帝王为戏,及称万岁,犯者以不应为事重法科。"④可见中都戏曲之繁荣,亦见北京最早之文禁。

---

① 《金史·后妃传》。
② 《日下旧闻考》卷二九。
③ 即《董解元西厢记》。
④ 《金史·章宗本纪一》。

五　大都城汗八里

忽必烈迁鼎大都。蒙古族首领铁木真，在13世纪崛起，影响中国，也影响世界。先是，金大定十一年（1171年），铁木真9岁，由其父带领去弘吉剌部求婚，归途中乃父被人毒死。其寡母诃额伦摘山果、挖野菜抚养子女。铁木真渐大，善骑射，勇争斗。敌部袭击诃额伦住帐，捕走铁木真，并给他戴木枷，在部众中游行，备加凌辱。铁木真于夜间逃出敌营，后联络部民，组织军队，四出征战，势力日强。金泰和六年（1206年），铁木真在斡难河（鄂嫩河）源全蒙古贵族聚会上，被推为全蒙古之汗，号成吉思汗，意为海洋般之大汗。成吉思汗创建蒙古帝国后，金朝使臣到蒙古宣谕新帝登位之旨，他羞辱金使与金帝，后率师攻金。蒙古太祖九年（1214年），成吉思汗率军围困中都，金宣宗纳贡求和，并将岐国公主献给成吉思汗，成为其第四位妻子，蒙古兵撤围北返。翌年，蒙古军再攻中都，中都破①。蒙古军攻破中都之

---
① 《金史·宣宗本纪上》。

后，将府藏大量财宝席卷而献成吉思汗。蒙古军撤离中都时，纵火焚毁燕京宫殿。先此，宋使范成大见中都宫殿奢华，赋《燕宫诗》云："他日楚人能一炬，又从焦土说阿房。"果然，项羽焚烧秦阿房宫之历史在中都重演。此后几十年间，燕京宫阙，一片废墟，荆棘成林，满目荒凉，"可怜一片繁华地，空见春风长绿蒿"。金中都已残破不堪。

蒙古太祖二十二年（1227年），成吉思汗病死于军营中。后经长期汗位之争，忽必烈于中统元年（1260年）在开平（今内蒙古正蓝旗境）即汗位。忽必烈于至元元年（1264年）八月，颁诏以燕京为中都，作为陪都。至元八年（1271年），忽必烈定国号为"大元"，是取《易经》"乾元"之义。至元九年（1272年）二月，诏"改中都为大都"①。元从开平移鼎大都。大都，蒙古语称"汗八里"，其义为"大汗之城"。大都是元朝的政治中心，也是当时世界上最大的都市，并一度是世界政治的中心。元朝是当时世界上最强大的帝国，蒙古军队不仅统一了中国，而且铁蹄不停，四处征战。蒙古军队所向，东至日本，南达爪哇，西陷莫斯科、进入波兰，北及大漠、外兴安岭。所以，作为当时世界上最大帝国元朝政治中心的大都，也是当时世界上最大的都市。

元大都城池宫殿。大都选址在金中都城东北，太液池琼华岛之周围。因为：中都城遭兵燹之毁，不易恢复；又临近浑河，常受洪水之害，新城址琼华岛风景秀丽，可作新宫殿基础；元都汗八里城，要成为比前代更大之都市；新都城"太液为主、宫殿为客"的总体布局，体现了蒙古草原游牧文化的价值取向②。城址选定后，大都城的修建，从至

---

① 《元史·世祖本纪四》。
② 阎崇年《论北京宫苑的民族特征》，载《禁城营缮纪》。

元元年（1264年）重修琼华岛，到至元二十二年（1285年）旧城居民迁入新城，共历时22年。大都城分为大城、皇城和宫城三重城。

大城，又称外城、京城。《元史·地理志》载："京城右拥太行，左挹沧海，枕居庸，奠朔方。城方六十里，十一门：正南曰丽正，南之右曰顺承、南之左曰文明，北之东曰安贞、北之西曰健德，正东曰崇仁，东之右曰齐化、东之左曰光熙，正西曰和义，西之右曰肃清、西之左曰平则。"城墙土筑，顶部设半圆形瓦管以排水，墙体由苇席披盖以防雨剥蚀。各城门均有雄丽之门楼，城四隅有角楼，环城挖有护城河。

皇城，在大城南部中央地区，其东墙在今南北河沿西侧，西墙在今西皇城根一线，北墙在今地安门南一线，南墙在今东、西华门大街以南，周长约20里。皇城将宫城、太液池、兴圣宫和隆福宫包围起来，而加筑一道防御性城垣。皇城南面中门为棂星门，从棂星门至大城南面正门丽正门之间，门分三道，有千步廊。史载："崇天门正南出周桥，棂星三门外分三道，中千步廊街出丽正门，门有三，正中惟车驾行幸郊坛则开，西一门亦不开，止东一门以通车马往来。"① 棂星门外，布设重要中央官署，如中书省在千步廊东侧。棂星门内，有金水河穿流，中建周桥，白石栏杆，河旁植柳，林水交映，气氛森严。

宫城，在皇城之内。元大都宫城，呈"品"字形，即以太液池为中心，其东为大内，其西南为隆福宫、北为兴圣宫。这就是"太液为主、宫殿为客"的布局。元大都的大内，在皇城内南部偏东，呈长方形，周约8里。宫城有四门：东为东华门，西为西华门，南为崇天门，

① 《析津志》，见《日下旧闻考》卷三八。

北为厚载门。崇天门是大内正门，东西长约51米，南北深约16米，高约26米，门上有楼，左右两观，下开五门。大内之主体建筑分为南北两部分，南部以大明殿为主体，北部以延春阁为主体。大明门内，正中为大明殿，是元帝登极、正旦、庆寿、朝会之殿堂。史载：

> 大明殿乃登极、正旦、寿节、会朝之正衙也。十一间，东西二百尺，深一百二十尺，高九十尺。柱廊七间，深二百四十尺，广四十四尺，高五十尺。寝室五间，东西夹六间，后连香阁三间，东西一百四十尺，深五十尺，高七十尺。青石花础，白玉石圆磶，文石甃地，上藉重茵，丹楹金饰，龙绕其上。四面朱琐窗，藻井间金绘，饰〔以〕燕石，重陛朱阑，涂金铜飞雕冒。中设七宝云龙御榻，白盖金缕褥，并设后位，诸王百寮怯薛官侍宴坐床，重列左右。前置灯漏，贮水运机，小偶人当时刻捧牌而出。木质银裹漆瓮一，金云龙蜿绕之，高一丈七尺，贮酒可五十余石。雕象酒卓一，长八尺，阔七尺二寸。玉瓮一，玉编磬一，巨笙一，玉笙、玉箜篌，咸备于前。前悬绣缘朱帘。至冬月，大殿则黄狨皮壁幛，黑貂褥。香阁则银鼠皮壁幛，黑貂暖帐。①

延春阁在大明殿之北，史载：

> 延春阁九间，东西一百五十尺，深九十尺，高一百尺，三檐重屋，柱廊七间，广四十五尺，深一百四十尺，高五十尺。寝殿七间，东西夹四间。后香阁一间，东西一百四十尺，深七十五尺，高如其深，

---

① 陶宗仪《南村辍耕录》卷二一。

重檐，文石甃地，藉花毳（cuì）茵，檐帷咸备。白玉石重陛，朱阑，铜冒，楯（shǔn，栏杆的横木）涂金雕翔其上。阁上御榻二，柱廊中设小山屏床，皆楠木为之，而饰以金。寝殿楠木御榻，东夹紫檀御榻。壁皆张素画，飞龙舞凤。西夹事佛像。香阁楠木寝床，金缕褥，黑貂壁帐。①

从以上大明殿和延春阁的记载，可以看出元大内具有浓烈的蒙古草原文化生活之特征。第一，其建筑采用蒙古围帐式，即将围帐与宫殿建筑相结合。第二，正殿帝、后座位并设，是为蒙古族生活传统，也是中国其他王朝无此先例的。第三，大内正衙设诸王百官侍宴坐床，为蒙古军事民主生活之遗风。第四，御前设巨大酒瓮、备酒桌，是蒙古嗜酒生活之表现。第五，殿阁挂兽皮暖帐，殿上悬朱帘，俱是蒙古包的习俗。第六，它书所载丹陛上植草，殿阁挂绿帐，也都是蒙古绿色草原生活的映现。第七，宫殿居于客位、太液居于主位，恰说明水是蒙古游牧民族生活之中心，因有水才有草，有草才可放牧马、牛、羊，有马、牛、羊才有饮食。第八，后文要提到的万寿山，其殿覆绿瓦、山盖绿石、土植绿草、池充绿水、道种绿树，殿绿、山绿、草绿、水绿、树绿，可谓一片绿色世界，真是一幅绿色草原生活的图画。

太液池在大内之西，池中满栽芙蓉。池东西两岸之间桥梁，中间以船浮托，元帝北巡上都时，则移船而断桥。岸东的仪天殿（今团城）为太液两岸之枢纽。今团城上玉瓮亭内，放着元初制作的大型玉瓮，重约7000斤，是中国现存时代最早、体形最大的传世玉器。殿北的万

---

① 陶宗仪《南村辍耕录》卷二一。

寿山，又称万岁山，即今琼华岛。其山"皆叠玲珑石为之，峰峦隐映，松桧隆郁，秀若天成。引金水河至其后，转机运斡，汲水至山顶，出石龙口，注方池，伏流至仁智殿后，有石刻蟠龙，昂首喷水仰出，然后由东西流入于太液池"。①山顶有广寒殿，重阿藻井，文石甃地，四面琐窗，龙绕丹楹。

隆福宫和兴圣宫在太液池之西。隆福宫靠南，围有砖墙，共开六门，主要建筑为光天殿，重檐藻井，琐窗朱阑。它有前苑，也有寝殿。该宫为皇太后和皇太子等之住所。隆福宫以北为兴圣宫，周环砖墙，也开六门，主要建筑为兴圣殿。殿后有延华殿，呈方形，十字脊，东西两殿，相互接应，前置轩间，后筑圆亭。该宫主要为妃嫔等住居之所。元顺帝时，高丽进贡美女，有一奇氏，美丽窈窕，颇受宠幸，被选为第二皇后，生育皇子，就住在兴圣宫里。

大都街坊与市易。大都街道整齐，呈棋盘形状，南北和东西各有几条大街。大街宽24步（约24米），小街宽12步（约12米）。南北大街两旁，有排水沟渠，用石板砌筑。考古发掘的石板上留着"致和元年五月囗日石匠刘三"之题记，是修城中下水道匠人姓名的罕见记录。城内居民分五十坊，坊各有门，门署坊名。大都城是按《周礼·考工记》中都城方正型理论规划设计的。大都的城墙近于正方，宫城在城内南部，商市在宫城以北。太庙在宫城之东，社稷坛在宫城之西。全城有一条贯穿南北的中轴线，南起丽正门，穿过皇城棂星门，宫城崇天门、厚载门，直达大天寿万宁寺的中心阁。这在中国都市建筑史上是一个创举。马可·波罗在其行纪中说："全城地面规划有如棋盘，

---

① 陶宗仪《南村辍耕录》卷二一。

其美善之极，未可言宣。"①

市易的中心在宫城北、全城中心钟鼓楼一带。钟鼓楼西的海子即积水潭，是繁华的运河码头。元定鼎大都后，疏通淤塞之运河，开凿大都至通州的通惠河，于是江南的粮食和货物经杭州直抵大都海子。海子舳舻蔽水，附近歌楼酒肆，异常繁华。这个地带有米市、面市、羊市、马市、牛市、骆驼市、驴骡市、柴草市、段子市、皮帽市、菜市、帽子市、穷汉市、鹁鸽市、鹅鸭市、珠子市、舒噜市——买卖金银珍珠宝贝、柴炭市、人市、铁器市等。②在省前东街有文籍市、纸劄（zhā，同"札"）市，文明门外有猪市、鱼市，翰林院东有靴市，和义门外有果市，各门皆有草市等。大都不仅是国内商业中心，而且是国际商业市场。其时蒙古四汗国横跨欧亚，尽管各汗国渐趋独立，但是东西方商人贸易往来不断。陆路商道：第一道，经咸海和里海以北，穿越钦察草原，到达伏尔河之撒莱。由此或通西欧各国，或经克里米亚半岛越黑海至君士坦丁堡，或经高加索至小亚细亚。第二道，经撒马尔罕、布哈拉，去呼罗珊（今伊朗境），到小亚细亚。第三道，经和阗，越帕米尔高原，经阿富汗，至波斯（今伊朗）。海路商道由杭州、苏州等往日本，由泉州、广州等南达爪哇、苏门答腊，西达印度、东非。海上贸易进口的丁香、豆蔻、胡椒、钻石、珠宝、玳瑁、象牙、犀角、珊瑚和药物等，从杭州、广州等地经驿站、漕运、海运，汇聚大都。四域富商大贾，八方珍奇异宝，陆载舟运，齐集大都。《马可·波罗行纪》载："外国巨价异物及百货之输入此城者，世界诸城，无能与比。"

---

①《马可·波罗行纪》中册，沙海昂注、冯承钧译。
②《析津志辑佚》，见《日下旧闻考》卷三八。

大都城文化风貌。中国科学技术在元代居于世界前列，元大都则是中国科学技术中心。大都科学家郭守敬，于天文历法作出伟大贡献。所谓天文历法，一是观测，代表仪象；二是历算，代表历法。观测和历算，要有司天台即天文台。北京最早在金代设司天台，元又设置司天台，后明清司天台即在这里。郭守敬创制测量赤道坐标和地平坐标的简仪，并制造测量日影长度的圭表等天文仪器。大都之圭表，圭为石制，表为铜制；表高50尺，宽2尺4寸，厚1尺2寸，石圭以上表身高36尺，表上端铸有两条蟠龙，龙半身附表侧，半身凌空擎起一根6尺长3寸粗之横梁，自梁心至表上端为4尺，自石圭上面至梁心40尺；石圭长度为128尺，宽4尺5寸，厚1尺4寸，座高2尺6寸，圭面中心和两旁均有刻度。这是中国古代最大的圭表。郭守敬主持编制的《授时历》，以365.2425天为一年，比地球绕太阳一周实际时差26秒，其准确程度与现行公历相同，但它比公历之使用早300年左右。郭守敬还测量恒星位置，测出前人未命名的恒星1000余颗，使记录星数从传统之1464颗，增至2500颗，并编制了星表。

大都文化风貌中的宗教文化，主要为道和佛。先是金代道士王重阳创立全真道。其弟子丘处机，入穴居住，乞食度日，行携一蓑，精心求道，称为长春真人。蒙古太祖十七年（1222年），成吉思汗在阿姆河畔军帐里会见丘处机。成吉思汗和丘处机论道三日，并请其讲授长生不老之术。丘处机鉴于蒙古骑兵之杀掠，讲述了治国和养生之道：为治之方，以敬天爱民为本；长生之道，以清心寡欲为要。成吉思汗深契其言，赐号"神仙"，掌管天下道教。两年后，成吉思汗命丘处机住持今北京西便门外道观太极宫（今白云观）。正月十九日是丘处机的生日，后这一天被称为"燕九节"。是日，人们来此会神仙，祭真人，车马喧嚣，络绎不绝："或轻裘缓带簇雕鞍，较射锦城濠畔；或凤管鸾箫敲玉版，高歌紫陌村头。"至夕阳落山，才人影散乱。元帝不仅重道，而且重佛。元宣政院所辖宫寺达360所，其中著名者如大天寿万宁寺和大圣寿万安寺。后者，忽必烈建大都时，在今阜成门内路北，历时八载，建成覆钵式喇嘛塔，尼泊尔工艺家阿尼哥参与设计。元帝崇佛，异常突出。皇帝、后妃、诸王、公主，都因崇佛而向其顶礼膜拜。僧侣享有特权：民众殴打佛僧者，断其手；詈骂佛僧者，断其舌。元帝崇佛的一例是"游皇城"。

"游皇城"，始自元世祖至元七年（1270年），以帝师八思巴言，于大明殿御座上，置白伞盖一顶，并悬挂以泥金书写梵文之素缎，以镇伏邪魔，护安国利。尔后每年二月十五日，于大殿启建白伞盖之佛事。拨伞鼓手120人，殿后军甲马500人，杂用500人，360坛共用执抬舁（yú）、钹鼓僧13680人，金门大社120队，教坊司乐鼓400人，兴和署妓女杂扮队戏150人，杂把戏男女150人，各色细乐三队凡324人。"凡执役者皆官给铠甲、袍服、器仗，俱以鲜丽整齐为尚。珠玉锦绣，装束奇巧，首尾排列三十余里，都城士女聚观。"[①] 是日，倾国出动：礼部官点视诸色队仗，刑部官巡绰喧闹，枢密院官分守城门，而中书省官总督之。先二日，于西镇国寺迎太子游西门，舁高塑像，具仪仗入城。十四日，帝师梵僧五百人于大明殿内建佛事。十五日，恭奉伞盖于宝舆，出宫，至庆寿寺，具素食。会罢起行，从西宫门外墙海子南岸，入厚载红门，由东华门过延春门而西。元帝以及后妃在至德殿

① 《日下旧闻考》卷三二。

门外搭金脊吾殿彩楼而观览。伞盖还宫，置于御榻之上。十六日罢散，岁以为常。此之谓"游皇城"。

中外文化的交往。 外国的科学家、工艺家、医生和传教士等成批地来到大都，中国的学者、官员和僧侣等也大量地从大都去往世界各地，大都成为当时世界文化交流的一个中心。

在亚洲，高丽（朝鲜）同元朝关系密切。元仁宗赠给高丽4300多册宋秘阁珍籍。两国商人和僧人也各将本国大批书籍运入对方境内。高丽纸运到大都，很受士大夫的喜爱。大都的国子监里，有高丽的留学生在研习。程朱理学在元初传入高丽。元至元二十六年（1289年），高丽人安珦在大都获得《朱子全书》，回国后在太学讲授"朱子学"。后白颐正从大都带回多种程朱理学著作，也在太学讲授。高丽又刊行朱熹的《四书集注》。皇庆元年（1312年），高丽诗人李希贤来大都，长期居住，与赵孟𫖯等交往甚密。宫廷中也有高丽妃嫔和宫女。日本商人和僧人等来到大都，将大都的书籍、绘画、书法传入日本，特别是程朱理学传入日本，对日本影响很大。至于东南亚，交趾、缅甸、暹罗的使臣至大都纳贡，并作文化交流。此外，忽必烈还遣使至印度，派使臣往锡兰（今斯里兰卡）访求佛牙，求得佛牙、佛发等奉还大都。

西亚、中亚地区，蒙古军西征后形成窝阔台（蒙古迤西一带）、察合台（中亚一带）、伊儿（西亚一带）汗国，他们虽各自独立，都奉元帝为大汗。这就为大都同上述地域文化交流提供了文化环境。中国的匠师等将中国人发明的火药及其使用方法西传，并经阿拉伯传入欧洲，阿拉伯的医学和天文学等也传到大都。波斯天文学家札马鲁丁来到大都，带来天文仪器和回回历法。忽必烈曾一度颁行这种历法。

札马鲁丁不仅担任管理天文历法的回回司天监长官，而且制造七种西域仪象，即：咱秃哈刺吉（浑天仪）、咱秃朔八台（周天星曜仪）、鲁哈麻亦渺凹只（春秋分晷影堂）、鲁哈麻亦木思塔余（冬夏至晷影堂）、苦来亦撒麻（浑天图）、兀速都儿剌不（昼夜时刻仪）和苦来亦阿儿子（地球仪）。苦来亦阿儿子，《元史·天文志》载：

> 其制：以木为圆球，七分为水，其色绿；三分为土地，其色白。画江河湖海脉络贯串于其中。画作小方井，以计幅圆之广袤、道里之远近。

在大都秘书监里，有大量回回书籍充库，其中多数是阿拉伯学者关于历法、仪器制造和医药学等方面之著作。回回医学在大都颇负盛名。元廷在太医院下设广惠司，掌管回回医药事务。其创建者是叙利亚人爱薛。大食人也黑迭儿和尼泊尔人阿尼哥长期生活在大都，并为大都城市之设计、建造，展现了非凡的才华。在非洲，《马可·波罗行纪》载述，元初宫廷有埃及地方之人，被忽必烈派往福州，授民以制糖技术。同书又载，忽必烈派使臣往东非马达加斯加岛。使臣返回大都，向元世祖奏报所行之奇闻。元末到过中国的摩洛哥旅行家伊本·白图泰，在其《美好国家旅行者的欢乐》书中，对大都作了生动的描述。

在欧洲，欧洲的教士、使臣、商人和旅行家，涌向东方，来至大都。元朝的教士、使臣等也千里跋涉，前往欧洲。据载，大都景教（基督教一支）徒达3万人之多。大都籍景教长老骚马，在至元十五年（1278年）奉命前往耶路撒冷朝圣。他曾抵巴格达，经君士坦丁堡，至那不勒斯。又往法兰西,受到国王腓力四世接见。继往英国,会见英王爱德华。后回抵罗马,受到教皇尼古拉四世之接见。骚马西行后,教皇尼古拉派教士孟德高维诺来到大都。他在大都生活近30年,建教堂三所,用蒙古文翻译了《新约全书》,并任大都总主教,先后洗礼数千人。基督教僧侣还出入宫廷,举行宗教仪式。孟德高维诺死后,元顺帝派使团往罗马,后受到教皇别内迪克特十二世之接待。教皇遂派出一个使团东行,至正二年(1342年)七月,使团抵上都,向顺帝献骏马,群臣争献《天马赋》。使团在大都住居三年,然后回归。还有意大利人鄂多立克,东游抵扬州,循运河北上,来到大都。他在大都寓居三年,后返回威尼斯。鄂多立克在其书中,对大都的万岁山和太液池都作了记述。当然,鄂多立克之同乡马可·波罗及其行纪,更是蜚声世界。意大利威尼斯人马可·波罗,15岁随乃父和叔父东行,经历长途艰辛,来到大都,在元朝留居17年,深得元世祖忽必烈的信任。至元二十八年(1291年),忽必烈应伊儿汗国之请求,将阔阔真公主嫁给阿鲁浑汗。马可·波罗随同阿鲁浑汗之使臣护送公主西行。他护送之任完成后,返抵威尼斯。根据他的口述整理而成的《马可·波罗行纪》,记载他在旅途中和在元朝居留期间之见闻,尤对大都备加赞扬。马可·波罗之东行及其行纪之传播,扩大了欧洲人对中国、对大都之了解,从而成为东西文化交流史上一件盛事。

第六章 明清都市生活

一 北京城池宫殿

明太祖朱元璋于洪武元年（1368年），在应天（今江苏南京）称帝，定应天为南京。同年，徐达率明军进攻大都，兵至通州。元顺帝集后妃、皇子议北行，伯颜不花哭谏曰："天下者，世祖之天下，陛下当以死守，奈何弃之！臣等愿率军民及诸怯薛歹出城拒战，愿陛下固守京城！"[①]。不听。夜半，开健德门北奔。明占领大都，改名为北平府。后朱元璋封第四子朱棣为燕王，燕王封地在北平府。洪武三十一年（1398年），明太祖朱元璋病死，其皇太子朱标先已死，由其孙允炆继承皇位，改年号为建文，这就是建文帝。建文元年（1399年），燕王朱棣在北平起兵，历时四载，攻占南京，夺取帝位。永乐元年（1403年），升北平为北京，今北京的名称就是从这时开始的。然而，首发建都北平之议者，是礼部尚书李至刚，其疏曰：

---

① 《元史·顺帝本纪十》。

自昔帝王或起布衣平定天下，或由外藩入承大统，而于迹之地，皆有升崇。切见北平布政司，实皇上承运兴王之地，宜遵太祖高皇帝中都之制，立为京师。制曰："可，其以北平为北京。"①

　　遂改北平府为顺天府。朱棣是中国历史上第一位将北京奠为全国政治中心的汉族皇帝。明代北京上承元大都，下启清京师，北京作为全中国的政治中心长达588年之久。

　　永乐四年（1406年），明成祖下诏迁都北京。第二年，开始营建北京城池宫殿。永乐十八年（1420年）基本完工。永乐十九年（1421年）正月，正式迁都北京，以北京为京师，南京为陪都。明北京城是在元大都城基础上，吸收中国历代都城规划之优长，参酌南京规制而营建的。北京城分为宫城、皇城、京城和外城四重城。

　　外城。外城即郭城，城以卫君，郭以卫民。北京原无外城，明英宗时己巳之变，蒙古瓦剌兵临城下，始议筑郭以卫民。成化十二年（1476年），定西侯蒋琬上言："太祖皇帝，肇基南京，京城之外，复筑土城，以护居民，诚万世不拔之基也。今北京止有内城而无外城，正统己巳之变，胡虏长驱直至城下，众庶奔窜，内无所容，前事可鉴也。"②其上言虽报可，但未实行。嘉靖二十一年（1542年），掌督察院毛伯温等又言宜筑外城。蒙古俺答再犯京师，故有再筑外城之议。二十九年（1550年），命筑正阳、崇文、宣武三关厢外城，既而停止。三十二年（1553年），给事中朱伯辰复言需筑外城，便命相度兴工。初议京

---

① 《明太宗实录》卷一六，永乐元年正月辛卯。
② 《明宪宗实录》卷一五六，成化十二年八月庚辰。

城之外，四面筑城，约70里，或120里。因工程浩大，财力不敷，便先筑南面。南城商民辐辏，天坛在焉，故先行兴筑。不到一年，工程告竣。《明史·地理志》载：

> 嘉靖三十二年筑重城，包京城之南，转抱东西角楼，长二十八里。门七：正南曰永定，南之左为左安，南之右为右安，东曰广渠，东之北曰东便，西曰广宁，西之北曰西便。

广宁门，清道光帝名旻宁，为避其名讳，遂改称广安门。城外挖有护城河。嘉靖四十一年（1562年），外城七门俱添筑瓮城。京师外城工竣，《京师新建外城记》载言："崇庳（bēi，矮）有度，瘠厚有级。缭以深隍，覆以砖植。门垣矗立，橹楼相望。巍乎焕矣，帝居之壮观也。"①

京城。京城在修筑外城之后，又称内城。京城的北垣，大将军徐达命指挥华云龙经理故元都，往南缩五里，废健德、安贞、光熙、肃清四门。东西城垣仍旧，南城垣较元故址稍南迁。城垣用砖包砌，周围40里。城墙东、西、南三面，各高3丈余，上宽2丈；北面高4丈余，上宽5丈。城外环以濠堑。"城门为九：南三门，正南曰丽正、左曰文明、右曰顺承；北二门，左曰安定、右曰德胜；东二门，东南曰齐化、东北曰崇仁；西二门，西南曰平则、西北曰和义，各门仍建月城外门十座。"②永乐四年（1406年），始修北京城垣，后拓北京南城。正统元年（1436年），修建北京京城九门城楼，历时四年，门楼、城濠、

---

① 张四维《条麓堂集》，《日下旧闻考》卷三八。
② 光绪《顺天府志·京师志一》。

桥闸完工。改城门丽正为正阳、文明为崇文、顺承为宣武、齐化为朝阳、崇仁为东直、平则为阜成、和义为西直。正阳门正楼一，月城中、左、右楼各一；崇文、宣武、朝阳、阜成、东直、西直、安定、德胜八门，各正楼一，月城楼一。各门外立牌楼，城四隅立角楼。改九门旧木桥为石桥。内外两城，计垛口20722垛，下炮眼共12602个。京城内街道整齐，明初设33坊，其中大兴20坊，宛平13坊。

在京城各坊之内，明代有大量民居。但是，清初，命旗人住京城，民人住外城。《八旗通志》载：

> 自顺治元年，世祖章皇帝定鼎燕京，分列八旗，拱卫皇居。镶黄居安定门内，正黄居德胜门内，并在北方；正白居东直门内，镶白居朝阳门内，并在东方；正红居西直门内，镶红居阜城门内，并在西方；正蓝居崇文门内，镶蓝居宣武门内，并在南方。①

所以，清代北京的汉人、回人等民人，搬至外城正阳、崇文和宣武门外居住，更促发前三门外市廛之繁荣。

皇城。在京城中偏南，周18里。其南正门为大明门，清改为大清门。永乐时大明门联为：日月光天德，山河壮帝居。东南为长安左门，西南为长安右门，东为东安门，西为西安门，北为北安门（清改为地安门）。大明门三阙，飞檐翼空，下绕石栏，左右列石狮，门前为天街。门内有千步廊，东西相向各110间，并左右折而转北向各34间。其两侧布设中央衙署，西侧为五军都督府等，东侧为吏部、户部、礼部、

---

① 《八旗通志初集》卷二。

兵部、工部等。宫城以外，皇城之内，"牵车列阓（huì），集止齐民"。①皇城砖砌，涂以红色，上覆黄琉璃瓦，无护城河。皇城内承天门（天安门）两侧，左为太庙，右为社稷坛，体现"左祖右社"的设计思想。皇城东南区有皇史宬，贮《永乐大典》和《实录》。其北重华宫，再旁为崇质宫，俗称黑瓦殿，明英宗北狩回京之居所，又称小南城或南内。一日英宗甚饥，索酒食，光禄寺官不与，但小吏张泽潜进酒食。后英宗复位，即日拜张泽为光禄寺卿，余光禄官俱得罪。其北有内市，每月逢四，设场贸易。其北有司礼监等。司礼监进御用文房四宝，每年进兔毛笔29900余枝。朝廷用笔，每月十四、三十日两次进御，各20管。冬用绫裹管，夏用象牙等。墨用徽墨，纸用云龙笺等。其西南有大高玄殿，嘉靖帝建，奉事道尊。西华门北有福佑寺，为康熙帝幼年避痘之所。雍正重修，殿内陈设御制文集及宝座。金海桥之北有玉熙宫，万历帝选近侍300余员在宫内学戏。崇祯帝在宫内作水嬉之戏。其戏：

"水嬉"之制，用轻木雕成海外诸国及先贤文武男女之像，约高二尺，彩画如生，有臀无足而底平，下安卯榫，用竹板承之。设方木池，贮水令满，取鱼虾萍藻实其中，隔以纱障。运机之人，皆在障内游移转动。一人鸣金，宣白题目，代为问答。

崇祯帝在此观"水嬉戏"。一日，"宴次报至，汴梁失守，亲藩被害，遂大恸而罢"②。至清朝，顺治帝死，顾命大臣索尼、鳌拜、遏必隆、苏

①《日下旧闻考》卷三九。
②高士奇《金鳌退食笔记》卷下。

克萨哈四人，亦在玉熙宫焚香盟誓，同心辅政。玉熙宫北有虎城（见后文）、内教场等。皇城西部主要之宫苑如西苑、太液池等，都与宫城相通。

宫城。在皇城之中，太液池东岸，是帝后之大内，又称紫禁城。宫城在明代，有几个特征：

第一，宫殿布置集中。元大都宫殿以太液池为主，大内、隆福、兴圣三组宫殿呈"品"字形被其分割而为客。这种品字形宫殿布局，同汉代长乐宫、未央宫、建章宫的布局极为相似。明北京城规划则将帝后之正殿和后寝、太后妃嫔和太子的宫室都集中布置在大内城垣以里。

第二，宫前气势雄伟。元大都崇天门至丽正门距离较近，局面紧迫；而北宋汴梁宫前天街漫长宽阔，雄伟深邃。明北京城规划则汲取汴梁天街的布局，将皇城南墙向前拓展，形成从正阳门至午门的轴线，增添宫城森严的气势与幽邃的神采。

第三，宫后堆山屏障。元大都大内后御苑无山，明南京宫城后有山。明北京规划则汲取南京宫后有山的格局，将宫城护城河中挖出之土，运至宫后御苑，堆成高达49米的万岁山（清改称景山）。清乾隆十六年（1751年），在景山五峰上建五亭——中为万春，左为观妙、周赏，右为辑芳、富览，从而给紫禁城点缀了秀丽的景色。

第四，祖社紧连皇宫。元大都太庙在东城齐化门（今朝阳门内），社稷坛在西城和义门（今西直门）内，都既不对称，又远离皇宫。明北京规划则在承天门（清改称天安门）东西朝房两侧，布置了"左祖右社"的太庙（今北京市劳动人民文化宫）和社稷坛（今中山公园），使太庙与社稷坛紧连皇宫，更增加皇权的神秘感。

第五，宫城位置居中。秦、汉、隋、唐诸大一统朝代，宫城位置均不居中。辽南京的皇城在外城西南隅，金中都的宫城在外城中略偏西，元大都的大内虽东西适中却偏南，都不在全城的中心位置。明北京的宫城居于全城之中，体现了皇权中心的设计观念。

第六，太液退居客位。元大都的宫殿布局是"太液为主、宫殿为客"，即以太液池为中心，大内和兴圣宫、隆福宫，分别位于其两侧。明北京的宫殿布局是"宫殿为主、太液为客"，即以宫城为中心，太液池则忝（tiǎn）置宫城之侧。明北京与元大都相比，宫殿同太液之关系，发生了主客互置的变化。

由上可见，元、明宫殿布局之变动，是蒙古族草原游牧文化与汉族中原农耕文化的显现。

中国历史上曾有很多的宫殿，秦阿房宫、汉未央宫、唐大明宫等，唯见典籍载宫阙，更觅荆棘卧铜驼。然而，明清宫殿保存完好，在北京城中威严壮观，巍然屹立。紫禁城宫殿是中国现存规模最大的木结构建筑群，也是世界上罕见的古代宫殿建筑群。在紫禁城宫殿里，先后有明代14位皇帝和清代10位皇帝，凡491年，口含天宪，君临天下。他们治居之所的宫城，共有八座城门：东为东华门，西为西华门，北为玄武门（清康熙帝玄烨避其名讳而改称神武门），南面有三重门——第一重为承天门（清改为天安门），第二重为端门，第三重为午门及左掖门和右掖门①。但是，清乾隆修《国朝宫史》时，将天安门列为紫禁城正门②。天安门之门楼建在13米高的砖台上，台中开五门。台上

---

① 《明宫史·宫殿规制》；《天府广记》卷五。又见阎崇年《北京皇城正门析辨》，《北京晚报》1988年2月6日。
② 《国朝宫史》卷一〇。

城楼重檐歇山顶，覆以黄色琉璃瓦，东西宽九间，南北深五间，南向有十根红漆明柱，台上四周有汉白玉栏杆。其前临金水河，河上架七桥。南北石狮各二，南有华表对峙，上雕石犼。故事：门前石犼，昂首望天，皇帝出幸不归，犼言："国君不要游幸无度，回朝治理国政！"其名被称作"望君归"。门后石犼，目望宫廷，皇帝闻娱不出，犼言："国君不要宫壸（kǔn）沉湎，出去巡察民情！"其名被称作"望君出"。天安门也是朝廷大典、金凤颁诏之所。天安门北为端门，南立华表二，左右两庑各二十二楹。端门北为午门。门分为五：皇帝出入中门，亲王、宰相、嫔妃、公主、皇子、达官、显宦等出入两侧门，其他文武官员则只能由两掖门出入。午门楼坐落在高台之上，平面呈凹形，中为九间重檐正楼，两侧各有两座阙阁相联接，建成五座楼阁，形如凤翅，俗称五凤楼。午门之内，为宫城即紫禁城，分外朝、内廷和御园三大部。

外朝，以太和殿、中和殿、保和殿三大殿为主体，文华殿与武英殿为两翼，是皇帝举行大典和从事朝廷活动的殿堂。三大殿初称奉天殿、华盖殿和谨身殿，但建成后遭雷火焚毁。至嘉靖三十六年（1557年）重建后，又遭雷火焚毁。再至嘉靖四十一年（1562年）建成后，命建雷神庙，并改其名为皇极殿、中极殿和建极殿。清军入关后，顺治二年（1645年），重建三大殿，依次改其名为太和殿、中和殿、保和殿，突出一个"和"字。顺治八年（1651年），重修承天门竣工，改其名为天安门。翌年改皇城后门名为地安门。再加上皇城原有之东安门和西安门，于是东、南、西、北四门，都突出一个"安"字。清朝紫禁城各城门匾额，也都以满文与汉文合璧书写。清帝以此显示民族协和、江山安定为其治国之策。

太和、中和、保和三大殿，占据紫禁城的主要空间，面积达85000平方米。三大殿依次布置在高达8米、呈"土"字形的台基之上，显得气势威严、规模雄伟。太和殿是紫禁城中最高最大的宫殿。它面宽65米，进35.5米，全高35.05米，建筑面积2377平方米。太和殿是皇权的象征，中设宝座，"每岁元旦、冬至、万寿三大节及国家有大庆典，则御殿受贺。凡大朝会燕飨、命将出师、临轩策士及百僚除授谢恩，皆御焉"。[1] 在此宝座上坐过的皇帝明朝有14位，清朝有10位。其中在位时间最长的是清康熙帝，凡61年；在位时间最短的是明泰昌帝，仅1个月。寿龄最高的是清乾隆帝，享年89春秋；寿龄最小的是清同治帝，只活了19岁。登极时年龄最大的是明洪熙帝，时年47岁；年龄最小的是清宣统帝即溥仪，当时他只有3岁。皇帝在太和殿的帝王大朝生活，一般是晨击一鼓，百官齐集午门外，班立肃候。击二鼓，由礼官导引进入殿前广场，场中设品级铜山，自正一品至从九品各十八，为文武官员行礼班位，各官依次站定。击三鼓，皇帝在礼乐声中入殿升座。然后有数米长之大鞭，在陛下连鸣三响，以壮威仪。随之高奏《万岁乐》，群臣礼拜。乐毕，依制进行朝会之预定内容。然后，文武百官在礼乐声中礼拜，山呼"万岁，万岁，万万岁"之声，响彻殿前上空，传入殿堂。皇帝回宫，典仪告毕。大典时仪仗队多至3000人。其庄严、肃穆气氛旨在表明："以一人治天下，以天下奉一人。"(《日下旧闻考》卷一七作："惟以一人治天下，岂为天下奉一人。")即苍天之下，惟予一人；神州之内，惟予臣民。

中和殿在太和殿后面，是一座四角攒尖、宝顶鎏金的方形殿堂。

---

[1]《国朝宫史》卷一一。

陛左右出，各有三重，殿内御笔匾曰"允执厥中"，中设宝座。凡遇三大节（元旦、冬至、万寿），皇帝先在此升座，诸大臣等行礼毕，然后出御太和殿。

保和殿在中和殿后面，殿九楹，中设宝座。每科朝考新进士，翰林院引入殿内，左右列试。御笔定出一甲第一名状元，第二名榜眼、第三名探花等，然后由礼部张贴金榜于长安左门外（今南池子南口迤西红墙处），称金榜题名。清代每岁除夕，皇帝御殿筵宴外藩蒙古王公等。殿后石阶中道上的云龙刻石，长16.57米，宽3.07米，重约250吨，是一块闻名的巨型石雕。保和殿后有云台左后门，称平台。在这里演出许多历史故事。明崇祯二年（1629年），后金（后改号为清）汗皇太极，从盛京（今辽宁沈阳）发兵，绕道入关，围攻北京。明兵部尚书、蓟辽督师袁崇焕闻警后，亲率骑兵，千里入援，"士不传餐，马不再秣"[①]，疾驰三昼夜至京师广渠门外。后金军被袁军打败。皇太极恼羞成怒，布设下袁崇焕秘通后金的反间计。崇祯帝误中其计，以议军饷为名，在平台召见袁崇焕将他下诏狱，后在西市处以凌迟之刑。（《旧京遗事》）。后人为了纪念袁崇焕之业绩，在今龙潭湖公园修建袁督师庙。北京被围时，四川女帅秦良玉率师北行入援。秦良玉"饶胆智，善骑射，兼通词翰，仪度娴雅"[②]。崇祯帝在平台召见秦良玉，赐诗一首："蜀锦征袍手制成，桃花马上请长缨。世间不少奇男子，谁肯沙场万里行？"后失地收复，秦良玉南归。

文华殿和武英殿在三大殿的左右两翼。文华殿，明英宗正统帝命

---

① 程本直《白冤疏》，《袁督师事迹》，载阎崇年编《袁崇焕资料集录》下册。
②《明史·秦良玉传》。

官将全国文武官员的姓名书写在殿内屏风上，以考察其政绩，参酌升迁或降免。清帝在殿内举行经筵，时在每年春、秋仲月，皇帝临殿，由讲臣侍讲，宣示御论，然后赐茶。其东的传心殿，祀皇师、帝师、王师、先圣、先师，经筵时皇帝亲诣行礼。殿东有内阁大库，在明代贮藏《实录》、诰敕、题稿等；在清代贮藏《满文老档》、《实录》、敕书、题本等，以及保存至今的明、清两朝档案 1000 余万件。殿后的文渊阁，建于乾隆三十九年（1774 年），是专为贮藏《四库全书》的殿阁。阁顶为黑色琉璃瓦绿剪边，阁前引金水河之水穿流而过。从五行观念和实用方面，都是为着防止火灾。阁内珍藏的《四库全书》分经、史、子、集四部，收书 3471 种，79018 卷，装帧成 36381 册，是古代世界最大的一部丛书①。武英殿，明代皇后生日，有时在殿内举行朝贺典礼。清军入关后，睿亲王多尔衮在武英殿里理政。康熙朝编的《古今图书集成》之 25 万字铜活字储存殿内。其后的仁智殿，俗称老虎殿，是明代皇帝死后停灵之所。其南的南薰殿，存放中国历代帝王像。

内廷，以乾清宫、交泰殿、坤宁宫三大宫为主体，东六宫和西六宫为两翼，是皇帝从事日常生活的宫殿，有的宫殿也是诸帝日常理政的殿堂。内廷区的前门为乾清门。门广五楹，中门三陛三出，各九级。清帝在此御门听政，门下陈设御座黼扆（fǔ yǐ，宝座后的屏风），部院以次启奏，内阁面承谕旨。御制御门诗云："凌晨御内朝，咨采接群彦"；"畴咨内朝门，封章待批答"。门内即为乾清宫。乾清宫在

---

① 《四库全书》共抄成七部，另有副本一部，北京紫禁城文渊阁和圆明园文源阁各藏一部，另五部分藏于盛京文溯阁、承德文津阁、扬州文汇阁、镇江文宗阁和杭州文澜阁，副本藏于翰林院，供士子阅读。经过战乱，现存三部：一部存北京，一部存台北，另一部存甘肃。

明代和清初，是皇帝的寝宫。清顺治帝和康熙帝，还在宫内临轩听政、召对臣工、接见使臣和披阅奏章等。康熙帝死后，雍正帝将寝宫移至养心殿，养心殿则成为皇帝日常理政之殿堂。乾清宫中设御座，内刻理政亲贤之言："知人则哲，安民则惠"；"功崇惟志，业广惟勤"等。御座之上，有"正大光明"匾，匾后藏建储锦匣。先是，明代皇位继承一般以嫡长制，但清朝无此规制。清太祖努尔哈赤、清太宗皇太极、清世祖福临和清圣祖玄烨死后，都在皇位继承上发生麻烦。康熙帝生前两度废立皇太子，为此痛哭流涕，彻夜不寐。雍正帝鉴于以往之教训，设秘密建储制，即将皇帝中意之皇太子姓名，密封在建储锦匣内，并将其置于匾后。皇帝死后，诸大臣当众取下建储锦匣，宣示皇位继承者。这就避免了为争夺皇储或皇位而骨肉相残。不过，清朝后期咸丰、同治、光绪三帝，由于只有一子或无子，即没有采用此秘密建储之法。还有，康熙帝和乾隆帝的"千叟宴"，宴请60岁以上满、汉文武大臣等，前者1020人，后者3000余人，均在乾清宫前举行。乾清宫后的交泰殿，是方形、单檐的宫殿，在清朝主要是皇后在元旦、千秋（皇后生日）、冬至三大节，帝王女眷会聚之所。交泰殿后的坤宁宫，是皇后的正宫，其东暖阁为皇帝大婚的"喜房"。

东六宫和西六宫在三大宫的左右两翼，主要是后妃生活的地方。东西六宫名称多有变更，清代东六宫为景仁宫、承乾宫、钟粹宫、延禧宫、永和宫和景阳宫，西六宫为永寿宫、翊坤宫、储秀宫、启祥宫、长春宫、咸福宫。此外，三大宫再东之宁寿宫、再西之慈宁宫等，均为帝后之生活区，待后面叙述。

二 皇家坛庙苑林

明清的坛庙,有官方的,也有民间的;前者又有朝廷的,还有地方的。朝廷的坛庙,亦可称之为皇家坛庙,帝王在此进行祭祀活动。明清的苑林,有官方的,也有民间的;前者又有朝廷的,还有地方的。朝廷的苑林,亦可称之为皇家苑林。

皇家的坛庙,占有重要位置。"国之大事,在祀与戎。"皇帝亲临坛庙,举行祭祀典礼,是朝廷的重大活动。中世纪的中国,同欧洲各国一样,神权至高,皇权至上。但有所不同,罗马教皇立奥三世于800年(唐德宗贞元十六年)圣诞节,在罗马圣彼得大教堂为查理大帝加冕;中国皇帝登极,则只是告祭天神,无须其干预。在中国帝制社会里,以哲理而言,神权为主,皇权为客,所以皇帝才称为天子;但以现实而言,皇权为主,神权为客,所以皇帝才敢于灭佛毁经。中国皇权一元,"天无二日,世无二主";但神权多元,"天生英物,必有神主之"。有神必有庙,明清时祭祀之神庙多得惊人。明清的坛庙,祭祀皇帝祖先之太庙和祭祀土地、五谷神之社稷坛，均贴近皇宫，即前述之"左祖右社"。其他重要坛庙及帝王之祭祀，分述如下：

天坛。先是，辽建陪都燕京，而祭天于木叶山，坛制不备。金初因辽俗，设位而祭。至海陵天德年间，始于丰宜门外设南郊圜丘坛，坛圆三重，成十二陛。元之初，祀礼皆因蒙古俗。忽必烈定都燕京后，在丽正门外建祭坛，设天神地祇二神位，行天地合祭之礼。后建坛，凡三重。明永乐十八年（1420年），建坛，仿南京之制，共二十四坛①。嘉靖间改为天地分祀。祭天之坛为圜丘坛，形圆象天。清朝因之，重加缮治，其制益备：

圜丘在正阳门外南郊，形圆象天。南向，三成。上成径九丈，高五尺七寸；二成径十有五丈，高五尺二寸；三成径二十一丈，高五尺。上成石面九重，自一九环甃递加至九九；二成自九十递加至百六十有二；三成自百七十有一递加至二百四十有三；合一三五七九阳数。每成四出陛，皆白石，九级。上成石栏七十有二，二成百有八，三成百八十，合三百六十周天之度；柱如之。②

圜丘之面石、柱石等，皆为九或九之倍数。其内形圆，门四座，皆六柱三门。设燔祭炉一、瘗坎一、燎炉五、灯杆三。外形方，门制同内，各门设燎炉一。祭祀昊天上帝之牌位，置于皇穹宇，位在北门之后。皇穹宇南向，环转八柱，圆檐，金顶。围垣形圆，即为著名之回音壁。

---

① 孙承泽《天府广记》卷六。
②《大清会典》，《日下旧闻考》卷五七。

坛内尚有斋宫、神乐观、牺牲所，为斋戒、乐舞、宰牲而设。祭天之礼，时在冬至。先一日皇帝出宫，入坛西门，诣斋宫。祀日，日出之前，皇帝御祭服乘辇，至二成黄幄，就祭拜伫立。燔祭迎帝神，乐奏《始平之章》。皇帝诣一成上帝位前跪上香，行三跪九拜礼。依次进玉帛、进俎、献爵、读祝、撤馔、送神、礼成。其间，先后奏多种乐章，舞干戚之舞。最后，皇帝回銮还宫。但是，皇帝常不亲诣祭天之礼，而遣皇子或重臣代行之。逢天大旱时，皇帝或至天坛祈雨，万历十三年（1585年）四月十七日，帝以大旱，祷于天坛①。康熙十八年（1679年）四月，大旱，康熙帝步祷于天坛，祈雨②。《康熙起居注》载："上因亢旱祈雨，躬祀天坛，不理政事。"③但是，步祷于天坛，并非由紫禁城步行至天坛，而是乘马出宫至天坛，《清圣祖实录》载：

上诣天坛祈雨，自西天门步行至祭所，读祝甫毕，甘霖随降。祭毕，上步行出西天门，始乘马回宫。④

皇帝不仅祭天祈雨，还祀殿祈谷。祈谷坛即大享殿、大祀殿，又称祈年殿。其殿：

坛圆，三成，南向。上成径二十一丈五尺，二成径二十三丈二尺六寸，三成径二十五丈。面甃金砖，围以石。石阑四百二十。南

---

① 《明通鉴》卷六八。
② 《清圣祖实录》卷八〇。
③ 《康熙起居注册》康熙十八年四月十二日。
④ 《清圣祖实录》卷八〇，康熙十八年四月己卯。

北三出陛，东西一出陛。上成二成各九级，三成十级。坛上建祈年殿，制圆，内外柱各十有二，中龙井柱四，檐三重，上金顶①。

祈年殿顶的琉璃瓦，乾隆重修时易为蓝，与天一色，增添其爽丽神美之彩。殿内四龙柱，象征一年四季；内柱十二，象征一年十二月；内外二十四柱，则象征一年二十四节气。祈谷之礼，正月上辛。先祀一日，皇帝诣天坛斋宫住宿。祀日，皇帝由祈年门左门入，进殿左门，至拜位行礼。进帛一，燔祭迎帝神，奏乐，进俎，撤馔，送神，礼成。

地坛。在安定门之北，明嘉靖九年（1530年）建，为制二成，缭以墙垣。每逢夏至，祭皇地祇，北向。其东一有五岳，西一有五镇；东二有四海，西二有四河。坛垣覆黄色琉璃瓦，四面出陛，外有棂星门四，并有神库、神厨、宰牲亭、祭器库等。清沿明制，仍行祭地之大礼，但皇帝多不亲祭，而遣官代行之。天坛在南，地坛在北；天坛呈圆形，地坛呈方形——天圆地方，乾坤相对，颜色迥异，特点鲜明。

日坛。在朝阳门外，嘉靖九年建，为制一成，缭以墙垣。夏至之日，祭大明神，西向。清代重修。坛为白石砌成，坛面为红琉璃，以象征太阳。坛垣正面有白石棂星三门，竖立六柱，南、东、西各一门，门各二柱。祭用太牢、玉，礼三献，乐七奏，献舞八佾。定制：甲、丙、戊、庚、丑年，皇帝亲祭，祭服跪拜。余年遣大臣摄祭。像明万历帝，二十余年不预政，更不能亲祭大明之神。

月坛。在阜成门外，嘉靖九年建，为制一成，缭以墙垣。秋分之日，祭夜明神，东向。清代重修。坛为白石砌成，坛面为白琉璃，以象征月亮。

---

① 《大清会典》，《日下旧闻考》卷五八。

坛垣正东有白石棂星三门，竖立六柱，南、西、北各一门，门各二柱。祭用牲、玉，献舞八佾，乐用六奏。从祀有木、火、土、金、水五星及周天星辰。丑、辰、未、戌年，皇帝亲祭，祭服跪拜。余年遣大臣摄祭。但实际上多为大臣代行祭之。日坛在东，月坛在西；祭日时寅，祭月时亥——日东月西，阳阴相对，红白琉璃，各具特色。

上述祖、社、天、地、日、月诸坛庙，其布局：皇宫居于中心，左翼为祖，右翼为社，天坛在南，地坛在北，日坛位东，月坛位西，共同拱佑神圣皇权。这充分表明，在中国明、清帝制时代，皇权至高，帝权至上，君权为主，神权为客。

此外，祭祀自然神如山川坛、龙王庙，祭祀农事神如先农坛、先蚕坛，祭祀武事神如旗纛（dào）庙、马神庙，祭祀文君神如文庙、文昌阁，祭祀都市神如城隍庙、都城隍庙，祭祀先圣先贤庙宇如历代帝王庙、汉寿亭侯庙、文丞相祠、于谦祠、袁督师庙（后建）等。

坛庙，略如上述；苑林，简述如下。

明清北京皇家苑林，首推内廷花园，即大内紫禁城里的御园，以坤宁宫后之御园为主体，宁寿宫花园和慈宁宫花园为两翼，从而组成宫城中的内廷园林。园中的亭台廊轩、山石花树，是为帝后妃嫔休憩游赏而建，众多之殿堂楼阁、斋屋宫馆，是供其敬神、礼佛、藏书、颐养而设，于是形成独具一格之内宫花园。

御花园，在坤宁宫之后，明代称作宫后苑，始建于永乐十五年（1417年），以后不断增修，但仍保持初创时之格局。全园南北深90米，东西宽140米，占地12000多平方米。园内主体建筑为钦安殿，是皇帝祭祀道教之神的殿堂。殿面阔五间，进深三间，重檐，黄琉璃瓦顶，屋顶中央置鎏金宝顶。殿基为汉白玉石须弥座，前出月台，周环望柱栏板。殿有墙垣，院落独立，动中取静，气氛肃穆。殿之西北为延晖阁，东北为御景亭。延晖阁背倚宫墙而建，它"禁林高阁枕红墙"，"雪朗西山送寒色"，站在阁上能饱览西山积雪之佳景。御景亭建在人工堆叠之堆秀山上，有迂回磴道，可登亭观景。这里是九月九日重阳节帝后登高远望之处。园中除御景亭外，还有八座亭子左右对称地布置在中轴线之两侧，四周有山水掩映，花木衬托。四对亭子自北而南是：玉翠亭与凝香亭，结构雷同，方形四柱，攒尖亭顶，上覆黄、蓝、绿三色琉璃瓦；浮碧亭与澄瑞亭，各立桥上，下为方池，金鱼嬉游，景色旖旎；万春亭与千秋亭，结构相同，上圆下方，抱厦四出，绚丽秀美；井亭两座，方形四柱，琉璃瓦顶，小巧精致。园内树木与花卉，泉池与轩斋，布置得当，异常细腻，甚至甬道，组石成图，增加了御园清爽、幽趣、宜人之意境。

宁寿宫花园[①] 又称乾隆花园，是乾隆帝为退政后颐养天年而建。花园布置在南北深160米，东西宽37米的狭地，仅占地5920平方米。它分为四进院落，衍祺门内，第一进以古华轩为主体，院中布设山石亭台，别具风采。其西禊赏亭抱厦中设流杯渠，引水渠中，浮杯水上，杯停赋诗，饮酒为乐。其东南角借曲尺廊隔出小院，布设巧妙，步移景异。其西北假山上建旭辉庭，经爬山廊与禊赏亭联通。曲尺廊与爬山廊，曲直相间，斜平异趣，构思新颖，漫步怡性。第二进以遂初堂为主体，院内湖石点景，环境雅致幽静。第三进以山景为主，院中峰峦迭宕，奇石突兀，崖谷峻峭，洞壑邃幽。环山点缀建筑景点，北为萃赏楼，

[①] 侯仁之主编《北京历史地图集》作"慈寿宫花园"，似应作"宁寿宫花园"。

西有延趣楼，山上有耸秀亭，上下画廊，回曲相联。山麓之阳，有三友轩，取松、竹、梅岁寒三友之意，轩内有暖炕，为乾隆帝冬季游园憩息之所。轩内月亮门，竹编为地，紫檀雕梅，玉琢梅花，图新色谐。最后一进以符望阁为主体，阁内间断纵横，曲折迂回，装饰精美，变幻无穷。观赏阁内景色，至少需转二十个方位。置身其中，穿门越槛之时，常迷路径，故俗称之为"迷楼"。阁前堆山之上的碧螺亭，全用梅花图案，其下为五瓣须弥座，圆形栏板雕刻梅花，亭檐额枋彩绘梅花，亭顶五条垂脊分为五个坡面则象征梅花五瓣。五柱五脊之梅花形碧螺亭，系以无数梅花簇拥而成之大梅花篮，故俗称之为"梅花亭"。亭下之倦勤斋，有小戏台，乾隆帝尝命南府太监在此唱岔曲，即小唱，以八角鼓、三弦赓和之[1]。

　　慈宁宫花园，是太皇太后、皇太后和太皇太妃、皇太妃礼佛、憩息、漫步之园。清初，以明仁寿宫故址，建慈宁宫。是宫为太皇太后、皇太后与太皇太妃、皇太妃的居处之宫。清制："皇太后正宫实惟慈宁宫。"[2]初，顺治母孝庄皇太后居慈宁宫，太后既参禅，又挂十字圣牌。张煌言《苍水赋》云"春官昨进新仪注，大礼恭逢太后婚"，即隐指皇太后下嫁睿亲王多尔衮。孟心史先生《太后下嫁考实》已证其为虚[3]。顺治帝死，康熙帝即位，尊其为太皇太后。病，康熙帝亲调药饵，寝食俱废；死，康熙帝昼夜在梓宫前号痛，住宫前帷帐中。乾隆时，皇太后八十庆寿，凡六十岁以上齐眉命妇，均得邀彩缎珍品之赐[4]。岁三大朝，帝率王公大臣诣慈宁宫称

---

[1]《清官述闻》卷六。
[2]《清官述闻》（初续编合编本）。
[3] 孟森《心史丛刊》（外一种）。
[4]《清稗类钞·恩遇类》。

庆，凡四十年之久。按制，皇太后由十二名宫女服侍。但是，除太皇太后和皇太后之外，先朝嫔御退居别宫者，"每月分例银至薄，不足自给，往往作针黹（zhǐ），令内监鬻（yù）于市"。此有《清宫词》为证：

宫中节俭迈前明，生活针神事事精。
绣出乘鸾天上女，监奴捧出万人惊。

慈宁宫内的太后、太妃们，整日寡居无事，常在慈宁宫花园里消磨时光。慈宁宫花园比宁寿宫花园略大些，占地6800余平方米。全园仅有馆楼亭台等11座，多为礼佛之所。因慈宁宫内全为先帝之遗孀，她们中像顺治帝生母孝庄皇太后、乾隆帝生母孝圣皇太后那样，生逢盛世、母仪天下，捧觞受庆，享尽荣华者，毕竟是寥若晨星。大多数太妃、太嫔却是青灯一盏，长夜永昼，过着"红颜暗老白发新"的清寡生活。信佛拜佛、焚香诵经成为其耗磨时日的精神生活。故这里安设许多佛堂，使之成为一处脱离尘世的佛境。园中主体建筑咸若馆，馆东之宝相楼，馆后之慈荫楼，以及园中之临溪亭等，都被用来供佛。这里常年焚香诵经，几为佛陀世界。佛堂里香烟缭绕，经声低朗，佛堂外草木疏寂，铎声叮咚——太妃和太嫔们在百无聊赖的守寡期间，只有从虚幻的佛界中，寻求精神慰藉，祈求来世幸福，挨过风烛残年。同时，园内景区，地面平坦，甬道平直，无起伏山石，通幽曲径。这是为着同太后、太妃灰冷的心境和衰老的体力相适应。园中栽植的松柏、丁香，也显得格外清淡、素雅，同整个花园低沉、闷郁的氛围相协调。

明清北京皇家苑林，还推皇家苑囿。在北京内城有景山、西苑、动物园，在南郊有南海子，在西郊有"三山五园"等。

景山，明代称万岁山，清顺治十二年（1655年）改名为景山。山之东麓，树浓草茵，鹤鹿成群，是明代射箭之所。此处的观德殿，明崇祯帝在此接见过大臣。山之北麓，有北果园。园中寿皇殿，是清廷供奉先帝影像之殿堂。山之巅有蹬道可上，皇帝重阳节尝于此登高赏景。明成化帝时，国子监生员虎臣知皇帝要在万岁山上架设棕棚，以备登山远眺之用后，便上疏谏止。成化帝已纳虎臣之谏，但国子监祭酒费訚不知底细，怕虎臣闯祸而鸣集生员，历数其罪，并铐锁之。不久，太监宣旨拆卸棕棚，并封虎臣为官，费訚羞惭不已。明末崇祯帝即死在万岁山。崇祯十七年（1644年）三月十八日暝，都城陷。崇祯帝赐周皇后自尽；又命袁贵妃自缢，系断，崇祯帝又拔剑斫其肩；宫人入御河死者及从死者一二百人①。崇祯帝见城陷，入寿宁宫，长平公主牵帝衣哭，帝曰："汝何故生我家！"以剑断其左臂；又于昭仁殿剑斫昭仁公主②。最后，崇祯帝披发跣足，自缢于万岁山下。③

西苑，元称太液池，明时太液池在宫城之西而称西苑。西苑分南海（明时增挖）、中海和北海，又称三海。南海，从宝月楼（今新华门）到蜈蚣桥。相传乾隆帝为香妃即容妃建宝月楼。乾隆帝《宝月楼诗》云："冬冰俯北沼，春阁出南城；鳞次居回部，安西系远情。"楼北之湖心岛筑台，明称南台，清名瀛台。台上有码头，天启帝同太监乘舟戏游，风起浪涌船翻，太监将其救出水。《天启宫词》云"须臾一片欢声动，

---

① 《明史·后妃二》。
② 《明史·公主传》。
③ 《明史·庄烈帝本纪二》。

捧出真龙水面来"①,说的即是此事。台上之涵元殿,为光绪帝戊戌变法失败被幽死之处。中海从蜈蚣桥到金鳌玉𬭎桥（今北海大桥）,其南岸的勤政殿,是炎热夏季或大内兴工时康熙帝听政之所。殿西为丰泽园,康熙帝曾在此试种水稻新种,邀集大臣前来观看并赐宴。园内春藕斋,林木浓阴,景色迷人。斋北海晏楼,西洋式样,是慈禧太后接见女宾之所。其西岸的紫光阁,为阅试武进士之处。乾隆帝仿麟阁绘形之制,绘征战功臣像于阁中。同治帝在紫光阁接见日、俄、美、法、荷、英六国使臣。其东岸之万善殿,清初派太监在寺殿中削发为僧,焚香礼佛。中元节在此做道场,放焰口,燃池灯。池中之殿称水云榭,乾隆帝书"太液秋风"碑立在榭中。北海,在中海之北,以琼华岛为中心。岛上立白塔,为全城最高点。清在塔上设立号杆、龙旗、灯笼、信炮,其制曰:

> 议定于白塔山暨九门,各设炮五位,竖旗五杆,遇有警急,声炮为号;旗杆上昼则悬旗,夜则悬灯;白塔鸣炮,则九门皆应之。②

塔东林木参天,为"琼岛春阴"乾隆御碑之处。塔西之阅古楼,有三希堂法帖碑。岛北之五龙亭,是太后夏日消暑之地。亭西北之万佛楼,乾隆帝庆其母八十寿辰,铸金佛万尊,其最大者用金588两,分列楼内。后金佛被掠,佛楼被毁。楼东之镜清斋（后改称静心斋）,为园中之园,是苑林艺术中之精粹。

动物园,在太液池西北有虎城,养虎。虎在阱里,外围铁栅。明

---

① 秦徵兰《天启宫词》,《明宫词》。
② 《大清会典事例》卷五七九。

正德帝喜欢至虎城,宫词云:"窄衫盘凤称身裁,玉靶雕弓月梯开。粉红别依回鹘队,君王新自虎城来。"①虎城之西有豹房,之北有牲口房,之西北有百兽房。百兽房畜养犀牛、象、海豹、猞猁狲等。在紫光阁旁有百鸟房,畜养珍禽异鸟,如孔雀、金钱鸡、五色鹦鹉、白鹅、文雉、貂鼠等。明朝等级,施及动物。如虎食将军俸禄,象食指挥使俸禄等。清初,上述动物园已废弛。康熙帝在畅春园西花园迤西,修建畜虎之城。城用砖砌,上覆铁幪(méng)木排,内设城楼,以便观虎。虎城有人与虎斗之故事。乾隆时,一僧人负罪到京,自称能呼风唤雨、降龙伏虎。僧人拟磔刑,但乾隆帝令其与虎相搏,以察其法术。僧人入虎城后,与虎相搏,虎声僧影,格搏竟日,僧人与虎,力疲卧地,无分胜负。清末虎城荒圮,在西直门外乐善园旧址建万牲园(今北京动物园址),从印度、德国购进驯象、白鹿、斑马等,后从美国得到藏犬。光绪三十四年(1908年),万牲园接待外国观众。廓尔喀(尼泊尔)贡使观后称:北京"有万牲园一座,内中楼阁宏敞,生物俱备,为世界奇观"。

南海子,元代称下马飞放泊,是北京最大的园林猎场。明永乐帝崇尚习武行猎,将南海子拓展,周围120里,绕以垣墙。②后明帝多厚文薄武,沉湎女色,南海子逐渐衰落。满洲贵族入主中原,崇尚骑射,南海子得到恢复和发展。南海子又称南苑,增至九门。苑内有九十四泉,凉水河与团河相通,泉水清澈,林木茂密,獐鹿雉兔,不可胜计。春蒐(sōu)冬狩,行围习武。行围之时,海户驱兽合围,骑士驰射其中。

---

① 王世贞《正德宫词》,《明宫词》。
② 《大清会典事例》卷七〇八。

苑中有晾鹰台（明称按鹰台），台临潴（zhū）水五海子，筑七十二桥济渡。晾鹰台高19.2米，周径38.4米。大阅之典，在晾鹰台举行。大阅时，皇帝御晾鹰台，八旗分列左右，内大臣、都统等各率旗属，画角先鸣，呐喊前进。阅操礼毕，皇帝回圆幄，释甲胄，颁赏，赐宴。每旗摆筵五十桌，凡二十四旗，列宴千席，规模壮观。清初定制，大阅典礼，三年一行，永著为例①。后时间不以三年为限，地点也不尽在南苑。清乾隆帝还在南苑接见哈萨克、布鲁特、塔什罕等使臣，并施放烟火。

在西郊还有"三山五园"。三山五园，是指香山静宜园、玉泉山静明园、万寿山清漪园（后称颐和园）和畅春园、圆明园。

静宜园，凭藉香山自然景色，康熙帝又建香山行宫，并对香山景物进行营建和修饰。乾隆帝又加扩建，垣内共有二十景：勤政殿、丽瞩楼、绿云舫、虚朗斋、璎珞岩、翠微亭、青未了、驯鹿坡、蟾蜍峰、栖云楼、知乐濠、香山寺、听法松、来青轩、唳霜皋、香岩室、霞标磴、玉乳泉、绚秋林和雨香馆。香山东麓有碧云寺，寺内罗汉堂有五百罗汉。寺内金刚宝座塔，通高34.7米，全部用汉白玉石砌成。塔座下面开券室，孙中山先生衣冠即封葬于此。

静明园，在玉泉山之阳。山泉密布，泉水趵突，晶莹如玉，故称玉泉。据传12世纪末金代已临泉建殿，至康熙时创建静明园，乾隆时又扩建，共三十二景②。燕京八景之一的"玉泉趵突"即在静明园。

清漪园（颐和园），清康熙四十一年（1702年），在明好山园址

---

① 《大清会典事例》卷七〇四。
② 吴振棫《养吉斋丛录》卷一八。

上扩建瓮山行宫。乾隆十五年（1750年），乾隆帝为庆祝皇太后六十寿辰，在此兴建佛寺，改瓮山名为万寿山，改西湖名为昆明湖，开始大规模地营造园林，命名清漪园。又拓展湖面，使原在东堤上之龙王庙，坐落在南湖岛上。湖中设战船，仿闽、粤巡洋之制，调健锐营弁（biàn）兵在湖内操练。又引湖水出闸，沿长河入城。清帝后可乘辇出宫，至西直门外高粱桥附近之倚虹堂，弃辇登舟，溯河至清漪园游幸。至光绪年间，慈禧太后命重新修建，改名为颐和园，耗银3000万两，一说8000万两，甚为惊人。园内分为宫殿区、内廷区、前山区、南湖区和后山区。宫殿区主要建筑为仁寿殿，慈禧太后在此理政，君临天下。内廷区由乐寿堂等组成，临湖依山，景色秀丽。其前之玉澜堂，是光绪帝的寝宫，也是"戊戌政变"后囚禁光绪帝之堂室。西太后则每年四月至十月住居于乐寿堂。前山区的长廊，长728米，彩绘画14000余幅，一步一景，绚丽多彩。佛香阁与排云殿依山而筑，极为壮观。南湖区的十七孔桥，虹卧昆明湖之上。湖心岛龙王庙，亦点缀风采。后山区的买卖街，沿河设店。每当帝后游幸时，由太监们装扮成商人和顾客，叫卖争买，异常喧闹，以博得帝后之欢心。总之，颐和园作为清代帝后之行宫、苑囿，它依山临水，园外借景，自然与建筑结合，布置殿堂楼阁、厅馆轩榭、亭台廊坊、桥塔寺庙，点缀以名花异木、奇峰怪石。颐和园是中国现存最大的皇家苑林，它集中了中国古代建筑艺术之精华，是中国园林艺术之瑰宝，也是世界园林艺术之精品。

畅春园，清康熙帝因明外戚李伟别墅故址，借丹陵沜（pàn）泉水，依高为阜，因卑成池，兴建楼阁，造湖堆山，建成新园林，赐名畅春园。园设墙垣，内分三路：中路之"九经三事殿"，为园中正殿，是康熙听政之所。康熙五十二年（1713年），康熙帝六十岁生日之"千叟宴"，在园中举行。东路主要建筑为澹宁居，前殿为康熙帝理政、选馆之所，后殿为其读书之处。乾隆帝少时，由其祖父康熙帝养育于澹宁居。后乾隆帝诗云：

忆昔垂髫岁，赐居曰澹宁；
无忘斯龟勉，有勒在轩庭。

康熙三十年（1691年）以后，康熙帝很少住紫禁城，多居畅春园。园内清溪书屋，为康熙帝晏寝之所。西路之无逸斋，正殿五楹，康熙时太子允礽在此读书，后为皇子、皇孙读书之所。清制："皇子、皇孙六岁，即就外傅读书。寅刻至书房，先习满洲、蒙古文毕，然后习汉书。师傅入直，率以卯刻。幼稚课简，午前即退直。退迟者，至未正二刻，或至申刻。惟元旦免入直，除夕及前一日，巳刻准散直。"①畅春园之北为圆明园。

圆明园，康熙四十八年（1709年）开辟，初为雍亲王藩邸赐园。雍亲王继承皇位后，对圆明园进行大规模修整，颇具朝署规制。乾隆帝六巡江南，命模仿江南名园，对其北拓，增修长春园，又并建绮春（万春）园，成形圆明三园，但习惯上统称之为圆明园。圆明三园周围20里，占地5200亩，建筑面积约相当于紫禁城的全部建筑，水面约略等于昆明湖。圆明园有四十景，后增八景；长春园有三十景；万春园有三十景；三园共一百零八景。全园除风光绮丽与建筑壮丽外，还有数以百万计

① 吴振棫《养吉斋丛录》卷四。

的名贵花木，历代珍传的名人字画、秘府典籍、钟鼎彝器、陶瓷珠宝等，集中了中国古代文化之精华。它设计精巧，规模宏大，借山环水，佳胜万千，亭阁栉错，景色奇丽，瑶台蓬岛，宛如仙境。圆明园继承中国两千年优秀造园传统，借鉴江南风景与园林精华，也含带北国林莽气势，并汲取西方古典造园艺术手法，建成清代最宏伟、最优美的皇家园林。圆明园是中国园林艺术的瑰宝，也是世界园林艺术之珍品。圆明园被世界誉为"万园之园"，犹如镶嵌在北京原野上的一颗艺术明珠，闪烁着中华民族五千年文明的灿烂光辉。

【附】 圆明园四十景：正大光明、勤政亲贤、九州清晏、镂月开云、天然图画、碧桐书院、慈云普护、上下天光、杏花春馆、坦坦荡荡、茹古涵今、长春仙馆、万方安和、武陵春色、山高水长、月地云居、鸿慈永祜、汇芳书院、日天琳宇、澹泊宁静、映水兰香、水木明瑟、濂溪乐处、多稼如云、鱼跃鸢飞、北远山村、西峰秀色、四宜书屋、方壶胜境、澡身浴德、平湖秋月、蓬岛瑶屿、接秀山房、别有洞天、夹镜鸣琴、涵虚朗鉴、廓然大公、坐石临流、曲院风荷、洞天深处。[1]

---

[1]《圆明园四十景图咏》，《圆明园》第二集，中国圆明园学会筹备委员会编。

三 帝后宫廷秘迹

明代十六帝中,在北京登极者有13位,但登极时不满18周岁竟占8位——成化帝和弘治帝各17岁,崇祯帝16岁,天启帝15岁,正德帝和嘉靖帝各14岁,万历帝9岁,正统帝8岁。清代入关后十帝中,登极时不满8周岁者竟占5位——康熙帝7岁,顺治帝和同治帝各5岁,光绪帝3岁,宣统帝2岁。上述23位皇帝,未成年即位者竟达13位。这些少年儿童登上宝座,君御天下。而后纳后册妃,深居宫壶,其宫廷秘迹正史或不载,或语焉不详。兹略述帝后宫廷秘迹,以管窥宫闱龙鳞凤羽。

明太祖洪武帝朱元璋,起自和尚,登上大位。皇后马氏,早年随朱元璋起兵,常亲缉甲士衣鞋佐军。及贵,求古训,重内治。学士宋濂坐孙慎之罪论死,马后谏道:"民家为子弟延师,尚以礼全始终,况天子乎?且濂家居,必不知情。"① 明太祖不听。后马后侍帝食,不

---

① 《明史·后妃一》。

食酒肉。太祖问其故，对道："妾为宋先生作福事也。"帝恻然，投箸起，明日赦宋濂。遇岁旱，马皇后率宫人蔬食；岁凶灾，则设麦饭野羹。马皇后议立红板仓，积粮赐太学生之家，太学生家粮自此始。马皇后平素简衣节食，穿大练浣濯之衣，虽敝旧而不肯弃舍。将余帛颣(lèi)丝，缉成衣裳，赐与诸王妃、公主，使其知蚕桑艰难。太祖欲官后族之人，后谢曰："爵禄私外家，非法。"力辞而止。年51岁病死，太祖不复立后。

　　明成祖永乐帝朱棣，以"靖难之役"，夺取帝位。起兵后，宁国公主之夫梅殷守淮安。朱棣以进香为名，遣使求殷假道而过。殷答："进香，皇考有禁，不遵者为不孝。"殷割使者耳鼻纵之归，曰："留汝口为殿下言君臣大义。"后朱棣取道扬州，取南京，即帝位。殷驸马尚拥兵淮上。朱棣迫公主血书投驸马，殷得书恸哭，回南京。永乐三年（1405年），梅殷上朝过笪(dàn)桥，被锦衣卫指挥赵曦等挤至桥下，溺死，以殷自投水报闻。公主闻殷死，谓果然帝杀殷，便牵成祖衣大哭，问驸马安在。朱棣将赵曦等斩首籍没以报公主知之①。朱棣得位后，其文治武功，史有定论，不须赘词。但永乐帝宫闱之酷烈，实骇人听闻。朝鲜李朝礼部郎中李琦、通政司参议彭璟，向朝鲜国王奏报永乐宫闱残暴言：

　　先是，贾人子吕氏入皇帝宫中，与本国吕氏以同姓欲结好，吕氏不从。贾吕蓄憾。及权妃卒，诬告吕氏点毒药于茶进之。帝怒，诛吕氏及宫人、宦官数百余人。后贾吕与宫人鱼氏私宦者，帝颇觉，然宠二人不发。二人自惧，缢死。帝怒事起贾吕，鞫(jū，审问犯人)贾

① 《明史·公主传》。

吕侍婢，皆诬服，云"欲行弑逆"。凡连坐者二千八百人，皆亲临剐之。或有面诟帝曰："自家阳衰，故私年少寺人，何咎之有！"后帝命画工图贾吕与小宦相抱之状，欲令后世见之。然思鱼氏不置，令藏于寿陵之侧。及仁宗即位，掘弃之。乱之初起，本国任氏、郑氏自经而死，黄氏、李氏被鞫处斩，黄氏援引他人甚多。李氏曰："等死耳，何引他人为！我当独死。"终不诬一人而死。于是本国诸女皆被诛[①]。

永乐帝死后，其宫人殉葬之事，实惨不忍闻。先是，明帝死后，有宫人殉葬之例。明太祖朱元璋死，妃嫔十四人，俱身殉从葬。明廷妃嫔殉葬，最酷烈者为永乐皇帝。据朝鲜官书记载：

及帝之崩，宫人殉葬者三十余人。当死之日，皆饷之于庭。饷辍，俱引升堂，哭声震殿阁。堂上置木小床，使立其上，挂绳围于其上，以头纳其中，遂去其床，皆雉经而死。韩氏临死，顾谓金黑曰："娘吾去，娘吾去！"语未竟，旁有宦者去床，乃与崔氏俱死。[②]

这是一幅惨绝人寰的生人殉葬的黑暗图画。然而，永乐帝之后的洪熙帝，仅在位一年，死后有四妃从殉。宣德帝在位十年，死后有十妃从葬。到明英宗临终，"遗诏罢宫妃殉葬"[③]。英宗死年38岁，遗诏革除妃嫔殉葬之弊。

---

① 《李朝世宗大王实录》卷二六，世宗六年（明永乐二十二年）十月戊午。
② 《李朝世宗大王实录》卷二六，世宗六年（明永乐二十二年）十月戊午。
③ 《明史·英宗后纪》。

明宣宗宣德帝朱瞻基，永乐十五年（1417年）纳胡氏为皇太孙妃。后宣宗即位，立胡氏为皇后。时孙贵妃有宠，后无子，又善病。宣德三年（1428年），命后上表辞位，便退居长安宫，赐号静慈仙师，而册孙贵妃为后。孙氏，幼有美色，以其与仁宗张皇后母同乡之故，得入宫受张后鞠养。宣宗成婚，胡氏为妃，而孙氏为嫔，宣宗即位，胡氏为后，孙氏则为贵妃。孙贵妃无子，"阴取宫人子为己子，即英宗也"。① 英宗立，尊为皇太后。"土木之变"后，孙太后命郕（chéng）王监国。景帝即位，尊为上圣皇太后。时英宗在北漠，数寄御寒之衣裘。及还，幽南宫。石亨等谋划"夺门之变"，先密白孙太后，许之。英宗复辟，上太后徽号。后死，葬陵祔（fù）庙。而英宗之生母，是个历史不解之谜。

明英宗朱祁镇，先年号正统，复辟年号天顺。朱祁镇8岁登帝位，15岁立钱氏为皇后。英宗在"土木之变"中北狩，钱皇后"夜哀泣吁天，倦即卧地，损一股；以哭泣，复损一目"②。朱祁镇回京后，住居南宫，情绪烦躁，钱氏曲为慰解。但是，钱氏无子，周贵妃有子，立为皇太子。英宗大渐时，遗命"钱皇后千秋万岁后，与朕同葬"。子见深立后，尊其生母周贵妃为皇太后，由是两宫并尊。钱太后死后，周太后不愿其合葬，便演出一场宫廷斗争剧。帝命召大臣会议，正德戊辰科状元、大学士彭时曰："朝廷所以服天下，在正纲常。若不尔，损圣德非小。"中官传贵妃旨曰："子为皇帝，母当为太后，岂有无子而称太后者？宣德间有故事。"时曰："今日事与宣德间不同。胡后上表让位，退居别室，故在正统初不加尊。今名分固在，安得为比？"中官曰："如

---

① 《明史·后妃一》。
② 《明史·后妃一》。

是何不草让表?"时曰:"先帝存日未尝行,今谁敢草?"中官太监以厉声相胁,时拱手向天曰:"两宫并尊为宜。"①及钱太后死,以合葬裕陵事,又起风波。礼部尚书姚夔集廷臣99人议,皆请如彭时行合葬、主祔庙之言。姚夔三上疏,并率群臣伏文华门哭谏。帝命群臣退,众叩头,称不得旨不退。由是,"自巳至申,乃得允。众呼万岁出"。②

明宪宗成化帝朱见深,喜欢观画。宫中仁智殿,常有画家应召至此作画。一日,成化帝召山水画家吴伟至殿内作画。吴伟喝得酩酊大醉,蓬首垢面,靸着破鞋,跄踉而至。成化帝见吴伟容状大笑,命其作《松泉图》。吴伟跪翻墨汁,信手涂抹,立笔而就,神韵惊异。他出入宫廷,卑视权贵,后被放归里,称为画状元。成化帝不仅爱画,而且专宠万氏。成化帝即位后,立吴氏为皇后,但万氏得到专宠。万贵妃,4岁选入掖庭,为英宗孙太后宫女。及长,侍朱见深于东宫。成化帝年十六即皇位,万氏已年三十五岁。万妃貌美,丰腴,机警,善于迎合帝意,遂逸废吴皇后。皇后吴氏曾抓住万氏早先与见深越礼之举,摘其过,杖责之。成化帝请命皇太后,废吴后别宫。吴后之父吴俊,先授都督同知,由是下狱戍边。成化帝另册王氏为后,万氏愈受专宠,六宫稀得进御。成化帝每游幸,万氏戎服前驱。成化帝登极第二年,万妃生皇子,帝大喜,遂封万氏为贵妃。但皇子未满周岁死,万贵妃后不再有孕。万贵妃宠冠后宫,日益骄横。她为保住尊位与专宠,使"掖庭御幸有身,饮药伤坠者无数"③。纪氏即是万贵妃图谋以药坠胎者之一。

---

① 《明史·彭时传》。
② 《明史·后妃一》。
③ 《明史·后妃一》。

纪氏为孝宗朱祐樘之生母，粤西贺县人，土官女，成化中出兵西南，俘入掖庭。纪氏有容色，通文字，授女史，守内藏。成化帝偶行内藏，应对称旨，喜悦，幸之，遂有身孕。万贵妃知纪氏怀孕后，令宫婢将其胎钩治之。宫婢佯报为"病痞"。纪氏被谪居安乐堂。后纪氏生一男孩（后之明孝宗），万贵妃让守门太监张敏将婴孩溺死。张敏惊曰："帝未有子，奈何弃之！"便用粉饵蜂蜜哺育，并藏之别室，万贵妃伺寻无所得。时吴后废居西宫，密知其事，亲往哺养。孩长至五六岁，未敢剪胎发，致发长披地。一日，成化帝召张敏梳发，照镜叹曰："老将至而无子。"敏伏地奏道："死罪，万岁已有子也。"帝愕然，问所以。太监张敏奏曰："奴言即死，万岁当为皇子主！"于是太监怀恩顿首曰："敏言是。皇子潜养西内，今已六岁矣，匿不敢闻。"成化帝大喜，即日幸西内，遣使往迎皇子。使至，纪妃抱着皇子泣曰："儿去，吾不得生。儿见皇袍有须者，即儿父也。"朱祐樘衣小绯袍，乘小舆，至阶下，发披地，走投成化帝怀中。帝抱之膝上，抚摸审视，悲喜泣下曰："我子也，类我。"成化帝立皇子祐樘为太子，颁诏天下，封纪氏为妃，并移居永寿宫。万贵妃日夜怨泣，骂道："群小骗我！"不久，纪妃暴死，或由贵妃害死。张敏惧，亦吞金死。皇太子由周太后养于仁寿宫。一日，万贵妃召太子吃饭，周太后教太子曰："孙儿去，无食也。"皇太子至，贵妃赐食，曰："已饱。"进羹，曰："疑有毒。"①万贵妃计不得逞，因恚成疾，后病死，帝辍朝七日，葬天寿山。

明武宗正德帝朱厚照，15虚岁即位，在位16年，31岁崩于豹房，做出许多荒唐事。正德帝喜武，督内操，自领中军，余四镇兵以太监

---

①《明史·后妃一》。

统领并赐国姓为义子。"晨夕操练，呼噪火炮之声达于九门，浴铁文组照耀宫苑。"①诸军皆穿黄罛（gū）甲，朝野倾慕，虽金绯盛服，亦必外加此衣。市井细民，皆仿效之。设内禁旅，选监局诸司太监精健者三千人，由魏彬总三千营②。正德厌大内生活，以豹房为家。宦官刘瑾等八人，号称"八虎"，日进鹰犬、歌舞、角抵之戏，导其彻夜游宴③。宫中每岁张灯为乐，宁王宸濠献灯穷极奇巧，由是引火，延烧乾清宫，乾清以内宫殿，皆化为灰烬。当火盛之时，正德帝正往"豹房"途中，回视宫中烈焰冲天，笑曰："是好一棚大烟火也！"为重建乾清宫，"加天下赋一百万"④。乾清宫灾后，正德帝始微行，往宣府，至大同。先是，正德帝往南海子纵猎，文武大臣扈从者不许入；及黄昏，始传旨诸大臣在承天门迎候。至夜半，车驾始入，御奉天殿，群臣行庆贺礼。故史载："猎于南海子，夜中还，御奉天殿受朝贺。"⑤正德帝微行夜游，"见高屋大房即驰入，或索饮，或搜其妇女"。军士则析民房以供柴薪，使市乡萧然，白昼闭户。正德帝往宣府、大同，"凡车驾所至，近侍先掠良家女以充幸御，至数十车，在道日有死者"⑥。正德帝所经之途，处女、寡妇之家，争相择配，至有女家掠鳏（guān）男配偶者，一夕尽配。也有妇女分寄尼寺以躲避者。正德帝姓朱，六畜中之猪与帝姓谐音，犯"圣讳"，故所至禁民间畜猪，数百里内，杀猪殆尽。正德帝出行，娶"刘娘娘"，其事：

---

①《日下旧闻考》卷四一。
②《明史·魏彬传》。
③《明史·刘瑾传》。
④《明史·武宗本纪》。
⑤《明史·武宗本纪》。
⑥毛奇龄《明武宗外纪》。

朱厚照在太原，大索女乐，内有刘良之女，为乐工杨腾之妻，赐之饮，试其技，遂大悦，还京时载之以归。至是随侍行在，宠冠诸女，起居饮食，必相与偕。人称之为"刘娘娘"。正德帝出征时，携"刘娘娘"居通州。相约帝先行，然后迎美人相从。美人摘下发簪作迎者信物，但正德帝过卢沟桥时驰马失簪。及至临清，遣内官迎美人，美人曰："非信物，不敢行。"后正德帝乃独乘舟，昼夜疾行，至张家湾亲迎之，并同行而南。南行时遇湖广参议林文缵，"入其舟，夺一妾行"。

对于正德帝骚扰之举，巡按御史刘士元察按御前太监，但遭到非刑："命裸缚士元，面讯之。时野次无杖，取生柳杖四十，几死，囚系于军。"[①]
正德帝之廷杖、昏政史例如下：

二年，杖给事中艾洪、吕翀（chōng）等21人于阙下；又杖御史王良臣于午门。

三年，以得匿名书于御道，跪群臣奉天门外，下300余人于锦衣卫狱。

四年，夺大学士刘健等675人诰敕。

十一年，录自宫男子3400余人充海户。

十四年，以谏巡幸，跪修撰舒芬等107人于午门五日，并皆杖之；又杖黄巩等39人于阙下，先后死者11人。

然而，"君以此始，必以此终"。正德帝纵娱无度，舟覆溺水，获救患疾，崩于豹房，年仅31岁。

明世宗嘉靖帝朱厚熜（cōng），为宪宗之孙、兴献王祐杬之子。正德帝死后无嗣，迎厚熜于安陆兴王邸继承大统。嘉靖帝以生父兴献

[①] 毛奇龄《明武宗外纪》。

帝之称考立庙之礼仪，朝廷发生"大礼仪"之争。致使廷臣伏阙跪争，杖员外郎马理等于廷，死者16人①。下编修邹守益等百余人锦衣卫狱。

嘉靖帝外廷有"大礼仪"之争，内廷则有皇后之废。嘉靖帝第一后陈氏，一日帝后同座，张、方二妃进茶，帝循视其纤手。陈后恚，投杯而起。嘉靖帝大怒，陈后惊悸，堕胎而死。陈皇后死，张顺妃为后，但又遭废居别宫之苦。张皇后废，方妃立为皇后。方皇后救嘉靖帝一命。此事的过程是：嘉靖帝性情暴躁，经常笞楚宫女。嘉靖二十一年（1542年）十月二十一日凌晨，帝宿乾清宫。宫女杨金英等伺帝熟睡，以帛缢其脖，因心情紧张，误作死结。但同伙张金莲知事不就，急走告方皇后。方后驰至，解绳，气已绝。御医许绅"急调峻药下之，辰时下药，未时忽作声，去紫血数升，遂能言，又数剂而愈"②。方后命内监捕宫人惩治，磔死杨金英等十余人。曹端妃受宠幸，方后亦借帝病不能言之机，传帝命而磔之③。后嘉靖帝知端妃冤死。此事发生在壬寅年，史称"壬寅宫变"。壬寅宫变后，嘉靖帝更加笃信道教，祈求长生。他怠于朝政，重用方士，建庙修斋，炼服丹药。为炼仙丹，选取处女经血，于是在京城内外，广征民女。仅嘉靖二十六年（1547年）十二月十九日、三十一年（1552年）十二月初一日和三十四年（1555年）九月初六日，三次即征选民间8至16岁少女760人入宫，为其供经制丹④。然而，嘉靖帝并未服丹长寿，反而体亏多病。他带病祈祷，遭雨激，病愈厉，崩于乾清宫，年六十。

---

① 《明史·刑法志》。
② 《明史·吴杰传附许绅传》。
③ 沈德符《万历野获编》中册。
④ 何宝善《嘉靖皇帝朱厚熜》。

明神宗万历帝朱翊钧,是嘉靖帝之孙,其父穆宗隆庆帝仅在位6年,36岁而死,故朱翊钧9周岁即皇位。万历初年,朱翊钧冲龄,张居正为相,内政军事,均有建树。但是,张居正死后,万历帝亲政,沉湎酒色,朝政日非。万历帝二十几年不御政,贪杯不止。大学士张居正进讲《酒诰篇》,劝其戒酒益身、重于社稷。他自然不听,居正死后愈加酗酒,尝酒后杀人。御史冯从吾疏言:

> 陛下郊庙不亲,朝讲不御,章奏留中不发。……近颁敕谕,谓圣体违和,欲借此自掩,不知鼓钟于宫,声闻于外。陛下每夕必饮,每饮必醉,每醉必怒。左右一言稍违,辄毙杖下,外庭无不知者。天下后世,岂可欺乎!①

万历帝览疏大怒,欲廷杖之。时值仁圣太后寿辰,从吾得免杖,寻告归。万历帝嗜酒不改,宠贵妃郑氏。其皇后王氏,性端谨,心宽宏,郑贵妃专宠,不计较,得正位中宫达42年之久。万历帝之王恭妃与郑贵妃,引出许多宫廷故事。王恭妃,初为慈宁宫宫人,朱翊钧过慈宁宫,私幸之,有身孕。宫例,宫中承宠,必有赏赉,并记帝幸时日,但万历帝讳其事。王氏侍慈圣太后宴,语及此事。后生一男,即皇长子光宗朱常洛,因封为恭妃。后郑妃生皇三子,因封为贵妃。郑贵妃受专宠,王恭妃被打入冷宫。王恭妃病重,"光宗请旨得往省,宫门犹闭,抉钥而入。妃目眚,手光宗衣而泣曰:'儿长大如此,我死何恨。'遂薨"②。王恭妃虽死,围绕万历

---

① 《明史·冯从吾传》。
② 《明史·后妃二》。

帝皇位承嗣，发生了著名的"三案"——梃击案、红丸案和移宫案。郑贵妃子福王朱常洵，子以母贵，婚用银30万两，营造洛阳王府银28万两，诏赐庄田400万亩。郑贵妃谋立常洵为太子未成，而妒恨太子常洛。一日，张差持木棍打伤守门太监，闯入太子住居之慈庆宫。张差下狱，词连郑贵妃宫内侍庞保等，朝议汹汹。郑贵妃闻狱词后对帝泣，帝曰："须自求太子。"郑贵妃向太子下拜，号诉；太子亦拜。万历帝在太后慈宁宫几筵前召见群臣，令太子降谕禁株连，是案不了了之。这就是梃击案。万历帝死后，太子朱常洛即位，是为光宗泰昌帝。但泰昌帝福分不够，登极不久即病，李可灼进仙药红丸，帝吞红丸后死去。朝议疑此事与郑贵妃有关。这就是红丸案。泰昌帝死，天启帝立。有言郑贵妃与康妃李选侍（尝抚视过天启帝）同居乾清宫，谋垂帘听政者，廷臣力请李选侍移居于仁寿殿。这就是移宫案。天启帝即位后，降敕李选侍之罪状。

明熹宗天启帝朱由校，为光宗长子[①]15岁登皇位，在位7年，死年23虚岁。天启帝生母王选侍，因受光宗康妃李选侍"凌殴"致崩。朱由校丧母后，由李选侍抚视。李选侍不许王选侍宫女同朱由校面语，恐传言生非，有者即捕去处治之。李选侍虐待朱由校，致天启帝登位后回忆道："选侍侮慢凌虐，朕昼夜涕泣。"[②]天启帝少年登大位，乳母客氏、宦官魏忠贤常在左右。客、魏逼死光宗李庄太妃，又矫旨赐赵选侍自尽。天启帝皇后张氏，尝历数客、魏过失，因遭客、魏忿恨。正宫之位，曾岌岌可危。但是，天启三年（1623年），"后有娠，客、

[①]《明史·魏忠贤传》："光宗崩，长孙嗣立，是为熹宗。"误，明熹宗天启帝朱由校为光宗长子，而非其长孙。
[②]《明史·后妃二》。

魏尽逐宫人异己者，而以其私人承奉，竟损元子"①。由是，天启帝无后，客、魏不仅逼害光宗李、赵二妃，而且幽禁天启帝张、李二妃：

> 裕妃张氏，熹宗妃也。性直烈，客、魏恚其异己，幽于别宫，绝其饮食。天雨，妃匍匐饮檐溜而死。又慧妃范氏者，生悼怀太子不育，复失宠。李成妃侍宠，密为慧妃乞怜。客、魏知之怒，亦幽成妃于别宫。妃预藏食物檐瓦间，闭宫中半月不死，斥为宫人②。

客、魏内自宫廷，外至阁部、督抚，遍置死党。时"五虎"、"十狗"、"四十孙"之号，刃锯忠良，残害东林。而天启帝喜弄绳墨，魏忠贤得乘其隙：

> 帝性机巧，好亲斧锯髹（xiū）漆之事，积岁不倦。每引绳削墨时，忠贤辈辄奏事。帝厌之，谬曰："朕已悉矣。汝辈好为之。"忠贤以是恣威福惟己意。③

天启帝喜制作之事，《天启宫词》亦载："盘宇珠翠未休工，何处封章渎圣听。六局印官承应惯，略宣数语付批红。"注云："上好手造漆器、砚床、梳匣之属，皆饰以五彩，工巧妙丽，出人意表。当斫削得意时，或有急切章疏，奏请定夺，命识字女官朗读官职、姓名、朱语。语甫毕，玉音辄谕王体乾辈曰：我都知道了，你们用心行去。"④ 天启帝尝登树

---

① 《明史·后妃二》。
② 《明史·后妃二》。
③ 《明史·魏忠贤传》。
④ 《天启宫词》，《明宫词》。

在鸟巢中掏鸟雏，而从树上摔下，致"裂裳破面"。他又好斗鸡：

> 宫人相约斗鸡来，笼幔青红对面开。
> 四百啄残高唱歇，当场双系彩球回。

天启帝还喜捉迷藏：

> 石梁深处夜迷藏，雾露溟濛护月光。
> 捉得御衣旋放手，名花飞出袖中香。

天启帝似不好女色，这在帝王中是罕见之例。有宫词为证：

> 六宫深锁万娇娆，多半韶华怨里消。
> 灯影狮龙娱永夜，君王何暇伴纤腰。

注云："上不好女色，夜宴既毕，遽陈种种杂戏，宵分始就枕。夹纱灯亦其一也，中所缀有狮蛮滚球、双龙赛珠等像。"[①] 天启帝无子，死后由皇五弟朱由检即位，是为崇祯帝。崇祯帝母早薨，及登位后，请画师肖其母像而祀之。崇祯帝在位17年，即在万岁山（煤山）自缢（前已述），明亡，清兴。

清入关后，鉴明宫弊端，大加厘正。康熙帝听原明太监言，明宫中宫女9000人，太监10万人，饭食不能遍给，致日有饿死者。清顺

[①]《天启宫词》，《明宫词》。

治初，宫制未备；康熙以后，典制大备。清宫后妃，必以满洲、蒙古，顺治帝以汉女为妃，乾隆帝以回女为妃，均为罕见之例。清行选秀女制，"每三岁选八旗秀女，户部主之；每岁选内务府属旗秀女，内务府主之。秀女入宫，妃、嫔、贵人惟上命。选宫女子，贵人以上，得选世家女；贵人以下，但选拜堂阿以下女"①。拜堂阿，为满语 baitangga 之译音，意为内廷、衙署、八旗中无品级的听差办事之人。上述规定，清廷宫女的选定，比明廷有严格的范围。其选秀女之具体做法是，凡年届 13 至 17 岁之八旗女子，均须向户部、内务府具呈备案。届选期，京城及各地应当挑选女子，聚集于紫禁城神武门内，按年龄排班，依序由太监引入顺贞门，至坤宁宫前门外候选。未被选中者，可由本家自行聘嫁。选秀女时，有的女子害怕、哭泣，管事太监以鞭笞相恫吓。有的女子公然道："去室家，辞父母，以入宫禁。果当选，即终身幽闭，不复见双亲。生死离别，争此晷（guǐ）刻。人孰无情，安得不涕泣？吾死且不畏，况鞭笞耶！"堪称大胆之言。但自顺治以下，选秀女之制未变。

清世祖顺治帝福临，皇后博尔济吉特氏，蒙古科尔沁部人，是孝庄文皇后之侄女。由摄政睿亲王多尔衮指配为婚、册后。皇后虽丽而慧，但顺治帝并不喜欢。谕称："自册立伊始，即与朕意志不协，宫闱参商。"立意废后，群臣泣谏，不听，终废。顺治帝废后之后，又立博尔济吉特氏，仍为蒙古科尔沁部人，又不称意。顺治帝唯宠董鄂氏。董鄂氏，据传先为其第十一弟襄亲王博穆博果尔王妃。顺治十三年（1656年）七月初三日，博穆博果尔自缢死，其妃董鄂氏归顺治帝，妃年十八，时顺

---

① 《清史稿·后妃传序》。

治年十九。董鄂妃颇得皇太后及皇帝喜欢,宠冠后宫。顺治帝御制文曰:

> 后娴静循礼,事皇太后,奉养甚至,左右趋走,皇太后安之。事朕,晨夕候兴居,视饮食服御,曲体周不悉。朕返跸晏,必迎问寒暑,意少,则曰:"陛下归晚,体得毋倦邪?"趣具餐,躬进之;命共餐,则辞。朕值庆典,举数觞,必诫侍者,室无过燠,中夜置起视。朕省封事,夜分,未尝不侍侧。诸曹循例章报,朕辄置之,后曰:"此虽奉行成法,安知无当更张,或有他故?奈何忽之!"令同阅,起谢:"不敢干政。"①

但是,顺治十七年(1660)八月,皇贵妃董鄂氏死,年二十二。福临辍朝五日,亲制《行状》数千言,哀悼不已。数月之后,郁郁不乐,溘然而去。相传顺治帝并没有死,而是追念董鄂爱妃,披缁云游,到五台山为僧。此说虽不可信,却说明顺治帝对董鄂妃是多么钟情!

清圣祖康熙帝玄烨,同乃父相反,对皇后情深意笃。康熙帝生母佟佳氏,福分不够,在康熙10岁时死去,未能尽享皇太后之荣华。康熙帝幼受太皇太后抚视,及继位册后,对皇后颇深情。康熙二十八年(1689年),皇后佟佳氏死,康熙帝异常悲哀。据耶稣会士、法兰西人张诚目睹所载:"这位皇帝对于新近崩逝的皇后悲悼逾常。他走近她的梓宫悲泣了一两次,并且陪灵达好几个钟头。"②后来梓宫暂厝(cuò)城外,在一段时间里,康熙帝每日下朝之后,都骑马去皇后梓宫灵前哀奠,可见其情笃之深。

清代其余帝后宫廷秘迹,因本书篇幅所限,略而不述。

---

① 《清史稿·后妃传》。
② 陈霞飞译,《张诚日记》。

四 陪都城阙市井

明代和清代都有陪都。明初，都南京，以开封为北京，凤阳为中都。明永乐帝以北平府为顺天府，北京为京师，而以南京为陪都。《南京史话》载：南京"城周长度号称九十六里，据有关部门实测为六十七点三华里"。南京的宫城六门：午门、左掖、右掖、东安、西安、北安。宫城之外的皇城也六门：洪武、长安左、长安右、东华、西华、玄武。京城九十六里、十三门，外郭一百八十里、十六门。[①]宫城前为外朝，以奉天、华盖、谨身三大殿为主体，后寝则以乾清、坤宁宫为主体。先是，明太祖朱元璋令建宫城时，刘伯温将宫城置于钟山"龙头"之前，这段地带为前湖（燕雀湖）之湖身所在，便填湖为基。填湖时将在湖畔住居之田德满，谐音为"填得满"，垫于湖底，以做"吉兆"。湖虽填平，宫已建成，但后来宫城地基下陷，出现南高北低之势。明

①《明史·地理一》。

筑南京城时,"吴兴富民沈秀者,助筑都城三之一"①。但是,沈秀筑城犒军,险遭诏诛,被戍云南。南京城垣高大,城池壮丽,是明清时代中国最大的一座城池。

明代南京市井繁华,秦淮河畔灯船极盛。吴敬梓在《儒林外史》第二十四回《牛浦郎牵连多讼事,鲍文卿整理旧生涯》中,说鲍文卿在北京没有靠山,他本是南京人,只得收拾行李,回南京来:

> 这南京乃是太祖皇帝建都的所在,里城门十三,外城门十八,穿城四十里,沿城一转,足有一百二十多里。城里几十条大街,几百条小巷,都是人烟凑集,金粉楼台。城里一道河,东水关到西水关,足有十里,便是秦淮河。水满的时候,画船箫鼓,昼夜不绝。城里城外,琳宫梵宇,碧瓦朱甍,在六朝时,是四百八十寺;到如今,何止四千八百寺!大街小巷,合共起来,大小酒楼有六七百座,茶社有一千余处。不论你走到一个僻巷里面,总有一个地方悬着灯笼卖茶,插着时鲜花朵,烹着上好的雨水,茶社里坐满了吃茶的人。到晚来,两边酒楼上明角灯,每条街上足有数千盏,照耀如同白日,走路人并不带灯笼。那秦淮到了有月色的时候,越是夜色已深,更有那细吹细唱的船来,凄清委婉,动人心魄。两边河房里住家的女郎,穿了轻纱衣服,头上簪了茉莉花,一齐卷起湘帘,凭栏静听。所以灯船鼓声一响,两边帘卷窗开,河房里焚的龙涎、沉、速,香雾一齐喷出来,和河里的月色烟光合成一片,望着如阆苑仙人,瑶宫仙女。还有那十六楼官妓,新妆袨(xuàn,华美)服,招接四方游客。真

---

① 《明史·后妃一》。

乃"朝朝寒食，夜夜元宵"！

正月十五元宵佳节，秦淮河上，水灯万盏，繁华景象，天下为冠。史载："秦淮灯船之盛，天下所无。两岸河房，雕栏画槛，绮窗丝障，十里珠帘……薄暮须臾，灯船毕集。火龙蜿蜒，光耀天地。扬槌击鼓，蹋顿波心。自聚宝门水关至通济门水关，喧阗达旦。桃叶渡口，争渡者喧声不绝。"①南京的繁盛，《南都繁会图卷》描绘得细致。图卷长3.5米，宽44厘米，其画面绘出109种店铺牌幌和1000多个人物。其时南京有100多个行业，仅丝织业即达20余个坊行，如缎子、表绫、纻丝、罗绢、绉纱、丝绵、绒线、打线、头巾、网巾、冠带、荷包、颜料、染坊、踹布坊等。南京的宫缎、织绣极为有名，尝为贡品。

与南都相对的还有北都，即清代陪都盛京。

清代定鼎北京后，以盛京（今辽宁沈阳）为陪都。后金天命十年（1625年），清太祖努尔哈赤定沈阳为京师，从东京辽阳迁都沈阳，后定名为"天眷盛京"，即盛京。盛京经过清太祖、太宗两代经营，至顺治时定为清朝陪都。盛京城是在原明沈阳中卫城基础上加以改建而成的。城门由原四座增至八座，门上设楼，四隅设角楼。城门门额外书满文，内书汉文。②城门建设宫殿，宫殿东部，以大政殿为主体，两侧辅以方亭十座，称十王亭。大政殿是一座八角殿，原称大衙门、笃恭殿，是清太祖、太宗举行典仪及议军国大政之所。殿前两侧的十王亭，分别为八旗贝勒及左右翼王的殿亭。十王亭之东边为左翼王亭、镶黄旗亭、

---

① 见蒋赞初《南京史话》。
② 铁玉钦《后金汗城清留都——沈阳》，载阎崇年主编《中国历代都城宫苑》。

正白旗亭、镶白旗亭、正蓝旗亭;西边是右翼王亭、正黄旗亭、正红旗亭、镶红旗亭、镶蓝旗亭。这是清代八旗制度在宫殿建筑布局上的展现。清仁宗嘉庆帝诗谓:"大政据当阳,十亭两翼张。八旗皆世胄,一室汇宗潢。"①表明大政殿与十王亭、八旗贵族与清朝王室之关系。

大政殿与十王亭之西,为盛京皇太极建之皇宫。大清门为皇宫正门,门内崇政殿是正殿,清太宗皇太极举行朝会与典礼的殿堂。殿北之凤凰楼,建于高台之上,是皇太极议政、筵宴与召见臣工之所。清移鼎北京后,此处为贮藏《大清实录》和御影之所。楼北之清宁宫,为正宫,是皇太极和皇后博尔济吉特氏之寝宫。宫内南、北、西三面为炕,并有两口煮祭肉的大铁锅。院内东南角立有祭天的神杆,俗称索罗杆子。这些布置都具有满洲的特色。清宁宫的东西两侧为配宫,其东有关雎宫(宸妃寝宫)、衍庆宫(淑妃寝宫),其西有麟趾宫(懿妃寝宫)、永福宫(庄妃寝宫),清顺治帝福临即出生于永福宫。主体宫殿之东,称东宫,是乾隆帝东巡祭祖时,为其母后修建的寝宫。②主体宫殿之西,称西宫,包括迪光殿、保极宫、继思斋等,是乾隆帝、嘉庆帝、道光帝东巡祭祖的寝宫。而崇谟阁则存放清初编年体满文史书《满文老档》之殿阁。再西,文溯阁是庋(guǐ)藏《四库全书》之所。盛京还有清太祖努尔哈赤之陵墓——福陵和清太宗之陵墓——昭陵。

①《清仁宗御制诗集》第三集,卷五五。
②《盛京皇宫》。

五 满洲旗人习俗

满洲旗人之习俗,范围很宽,内容很多,仅述其服饰、饮食、居室、骑射、祭祀、禁忌和语言文字等如下。

服饰。满洲民间服饰,男性,着长袍。袍无领、捻襟、窄袖、左衽、四面开禊,束带,适于骑马驰射。窄袖口端有马蹄形袖头,俗称马蹄袖,又称箭袖,以护手御寒。行礼时先将袖头掸(dǎn)下,因其满语称"哇哈",故称为"放哇哈"。袍外罩马褂,马褂分大襟、对襟、琵琶襟等多种。套裤,秋冬狩猎时防寒之用。鞋,有靰鞡(wù lā)。帽,多样。女性,着旗袍,袍分单、夹、皮、棉、丝五种。其领口、袖口、衣襟多绣花边。坎肩,有棉、有夹、或丝、或布,套在旗袍的外面。鞋,平日穿平底鞋,鞋底高寸许,前后微缺,称寸底鞋。又有高底鞋,鞋底高数寸,中微细,下端做方形,俗称马蹄底,又称花盆底。高底鞋盛饰时穿,走起路来轻盈娴雅,婀娜多姿。头饰复杂,或做扇形冠,俗称"旗头"。

发式。男性剃发,即将前额上部周围头发剃去,只留颅后发,编成一条长辫垂于脑后。早在满洲先世女真人已如此,《大金国志》载:女真人"留颅后发,系以色丝,妇女辫发盘髻"。[①]此发式便于骑射,剃去前额发,免得额发遮眼;脑后垂辫则便于野外枕辫而卧息。满洲重发重足,所谓"金头天足"即是其习俗,故满洲妇女均为天足。清定鼎北京后,汉人妇女缠足,旗人妇女则天足。在努尔哈赤占领辽东时,强令汉人剃发,以示降顺。顺治入关后,多尔衮多次下令剃发,[②]不遵者杀头,故有"留头不留发,留发不留头"之谚语。清廷强令剃发、易服,成为满洲入关后之两大弊政,从此汉人服饰、发式也被"满洲化"。

居室。一般民居,房外围木栅,房舍或三间,或更多间,房内里屋,南、西、北三面炕,西炕上有供祭祀用的祖宗板子。烟筒建于屋侧,早期用空心整木为之,窗纸糊在窗外。[③]城市满人居住多为小四合院,南方满城旗营房舍有的则为楼房。

骑射。满族是崇尚骑射的民族。马,是满族的主要交通工具;弓箭,是满族的主要武器和工具。男儿初生时,悬挂弓箭于门前,象征其将来成为一名骑射能手。六七岁的男孩,即用"斐阑"习射。《满洲源流考》载:"小儿以榆柳为弓,曰斐阑。剡(yǎn,削)荆蒿为矢,翦雉翟鸡翎为羽。"[④]稍长就骑马弯弓,驰射山林。女子也骑射成风,英姿飒爽。城市里的满洲贵族,以骑马为荣[⑤]尽量搜求良马。满洲早年嗜马习俗,《建州闻见录》载:"六畜唯马最盛,将胡之家,千百为群,

---

① 《满族风俗志》。
② 《清世祖实录》卷五,顺治元年五月辛卯。
③ 阎崇年《努尔哈赤传》。
④ 《满洲源流考》卷二〇。
⑤ 《满洲源流考》卷一六。

卒胡家亦不下十数匹。"清军入关后,虽畜马情状有所变化,但崇尚骑射之风尚存。满洲人除以马代步之外,陆行用车,水行则用舟。史载其"家家皆用小车",即独轮车;"小船可乘八九人,极轻捷"。①然而,清定都北京后,车、船之具,均有改观。

饮食。主食,女真人早期以肉类为主食。满洲崛兴辽东,有狩猎、有采集、有农耕、也有捕鱼,逐渐以粮食为主食。主食的种类有食,即炒米、炒面;有粥,用米、稷、高粱等做成;有饽饽,包括馒头和饺子等;有萨其玛等。副食,蔬菜多种多样,肉食则有晾肉、烤鹿肉、燎毛猪、涮羊肉、鱼等。满洲人喜食猪肉。祭祀用猪,祭后食用。砂锅白肉、全猪席,都是具有满洲风味之菜肴。清定都北京后,食品具有满、汉风味,满汉全席即是其代表。满汉全席又称"满汉燕翅烧烤全席"。它是以满菜为主导、满汉结合的风味。在满汉全席中,首具满洲烤煮的特色,没有烧烤即不算是满汉全席,袁枚在《随园食单》中称"满菜多烤煮"亦说明此点。满汉全席的烧烤,如烤乳猪、烧小猪、烧哈尔巴(猪肩胛);汤煮,如火锅类、涮锅类、砂锅类;珍品,如熊掌、猴头、飞龙、蛤什蟆、人参、鹿尾、驼峰、紫鲍、鲜贝等;果品,如蜜饯红果、蜜饯青梅、蜜饯白桃、蜜饯莲子;点心,如各种饽饽、粥品等。②满汉全席是宫廷与贵族所能享用的。

祭祀。满洲人信奉萨满教,祭祀种类很多,祭祀形式不同。以家祭而言,有祭饽饽神,用饽饽供神,晨时在供神灵的黄幔前,供上用黄米打成的神糕(饽饽),上香,萨满穿神裙,系腰铃,打神鼓,唱

---

① 李民宬《建州闻见录》。
② 《满族食俗与清官御膳》。

神歌，以求神庇佑禾苗茁壮，五谷丰登，牛肥马壮，六畜兴旺。有背灯祭神，夜晚，宰猪，萨满用神刀、腰铃等奏乐，熄灯，祭祀黑夜之守护神。有祭天神，也称祭杆子，即立神杆祭天神"阿布卡恩都里"。神杆高九尺，象征九重天。杆上部有锡斗，内装五谷杂粮等，以供天神侍女乌鸦和喜鹊食用。这种神杆，满洲城乡居民的每户庭院都有，甚至盛京清宁宫、北京坤宁宫的庭院里也都有。祭杆时，极为庄重，是家祭中之大祭。在祭天时，还要在屋内祭"佛托妈妈"，并给孩子换锁。所谓换锁，就是用彩布作成佛托妈妈，给男孩戴上长大会成为巴图鲁（勇士），给女孩戴上长大会俊俏健美。祭天时，将祭猪肉剁成碎末与小米煮成"小肉饭"，过往行人或族人均可享用。家祭之外，还有廷祭，即宫廷祭祀。

宫廷祭祀，坤宁宫有每日朝祭、夕祭，每月祭天，每岁春、秋二季大祭，四季献神，堂子有元旦祭、春秋二季立杆大祭等。① 以坤宁宫朝祭为例，其正月初三日和每月初一日朝祭神。预先将镶红片金黄缎神幔，置于西山墙处，内奉神像。炕上摆设供桌，上放供品、供酒等。由坤宁宫门外进猪，奏乐，献酒，皇帝亲诣行礼。司俎太监将猪抬放在包锡大桌上，以酒灌猪耳，猪首向西，放接猪血木槽，宰杀，猪血流于槽内，猪气息断绝后，去其皮，按节肢解，猪头、蹄俱不去毛而燎毛净，都放在宫内大锅中煮。煮熟后，切成胙肉，供于神前。举行祭神仪式，皇帝、皇后亲诣行礼叩头。礼毕，撤下祭肉，并将其盛于盘内放在长桌上，"皇帝率皇后受胙，或率王大臣等食用"。② 如皇帝

---

① 《满洲祭神祭天典礼》卷一。
② 《满洲祭神祭天典礼》卷一。

不亲临受胙，则令值班大臣、侍卫等进内食肉。食毕，司俎太监等撤去皮骨等，猪油等交御膳房，余骨送之于河中。然后将神幔收卷，朝祭毕。坤宁宫献神之祭仪，在坤宁宫门外，陈马于西，陈牛于东，司俎太监等捧金铤、银铤（dìng），并异缎布桌于神位前安放，行祭仪，礼毕，由官员将牛马牵出。三日后，牛马俱交会计司估价出售（不售于同姓满洲人）。①堂子大祭，从略。

满人禁忌。满洲禁杀狗、禁吃狗肉、禁用狗皮。满洲敬狗之俗，或言其先为狩猎之民，或言其太祖努尔哈赤蒙难被狗搭救，或言其为原始图腾崇拜之遗风。②满洲还禁止捕杀乌鸦和喜鹊。满洲亦禁坐西炕，因西炕上有神龛并放置祖宗板子。

语言文字。满族人讲满语。满语，在语言学上，属于阿尔泰语系。我国北方属于阿尔泰语系的少数民族，主要分为三个语族——突厥语族，包括维吾尔语、哈萨克语等；蒙古语族，包括蒙古语、达斡尔语等；满语族，包括满语、锡伯语等。满人在入关前，全讲满语；入关后，受汉语影响，开始都讲满语，后来以满语为主、也讲汉语，而后讲满、汉双语，再后以汉语为主、也讲满语，最后满语退出旗民语言交际范围。但是，在汉语中参入大量满语成分。如食品类"萨其玛"、"饸饹"，直接由满语音转而来。又如生活类"帅哥"或"率哥"中的"帅"或"率"，是由满语的"šuwai"音转而来，其原意为"挺秀"、"漂亮"。满人原来没有文字。其先世女真人在金代创制女真文，元朝时衰微，明后期失传。清太祖努尔哈赤于明万历二十七年（1599年）主持创制满文，

---

① 《满洲祭神祭天典礼》卷二。
② 阎崇年《努尔哈赤传》。

满族从此开始有了文字。初创时的满文没有圈点,后来称为无圈点满文,又称为老满文。清太宗皇太极时对老满文进行改进,加上圈点,新制10个特定字母等。改进后的满文加上圈点,后来称为加圈点满文,又称为新满文。新满文有6个元音字母,22个辅音字母,10个特定字母,共有38个字母。满文属拼音文字,因其初创时借用蒙古字母,所以看起来满文颇似蒙古文。满文的书写形式,字序从上到下,行序从左向右。所以,看竖排的汉文,从右向左;看满文则从左向右。清代都市的学堂——宗学、觉罗学、八旗官学等,都要学满文。清初汉人高级官员,有的满文很好。清代凡是有八旗驻防的都市,如北京、南京、西安、杭州、福州、广州、成都等之"满城",讲满语、行满文。但后来逐渐汉化,旗人与民人一样,都讲汉语、用汉字。

六 民人生活风尚

北京作为明清的大都市,其居民的成分,在明代与清代有着很大的不同:明代主要是民人,清代则是既有旗人、又有民人。旗人分为满洲八旗、汉军八旗和蒙古八旗,统称作八旗,其旗下属人称为旗人。同旗人相区别的是民人,就是除旗人之外的汉人、回人等。前文已述,清代北京实行"旗民分城居住"的政策,旗人住内城、民人住外城——正阳门、崇文门、宣武门以外的地区。由于清初施行的六大弊政——剃发、易服、圈地、占房、投充和督捕逃人,这对于京师民人的生活,产生了极大的影响。

住居外城民人,剃发与易服,首罹其难。清顺治二年(1645年)六月十五日,令"自今布告之后,京城内外限旬日,直隶各省地方自部文到日亦限旬日,尽令剃发。遵依者为我国之民,迟疑者同逆命之寇,必置重罪"。①汉人受两千多年儒家伦理影响,"身体发肤,受之父母",

---

① 《清世祖实录》卷一七,顺治二年六月丙寅。

视剃发为大不孝。但是,"留头不留发,留发不留头",在头与发即生与死之选择上,大多数人还是"留头"而"剃发"。所以,京城民人男子便仿效满人习俗,剃掉头顶前部之发,而在脑后垂下一条长辫子。同样,住在南城的民人纷纷仿照满人服俗,男子穿起长袍马褂,女子则穿起旗袍。可惜女人缠足没有效法满人妇女,致使缠足又延续了近三百年。

住居外城民人,圈地与占房,最受其苦。圈地虽在乡村,却殃及京师民人。城里民人在郊外有土地者,尽失田产。时户部派遣满官会同有司、员役等,进至村庄,相度田亩,以两骏前后,持部颁绳索,圈定四周,其中房田,悉皆占有,这就是"跑马占田"——纯属野蛮的土地掠夺。占房就在城里,强令原在内城居住的民人,搬迁到外城居住。清军进占北京后,睿亲王多尔衮令尽圈内城房屋,分给八旗居住;尽驱内城民人,迁往南城居住。时住居内城民人,"限期既迫,妇孺惊惶,扶老携幼,无可栖止,惨不可言"。魏象枢上疏言此悲苦之状:

> 南城块土,地狭人稠,今且以五城之民居之。赁买者,苦于无房;拆盖者,苦于无地。嗟此穷民,一廛莫必,将携妻孥于何处乎?[1]

由是,京师民人,全迁南城,斯悲斯苦,莫可言状!

住居外城民人,投充与捕逃,身受其害。投充是指民人投到旗下充做仆役,有强逼者、也有自愿者,有贫寒者、也有富厚者。有的投充者,一入旗下,借主权势,任意挟诈:或指称妻女在某家寄居,或

---

[1] 魏象枢《小民迁徙最艰疏》,《康熙顺天府志》卷八。

妄称田财在某处坐落。于是，藉着其主子的势力，强行夺取良家妻女、田财，据为己有，害人太甚。捕逃是指奴仆不堪凌辱而逃亡，数月之间，几至数万，官府下令督捕逃人。清顺治三年（1646年）五月，严申隐匿满洲逃人从重治罪：

逃人鞭一百，归还本主；隐匿之人正法，家产籍没；邻右九、甲长、乡约，各鞭一百，流徙边远。①

其时实行"保甲法"，十家为一甲，设甲长；百家为一总甲，设总甲；互相联保，彼此连坐。隐匿逃人，罪至杀头；其左邻右舍，罪至流放。更有甚者，诬控某户窝逃，将其户主正法，并其财产抄没。

然而，在外城居住的民人与在内城居住的旗人，他们的住宅都是四合院。四合院是中国传统住宅建筑形式，也是北京旗、民住宅建筑形式。因它四面有房屋，当中有庭院，所以叫做四合院。它有大有小，有雅有俗，但一般按中轴线对称布置，前院有大门、影壁、屏门和临街避而不开窗户的倒座。往里是二门——多数建成垂花门。二门内即是内院，院的北面为正房，两侧有厢房，并有回廊联通东西厢房与正房。小型四合院只有一进院落，中型四合院有二进院或三进院，大型四合院还有东西跨院。达官贵人家四合院的正房、厢房带前后檐廊，院中堆山叠石，凿池架桥，点缀花木。每当丽日和风、明月中天时，小院笼罩在树影花荫之下，诗画意境，格外幽静。有的另辟旁院，开角门，有水井。

―――――――――――
①《清朝文献通考》卷一九五。

在外城的四合院里，住居着官宦、文士、商贾和工匠等。他们主要分布在前三门——正阳、崇文、宣武门以外的地区。

正阳门外闹市区。 早在元大都时，都市的建设按照《周礼·考工记》的规制，朝廷在前，市场在后。市场分布在积水潭和钟鼓楼一带。到明永乐帝迁都燕京后，逐渐形成"前市后朝"之格局。其原因主要是，元大都漕运码头在积水潭，其时帆樯蔽水，百货山积，这一带自然成为繁华的商业区。明初，积水潭淤缩，漕运终点码头在正阳门以东，年航漕船多至万艘，运粮多达五百万石。清初，"旗民分城居住"，内城旗人弓马为本、不务生计，他们买东西要到外城，内城不许演戏，而购物、娱乐也要到外城。这样正阳门外便成为京师最繁华、最热闹的市区。清乾隆以后，正阳门棋盘街到大栅栏一带，店铺林立，招幌繁多，摊商小贩，蜂攒蚁聚，酒楼茶肆，鳞次栉比，四域八方，百货云集，顾客如织，摩肩接踵。六必居、都一处、内联陞、同陞和、瑞蚨祥、同仁堂等老字号，牌匾相望，誉扬四海。其中的同仁堂，聚川、粤、云、贵之精英，制丸、散、膏、丹之秘密，上及宫廷，下惠平民。在乾隆以后，前门外市场不仅有日用百货、茶叶瓷器、绫罗绸缎、珠宝玉器等，而且有洋货——《乾隆南巡图》长卷中正阳门外有挂"洋货"的"市招"可为例证。洋货中有洋布、哔叽、洋绉、洋药和三针表等。正阳门以南，果子市、煤市街、粮食店、肉市、刷子市、珠宝市、鲜鱼口、帽巷、布巷、荷包巷、豆腐巷等，从这些街巷的名称，也映现着其商业繁盛之景象。

在正阳门外，雅文化与俗文化竞相争妍。在明后期，戏班从王侯府第走进剧场，今广和剧场前身——查（茶）楼已经建成。到清初，清代两部杰出剧作——《长生殿》和《桃花扇》，在北京脱稿并上演，备受欢迎,轰动一时。但康熙二十八年(1689年),因在康熙帝的佟皇后丧期内演唱《长生殿》,其作者洪昇被革去国子监生,后离京归里,酒醉落水而死。《桃花扇》作者孔尚任,曾在北京做国子监博士。他写成书生侯方域和秦淮歌妓李香君爱情故事的《桃花扇》,在正阳门外茶楼演出时,岁无虚日,座无虚席。至清中叶后,北京又兴起京剧,名角如云,流派纷呈,旧传剧目有"三千八百出"之多,百花竞艳,盛极一时。与雅文化斗妍的俗文化,集中在天桥一带:卖唱的,说书的,抖空竹的,摔跤的,演双簧的,拉洋片的,踩钢丝的,钻火圈的,耍猴的……光怪陆离,千姿百态。

崇文门外工艺区。此处离漕运码头较近,随船往来运输的货物,多在这一地区吞吐和集散。崇文门有税关,门内往西有会同四译馆。于是,崇文门外一带成为北京手工艺制作集中的区域。在特种手工艺中,景泰蓝为铜胎掐丝珐琅工艺品,因明景泰年间(1450~1456)的产品极为精美而得名。它端庄典雅,雍容华贵,始由宫廷造办处制作,后来民间也有制作。清道光年间,北京的景泰蓝开始作为商品出口。清光绪三十年(1904年),北京景泰蓝参加美国芝加哥世界博览会,获得一等奖。其他工艺品如雕漆、玉器、牙雕、刻瓷、绢花、花灯、绒花、烟火、泥人、剪纸、风筝等,种类繁多,工艺精细,质朴传神,绚丽多彩。

宣武门外文化区。在宣武门外以及正阳门外,布散着"以敦亲睦之谊,以叙桑梓之乐"[①]的会馆。北京的会馆始于明永乐迁鼎燕京之后,按名索义,同科举会试攸关。《闽中会馆志序》云:"京师之有会馆,肇自有明,其始专为便于公车而设,为士子会试之用,故称会馆。"

---

① 《重修浮山会馆碑记》。

至万历时，会馆日增："京师五方所聚，其乡各有会馆。"①到清乾隆以后，"各省争建会馆，甚至大县亦建一馆"。及至道光，"京师为天下首善地，货行会馆之多，不啻什百倍于天下各省，且正阳、崇文、宣武门外，货行会馆之多，又不啻什百倍于京师各门外"②。于是形成省有省馆、府有郡馆、县有县馆之局面。到清末，北京大小会馆约有400座。会馆先是应会试之馆，后商人建会馆，手工匠师建会馆。如《旧京琐记》载："京师瓦木工人，多京东之深、蓟州人，其规颇严，凡属徒工，皆有会馆。"这恐怕是清末民初之情况。总之，京师会馆以大类而言，有行业会馆、同乡会馆。在宣武门外会馆中著名者，当推湖广会馆。湖广会馆坐落在虎坊桥西南隅，创建于清嘉庆十二年（1807年），为京师名人荟萃之地。孙中山先生于民国元年（1912年）秋到北京，先后五次莅临湖广会馆。③孙中山先生领导的中国国民党成立大会，1912年8月25日在北京虎坊桥湖广会馆举行。湖广会馆缘此而更名著于中华史册。

在宣武门外，雅文化与俗文化相得益彰。宣武门外的琉璃厂，附近会馆林立。四域八方来京会试的举子，多僦（jiù，租赁）居会馆。他们在会试后放榜前，常出入琉璃厂，搜求古籍，观赏文物。时图书馆之制未行，文人士子，索求书籍，讨诸厂肆。清乾隆以后，文风大盛，渐成喧市，琉璃厂已隐然为文化之中心，形成饮誉中外的琉璃厂文化街。明、清文人名士杨继盛、顾炎武、朱彝尊、王渔洋、孙星衍等，皆以

---

① 沈德符《万历野获编》卷二四。
② 《颜料行会馆碑记》）。
③ 王灿炽《孙中山与北京湖广会馆》，《北京湖广会馆志稿》。

琉璃厂地既幽静，又有书肆，故僦居于附近之舍。诗云："传闻誉树初，渔洋细诗屋。屋圮藤半枯，典宅几营筑。"即雅述此趣。与雅文化相辉映的俗文化，厂甸是其一个缩影。琉璃厂的厂甸，每年夏历正月初一至十五都有"庙会"，俗称"逛厂甸"。官员文士，四城居民，或骑马，或坐车，夫携子，妻抱女，涌向厂甸，人流如潮。人们边逛边买，目不暇接——大糖葫芦、大挂山楂、江米面人、双响空竹、扑扑噔儿、锡制刀戟、五彩风车……

厂甸南，有牛街。牛街地区，早先石榴树很多，称作榴街。辽初大食人来到燕京，住在榴街。因其信奉伊斯兰教，吃牛羊肉，后谐音叫做牛街。清初"旗民分城居住"，原散居在内城的回民，多迁居于牛街。所以，牛街成为北京回民最集中的社区。牛街的回民，多以餐饮小吃为业，小本经营，勤俭精细，促进了宣外地区经济的发展。牛街有北京最大的清真寺，相传始建于辽代，后屡经兴修，成为北京历史最久、规模最大的清真寺。寺的礼拜殿，宽敞、庄重、肃穆、华严，可容上千人同时做礼拜。这里是牛街回民宗教生活的主要场所。

七 岁时节令纪胜

明清都市的岁时节令,时移而习有变,地异而俗有别。以明清京师北京的岁时节令,略作胜纪。

正旦。正旦即大年初一,子时初后,焚香接神,燃放爆竹,通宵达旦,响声不绝。接神之后,王公百官,入廷朝贺。朝贺在太和殿(奉天殿、皇极殿),皇帝御殿受拜贺。朝贺已毕,走亲谒友,道贺新禧。是日,以白面做饺子,满洲人称为饽饽。饺子内裹以金银、制钱、宝石、糖果,以卜吉利。食之者,岁大吉。元旦日,御赐内廷王公大臣等八宝荷包,挂于胸前。民间则着新衣,喜气洋溢。

财神。初二日,祭财神,鞭炮鸣放,声震里巷,彻夜不绝。

灯节。正月十五日,内廷筵宴,施放烟火,市肆张灯,热闹异常。明朝灯市在东华门王府井街东、崇文门内街西,二里多,其中心在今灯市口地带。时既有列灯,又有市肆,灯与市合一。[①]但在清朝,民人

---
① 潘荣陛《帝京岁时纪胜》。

移居外城，灯市分列。以东四牌楼和地安门灯火最盛，东安门、新街口、西四牌楼亦甚可观。灯有烧珠、料丝、纱、明角等，并绘古今故事。花炮棚子制造各色烟火，有盒子、烟火杆子、线穿牡丹、水浇莲、金盘落月、葡萄架、旗火、二踢脚、飞天十响等名目，火树银花，光彩照人，车马喧阗，笙歌聒耳。清时灯与市分设，市以厂甸最为热闹。

史称其"每于新正元旦至十六日，百货云集，灯屏琉璃，万盏棚悬，玉轴牙签，千门联络，图书充栋，宝玩填街。更有秦楼楚馆遍笙歌，宝马香车游士女"。厂甸是京师新正最繁华的地区之一。

进春。立春日，顺天府及直省府、州、县鞭春。京师以彩绘按图经制成芒神土牛，舁以彩亭，列仪仗，奏鼓乐。交春时刻，顺天府尹率诸生恭进大内乾清门、慈宁门。

打鬼。即喇嘛打鬼，各寺日期不同，弘仁寺在初八日，黄寺在十五日，黑寺在二十三日，雍和宫在三十日，其中以雍和宫喇嘛打鬼最盛。打鬼时，住持喇嘛披黄袈裟，乘车持钵，诸侍从喇嘛各执法器护随。小喇嘛着彩胄，戴黑白头盔，手执彩棒，手舞足蹈。前有鼓吹导引，众喇嘛鸣锣吹角，高诵经文，绕寺周转，迎祥驱鬼。[①] 众喇嘛扮诸天神驱逐邪魔之打鬼，都人观者甚众，有万家空巷之喻。

筵九。即正月十九日，是丘处机的生日。是日，京师涌向白云观（西便门外），致酹（lèi）祠下，又称燕九节。其热闹之况，史载："车马喧阗，游人络绎。或轻裘缓带簇雕鞍，较射锦城濠畔；或凤管鸾箫敲玉版，高歌紫陌村头。已而夕阳在山，人影散乱，归许多烂醉之神仙矣。"

龙抬头。二月二日，古中和节。是日，食饼称为龙鳞饼，食面称

---

① 富察敦崇《燕京岁时记》。

为龙须面。孩童剃头,象征吉利。女红停针,恐伤龙目。

清明。 祭扫坟墓,倾城男女,纷出四郊,焚纸烧香。① 祭扫毕,坟前施放风筝。

香会。 京师祭碧霞元君,自四月初一至十八日,称香会。除五顶之外,以妙峰山碧霞元君庙最盛。庙在山中,孤峰矗立,盘旋而上,夜以继日,人无停趾,香无断烟,夜间灯火,灿如星汉。

端阳。 五月初五日,家家悬朱符,插蒲龙艾虎,窗牖贴红纸吉祥葫芦。② 佩戴剪彩叠幅葫芦等,以避邪恶。家家吃粽子,相传为纪念屈原,投粽于水,以示祭祀。

六月六日。 是日,市民家抖晾衣服、书籍,宫廷则将皇史宬等处珍藏典籍晾晒之。洗象也在这一天。届时设仪仗鼓吹,从宣武门引象出房,至水浴之。结扎彩棚,设官监浴,两岸观众,环聚如堵。

七夕。 七月七日,祭牵牛星之神,是为女儿节。以盆盛水,女孩各投小针,浮于水面,视针影形状,以卜巧拙,称丢针儿。街市卖巧果(或自做),家人设宴,女儿对银河遥拜以乞巧。

中元。 七月十五日,中元祭扫,尤胜清明。寺院名刹,设盂兰盆会,传为佛教目莲救母之日。是日,史载:街巷搭苫高台,鬼王棚座,看演经文,施放焰口,以济孤魂。锦纸扎糊法船,长至七八丈,临池焚化。万善殿僧放河灯,数千盏随波上下,使小内监持荷叶灯罗列两岸,以数千计。皇帝乘龙舟,泛太液,奏梵乐,作禅诵,自瀛台,至五龙亭,甚为盛事。③ 京中小儿则燃灯游玩,结伴呼群,各斗灯彩,更尽始散。

---

① 刘侗、于奕正《帝京景物略》。
② 佚名《燕京杂记》。
③《日下旧闻考》。

中秋。八月十五日，夜月圆时，家家户户，设置果饼，祭祀月神。这一天，家家吃中秋月饼。月饼大者，径有尺余，上绘月宫蟾兔之形。宫廷举行祀月大典，极为隆重。朱门府第则以月饼、果品相馈赠。是夜，皓月当空，彩云初散，传杯交盏，儿女喧哗，是年中之佳节。

重阳。即九月九日，京师人吃重阳节花糕，赏秋菊，白日钓鱼台有赛马，夜间在茶楼有夜八出（演戏）。散戏后，主人各赠一灯，前门外一带，哄然百队，什伍成群，灿若列星。重阳节登高，是京师市民喜爱之活动。登高地点南在天宁寺、陶然亭，北在蓟门烟树、清净化城塔，西在五塔寺、慈寿寺塔和西山八大刹等处。文士学士，赋诗饮酒，烤肉分糕，为一时之快事。

添火。即十月初一日，京师居民始添设煤炉火，至翌年二月初一日撤火。同日，都人祭扫。时俗：纸坊剪纸五色作男女之衣，曰寒衣，并志受衣者之姓名等。买后焚之，称送寒衣。后以烧包袱代替之。是月，京师市面或沿街叫卖风筝、毽儿、琉璃喇叭、咘咘(bù)噔、空钟（空竹）等，供儿童玩耍。也有卖蛐蛐儿者，种类颇多，如白麻头、黄麻头、蟹胲(hǎi)青、琵琶翅、梅花翅、竹节须等，上品可值数千金，极为能斗。

冬至。冬至是朝廷郊天令节，皇帝祭天，百官贺表。但是，民间不以冬至为节，仅食馄饨而已，如夏至之食面。故京师谚云："冬至馄饨，夏至面。"

腊八。十二月初八日，京师家家煮粥，称腊八粥。先预拣簸米、豆等共八样，即黄米、白米、江米、小米、菱角米、栗子、红豇豆、枣，外加桃仁、杏仁、瓜子、花生、榛穰、松子、葡萄、糖，七日夜煮，天明煮熟，除祀灶神等外，阖家聚食，并馈送亲邻。是日，御河起冰贮窖，各护城河打冰。

祭灶。十二月二十三日,民间祭祀灶神,用南糖、关东糖、糖饼。祭毕,将灶神像揭下,与千张、元宝等一并焚之。至除夕接神时,再行供奉。俗称为小年。过小年时吃糖果,民间传说灶王爷吃甜糖,以便"上天言好事,下界保平安"。

除夕。腊月三十日晚上为除夕。黄昏之后,合家团坐,吃团圆饺子,以度旧岁。吃年饭时,年饭用金银米做成,上插松柏枝,缀以金钱、枣、栗、龙眼等,过破五后始去除之。又插摇钱树,取松柏枝,插于瓶中,缀以古钱、元宝,称作摇钱树,象征吉祥发财。除夕之夜,《燕京岁时记》载:

> 黄昏之后,合家团坐以度岁。酒浆罗列,灯烛辉煌,妇女儿童皆掷骰(tóu)斗叶以为乐。及亥子之际,天光愈黑,鞭炮益繁,列案焚香,接神下界。和衣少卧,已至来朝,旭日当窗,爆竹在耳。家人叩贺,喜气盈庭。转瞬之间,又逢新岁矣!

辞旧迎新,又是一年。在新年初出房时,必迎喜神而拜之,以示新年之喜。

本节文字,主要参酌潘荣陛《帝京岁时纪胜》和富察敦崇《燕京岁时记》,特此言明。